LES ORLÉANS

PRINCES ET PRINCESSES

1640-1886

PAR

JEAN GUENOT

> En histoire, à force d'être vrai,
> on paraît invraisemblable.
> (J. MICHELET.)

PARIS
A. BLOCH, LIBRAIRE
131, RUE MONTMARTRE, 131

1886

Droits de reproduction et de traduction réservés.

LES ORLÉANS

LETTRE DE M. LAISANT,

Député de Paris

A L'AUTEUR

Paris, le 7 août 1886.

Cher Confrère et Ami,

La publication de votre Histoire des Orléans est un des plus grands services que vous puissiez rendre à notre pays. J'ai été heureux de pouvoir publier dans la République Radicale vos Études, si sérieuses et si littéraires en même temps, sur cette famille néfaste dont l'histoire a plus d'un point commun avec celle des Borgia.

Mais à une œuvre comme la vôtre, la publicité de la presse périodique ne pouvait suffire. Des articles passent, un livre reste. Le vôtre mérite de rester, il restera.

a.

Votre ouvrage, il est triste de le constater, est plein d'actualité. Les conspirateurs de la famille maudite ne désarment pas. Devant leur rapacité, devant leur lâche ambition, la Patrie mutilée n'a pas trouvé grâce.

Cependant, je ne les crois pas dangereux, ces hommes dans les veines desquels coule le sang allemand. La France commence à les connaître; et les connaître, c'est les mépriser.

Le triomphe de cette Basse-Monarchie serait pour la France le dernier désastre et la suprême honte. Cette honte et ce désastre nous seront épargnés, grâce surtout à des livres comme le vôtre, qui sont de véritables Manuels patriotiques. C'est à ce titre que j'en salue l'apparition.

Je vous serre la main de tout cœur,

A. LAISANT.

PRÉFACE

> « En histoire, à force d'être vrai, on paraît *invraisemblable.* »
> (J. Michelet.)

Qu'est-ce que les Orléans ?

A cette question, les Orléans répondent :

— Nous sommes les descendants directs, les héritiers légitimes de la race royale des Bourbons.

Ils déclinent leur filiation comme il suit :

Philippe I, duc d'Orléans, chef de la branche, né en 1640, — second fils de Louis XIII et de sa femme Anne d'Autriche.

Philippe II, duc d'Orléans et Régent de France, — fils de Philippe I et de sa femme Élisabeth-Charlotte de Bavière, *princesse allemande.*

Louis, duc d'Orléans, — fils de Philippe II et de sa femme Françoise-Marie de Bourbon, *une bâtarde de Louis XIV.*

Philippe-Louis, duc d'Orléans, — fils de Louis et de sa femme Jeanne de Bade, *princesse allemande.*

Louis-Philippe-Joseph (Égalité), duc d'Orléans, — fils de Philippe-Louis et de sa femme Louise-Henriette de Bourbon-Conti, *fille d'une bâtarde de Louis XIV.*

Louis-Philippe, duc d'Orléans et roi des Français, — fils de Louis-Philippe-Joseph et de sa femme Marie-Adélaïde de Bourbon-Penthièvre, *petite-fille d'un bâtard de Louis XIV.*

Louis-Ferdinand-Philippe-Rosolin, duc d'Orléans, — fils de Louis-Philippe et de sa femme Marie-Amélie, *princesse des Deux-Siciles.*

Louis-Philippe-Albert, comte de Paris, — fils de Louis-Ferdinand-Philippe-Rosolin et de sa femme Hélène de Mecklembourg-Schwerin, *princesse allemande.*

Telle est la généalogie en vertu de laquelle

les Orléans revendiquent chez nous trône, sceptre et couronne. Le chef de leur famille, affirment-ils, est, par droit de naissance, le premier des Français : — le Roi!

Notons en passant que, par les femmes, les huit générations d'Orléans descendent de *trois bâtards* ou *bâtardes* de Louis XIV et de *cinq princesses étrangères,* dont *trois allemandes.*

Source impure d'un côté, anti-nationale de l'autre. Nulle famille en France, certainement, qui jouisse d'un état civil à ce point mâtiné de paillardise et de friperie exotique.

Par où il est aisé déjà de calculer combien de gouttes de sang français coulent dans les veines de LOUIS-PHILIPPE-ALBERT, comte de Paris, aujourd'hui compétiteur de la République, sous le sobriquet de PHILIPPE VII.

Mais l'Histoire produit une autre généalogie, laquelle contredit et corrige au vif la généalogie pompeuse étalée par les Orléans. Elle a enregistré les nombreux documents qui démontrent sans réplique le jeu étrange des générations dans cette singulière famille.

Voici l'origine *vraie* des Orléans, d'après les

pièces inattaquables qu'on lira au cours de ce livre.

I. — **PHILIPPE I**, chef de la branche d'Orléans, — **fils du cardinal Mazarin** et de la reine Anne d'Autriche, femme de Louis XIII.

II. — **PHILIPPE II**, Régent de France, — **fils de père inconnu** et d'Élisabeth-Charlotte de Bavière, femme de Philippe I.

III. — **LOUIS**, — fils de Philippe II et de sa femme Françoise-Marie de Bourbon.

IV. — **PHILIPPE-LOUIS**, — fils de Louis et de sa femme Jeanne de Bade.

V. — **LOUIS-PHILIPPE-JOSEPH ÉGALITÉ**, — **fils d'un cocher du Palais-Royal** et de Louise-Henriette de Bourbon-Conti, femme de Philippe-Louis.

VI. — **LOUIS-PHILIPPE I**, roi des Français, — **fils du geôlier et de la geôlière** de la prison prétoriale de Modigliana (Toscane).

De sorte que les Orléans actuels ne sont Bourbons à aucun degré.

Le titre patronymique dont ils se décorent, est lui-même un mensonge.

M. d'Aumale, le savant de la famille, a dû leur expliquer cela dans l'intimité, — à moins qu'on n'ait surfait, à son Académie, ses connaissances historiques.

Les Orléans ne se bornent pas à invoquer leur généalogie. Ils glorifient à tout propos les œuvres de leurs ancêtres réels ou supposés. A les entendre, ils ont illustré la France et lu ont rendu les plus éclatants services.

A ces grosses vanteries, je réponds ici en résumant rapidement les biographies de ces *princes* et *princesses*. Ce tableau sera comme le sommaire de l'ouvrage.

PHILIPPE I, le chef de la série : — empoisonneur, sodomite jusqu'à l'émasculation.

HENRIETTE D'ANGLETERRE, sa première femme : — incestueuse avec son frère Charles II, roi d'Angleterre; maîtresse de Louis XIV et autres, inculpée aussi d'avoir fréquenté Lesbos.

ÉLISABETH - CHARLOTTE DE BAVIÈRE, deuxième femme de Philippe I : — maîtresse de Louis XIV et autres; vivant au cloaque de son mari, puis de son fils le Régent, comme poisson dans l'eau; parlant et écrivant avec l'obscénité des gouvernantes de Gargantua; Allemande méprisant et haïssant la France.

PHILIPPE II, le Régent : — empoisonneur; incestueux avec sa sœur d'abord, ensuite avec ses trois filles; corrupteur de son fils à peine adolescent; le fléau de la France et la livrant à l'Angleterre.

LA DUCHESSE DE BERRY, sa fille aînée : — pourrie de luxure à vingt ans, tenant école de débauche au Luxembourg.

LOUIS : — devenu bigot par horreur de son père, qui l'avait dépravé, et finissant dans un couvent.

PHILIPPE-LOUIS : — vicieux, cynique et bouffon.

LOUISE-HENRIETTE DE BOURBON-CONTI, sa femme : — une nouvelle Messaline, couchant publiquement avec tous les laquais du Palais-Royal.

PHILIPPE ÉGALITÉ :— crapuleux, faussaire, voleur, banqueroutier, assassin et traître.

MARIE-ADÉLAIDE DE BOURBON-PENTHIÈVRE, sa femme : — complice de la criminelle substitution de Modigliana; faisant ménage, de son plein gré, au Palais-Royal, avec les deux maîtresses de Philippe Égalité, son mari.

LOUIS-PHILIPPE I, le roi de Juillet : — Corrompu par la Genlis, jusqu'à l'inceste; traître avec Dumouriez; acoquiné partout, durant ses vingt ans d'exil, aux pires ennemis de la France; Harpagon doublé de Turcaret; escroquant le trône en 1830 après avoir escroqué ses trois cents millions de fortune; ordonnant froidement la mort de cinq personnes royales, parmi lesquelles un vieillard, un enfant et deux femmes; captant l'héritage du dernier des Condé, et entrant en possession par l'assassinat; lâche Tartufe buvant la honte à pleine coupe, habile uniquement à détrousser le Peuple et à bénéficier du crime.

ADÉLAIDE, sa sœur : — élevée, comme lui, par la Genlis, maîtresse à tout cheval; étroitement associée à toutes les infamies privées, financières et politiques de Louis-Philippe.

MARIE-AMÉLIE, femme de Louis-Philippe : — nourrie parmi les atrocités et les débauches monstrueuses des tyrans du royaume des Deux-Siciles, ses père et mère ; achevant son éducation, conjointe à Louis-Philippe ; complice avérée du vol de la fortune des Condé, consommé par l'assassinat (ses propres lettres, aux Archives nationales, font foi) ; complice également d'autres malpropretés princières ou royales ; couvrant enfin de sa prétendue sainteté les abominations du règne de son mari.

On le voit : sur les six premiers Orléans, quatre assassins, trois traîtres ; pas un, sans excepter les femmes, qui ne soit dépravé dès sa première jeunesse.

Ces princes et princesses de bric-à-brac ont parcouru tous les degrés de l'échelle du crime, plongé au fond de toutes les fanges.

Mais si les Orléans morts ont fait grand, soit dans l'opprobre, soit dans le crime, leurs héritiers, gorgés des millions volés à la France, font petit, petit. Ils ont dégénéré, comptant témérairement sur la pièce de cent sous pour acheter le silence et corrompre l'Histoire.

En écrivant ce livre, j'ai tâché de grouper,

dans leur crudité vengeresse, tous les faits noyés dans la grande histoire, ou dispersés dans mille documents publiés en France et à l'étranger.

Dans la mesure tolérée par la langue française, je me suis efforcé de peindre, souvent avec leurs propres témoignages, ces scélérats consommés, infectés de toutes les lèpres ; ces femmes souillées de toutes les turpitudes ; ces adolescents, ces jeunes filles à peine écloses à la puberté, ces enfants même parfois, qui eussent épouvanté Sodome.

On calculera ensuite, si l'on veut, dans cet infâme défilé, combien auraient échappé, de nos jours, au bagne ou à l'échafaud, s'ils eussent été traduits devant des juges intègres.

Certes, la besogne est répugnante à remuer semblables putridités. Mais cette exécution est nécessaire, elle est urgente.

Il faut apprendre au Peuple, une fois pour toutes, de quelle abominable sentine on prétend faire surgir à nouveau la monarchie.

L'œuvre est trop violente, dira-t-on.

Est-ce donc ma faute si les forfaits, les lubricités de tous ces Orléans, mâles et femelles, étonnent les imaginations les plus hardies ?

Les Césars immondes, — ces Orléans de Rome, — mouraient du moins sans postérité. Malgré cette circonstance atténuante, Tacite, l'immortel justicier, les a cloués tout nus au pilori de l'histoire, car il fallait venger l'humanité dont ils avaient été l'horreur.

Moi aussi, j'ai dû déchirer tous les voiles, appeler les choses par leur nom, afin de ruiner définitivement le Mensonge sur lequel les Orléans d'aujourd'hui aspirent à fonder leur Basse-Monarchie.

Est-ce donc là de la violence, et me reprochera-t-on de ne m'être point résigné à gazer encore la vérité?

LES ORLÉANS

CHAPITRE PREMIER

L'ALCÔVE DE LA REINE

Le 14 mai 1610, Henri IV, chef de la maison de Bourbon, périt sous le couteau de Ravaillac. Marie de Médicis, sa femme, fut complice de l'assassinat, si elle ne l'ordonna : tous les historiens sérieux sont d'accord sur ce point.

D'autre part, de graves auteurs doutent de la légitimité de Louis XIII, né en 1601. Si sa mère n'eût manœuvré avec l'astuce italienne, on l'eût exclu du trône comme fruit de l'adultère.

Les présomptions de l'infidélité de la reine abondaient. En venant en France épouser le Béarnais, Marie de Médicis avait amené trois robustes gaillards : Virginio Orsini, Paolo Orsini et Concini, ses familiers depuis des années. Elle s'obstina à les garder dans son intimité. Henri, avachi de luxure, subit, pour avoir la paix, ces trois sigisbées ou suppléants du mari, à la mode italienne de l'époque.

Michelet a écrit ceci : « Louis XIII n'eut aucun trait de son père... Ce fils, nature sèche et stérile, n'avait rien non plus de la France... On l'aurait cru bien plutôt un Orsini. » Et plus loin : « Le grand-duc de Toscane n'avait dit qu'un mot à sa nièce en la quittant : « Soyez enceinte. »

Néanmoins, il ne me paraît point absolument inadmissible que l'enfant chétif et malingre issu de ce mariage ait eu dans les veines du sang de Bourbon. Sa misérable constitution indiquerait qu'il peut à la rigueur avoir été engendré par un père au tempérament ruiné de débauche.

Mais l'histoire démontre par témoignages irrécusables que Louis XIII, toute sa vie, fut impuissant à faire des enfants à une femme quelconque. Donc sa race s'éteint avec lui. A revendiquer ce prince pour ancêtre, les rois qui lui ont succédé, et les Orléans, n'ont d'autre titre qu'une fraude légale couvrant deux fois l'adultère.

Établissons les faits.

Henri IV mort, Marie de Médicis gouverne au nom de Louis XIII. Les frères Orsini disparaissent. Concini, le troisième amant de la régente, monte au pouvoir avec le titre de maréchal d'Ancre. Le jeune roi grandit dans l'ignorance. A quatorze ans, il n'avait que des goûts frivoles, était d'une pauvre santé, bégayait outrageusement, lui dont le père avait la langue si bien pendue.

La reine-mère résolut de marier cet avorton avec Anne d'Autriche, fille de Philippe III, roi d'Espagne. L'affaire conclue, elle le conduit à Bordeaux, pour recevoir sa fiancée. La cérémonie nuptiale a lieu le 16 novembre 1615. Après avoir installé sa femme dans l'appartement qu'elle doit occuper, Louis XIII se retire immédiatement dans le sien.

La jeune reine, de quelques mois seulement plus âgée que son mari, était déjà merveilleusement formée, au physique et au moral. Le sourire de ses lèvres sensuelles, la flamme qui jaillit de son regard annoncent des appétits qui inquiètent terriblement le prince.

Il était six heures du soir. Louis, sombre et taciturne, soupe en présence de ses courtisans, sous l'œil attentif de son médecin, le vieil Hérouard, qui tenait registre jour par jour des digestions et du régime de son auguste client.

Le roi se couche, de plus en plus préoccupé des conséquences de l'acte accompli, lequel lui impose de rompre le célibat. Alors, raconte Hérouard dans ses notes (voir le Manuscrit à la Bibliothèque nationale), Guise, Grammont et les autres courtisans qui l'avaient suivi dans sa chambre, se mirent à lui faire des « contes gras » pour l'instruire et le rassurer.

Pendant ce temps, Marie de Médicis s'occupe de la jeune reine et la fait coucher. Mieux préparée, Anne, loin de trembler, attend avec impatience le bon moment. Toutes choses étant disposées de ce côté, la régente passe chez Louis XIII, s'approche de son lit et lui dit :

— Mon fils, ce n'est pas tout que d'être marié : il faut que vous veniez voir votre femme.

— Madame, j'y vais avec vous.

Aussitôt on le vêt de sa robe de chambre, on le chausse de bottines fourrées, et le cortège se forme. Je copie le récit officiel :

En tête, le mari et sa mère. A leur suite, les nourrices des deux époux, le gouverneur, le médecin Hérouard; le marquis de Rambouillet, maître de la garde-robe et portant l'épée du roi; le premier valet de chambre, armé du bougeoir.

La reine-mère s'avance vers le lit de la jolie mariée, dont la figure blanche et rose, encadrée d'une magnifique chevelure blonde, se détache sur les riches dentelles.

— Ma fille, dit-elle, voici votre mari que je vous amène. Recevez-le auprès de vous et aimez-le bien, je vous prie.

— Madame, je ne demande pas mieux, fit la princesse, le sein palpitant.

Le roi, déchaussé et débarrassé de sa robe de chambre, se glisse dans les draps, sur le devant. Marie de Médicis se coule à la ruelle. Penchée sur les deux tourtereaux, elle leur parle bas quelques minutes, pour achever sans doute de leur enseigner les rites requis en telle circonstance.

Quand elle a terminé, elle congédie les assistants, excepté les deux nourrices. A celles-ci, elle ordonne de rester dans la chambre nuptiale avec recommandation de laisser ensemble les nouveaux mariés deux heures au plus.

Cela fait, Marie de Médicis s'éloigne à son tour, afin que les jeunes époux puissent remplir à l'aise chacun sa fonction.

Louis quitte sa femme au bout des deux heures fixées par la régente. Il se vante d'avoir consommé le mariage par deux fois, et les nourrices confirmèrent complaisamment cette déclaration. En réalité, le roi s'était prêté simplement à une comédie pour sauver les apparences. De l'avis de tous ceux qui connaissaient ses aptitudes conjugales, — le médecin Hérouard en première ligne, — il n'avait eu aucune envie, et pouvoir encore moins, de faire femme la belle Anne d'Autriche.

D'ailleurs, il ne tarde pas à le prouver avec une éloquence irrécusable. Ni le lendemain de cette première épreuve ni les jours suivants, Louis ne revit sa femme, sinon en cérémonie. La consommation du mariage n'avait donc été que fictive. Le frêle jouvenceau n'en avait reçu nulle impression. Comme par le passé, il ne s'occupe plus que d'amusements enfantins : — fabriquer des massepains, par exemple, atteler des chiens à de petits canons.

Cela dura quatre années. Ni prières ni plaisanteries ne purent le décider, pendant cette longue période, à coucher une seconde fois avec sa femme.

Anne d'Autriche se désespérait, ne sachant que faire de sa virginité. Par les conseils d'une favorite, elle essaie de lutiner ce mari honoraire, pour le ramener dans son lit et faire enfin œuvre d'homme. A ces avances pressantes, il répond par une réserve glaciale. De la part de Louis, ce n'était point ignorance, ni aversion pour la personne de la jeune reine, mais sentiment d'impuissance à contenter la fougueuse Espagnole.

Cependant il n'était bruit en Europe que de cet étrange ménage. On riait en Allemagne des répugnances de ce prince de dix-huit ans pour une des femmes les plus désirables. La cour d'Espagne commençait à se croire outragée dans son infante. Elle demanda au pape d'intervenir, afin d'induire Louis XIII à faire souche.

Le nonce du saint-père, Guido Bentivoglio, entame la campagne de concert avec l'ambassadeur de Philippe III. Ayant interpellé sur ce sujet délicat le père Arnoux, confesseur de Louis, il apprend en confidence que le roi n'a aucun attrait au métier de mari. Un instant, les entremetteurs s'imaginent toucher au but. Fausse joie. Le nonce dut envoyer à Scipion Borghese, cardinal-neveu de Paul V, cette dépêche que je traduis textuellement :

« Hier, à Saint-Germain, nous avions la ferme confiance que, cette fois, le roi coucherait avec la reine et finirait par se décider à être mari. Mais, soit que la honte l'ait pris, soit que les forces lui manquent encore, il n'en a rien fait.

« Ces Espagnoles (la reine et ses femmes), qui sont chaudes, se désolent et disent que le roi ne vaut rien.

« Le père Arnoux m'a assuré que, jusqu'à présent, le roi a plus de pudeur que de tempérament, et qu'il ne sent aucun aiguillon de la chair qui le dispose à être déniaisé *(che li faccia perdere la vergogna)*, et qu'enfin il ne montre d'inclination pour aucune femme d'aucune sorte. »

Peu de jours après cet entretien, le roi fit cette réponse stupéfiante au père Arnoux :

« Qu'il aimait beaucoup la reine, mais qu'il ne voulait point se gâter en commençant trop tôt ! »

Ces burlesques négociations d'alcôve traînèrent plusieurs mois encore. Les diplomates étrangers les suivaient avec une curiosité bien naturelle. Louis, s'étant aperçu que les dames espagnoles de l'entourage de la reine faisaient des gorges chaudes à son sujet, les renvoya brutalement à Madrid. Ainsi délivré de leurs plaisanteries, il se montra moins rétif. Dans sa dépêche du 16 janvier 1619, le nonce Bentivoglio constate le fait en ces termes :

« Hier, au cours de l'audience que le roi m'avait accordée, je dis à Sa Majesté qui m'entretenait du mariage de sa sœur :

« Sire, vous ne consentirez pas, j'ose le croire, à subir cette humiliation que votre sœur ait un fils avant que Votre Majesté n'ait fait un Dauphin.

« Le roi rougit un peu, signe de pudeur; puis il répondit avec bienveillance qu'il espérait bien ne point avoir cette humiliation. »

La sœur en question était Mlle de Vendôme, fille bâtarde d'Henri IV. Elle épousa le 20 janvier le duc d'Elbeuf. Le soir, dans la chambre nuptiale, une scène piquante se produisit, qui fut notée au journal du médecin Hérouard et racontée ainsi qu'il suit dans une dépêche de l'ambassadeur de Venise :

« Le duc d'Elbeuf étant couché avec sa femme, le roi voulut être présent une bonne partie de la nuit, sur le propre lit des deux époux, afin de voir se consommer le mariage : acte qui fut réalisé plus d'une fois, au grand applaudissement et au goût particulier de Sa Majesté. Aussi estime-t-on que cet exemple concourra vivement à lui faire faire la même chose. On affirme que sa sœur l'y a encouragé. »

Le 25 janvier, l'affaire était toujours au même point. Le soir, comme de coutume, Louis soupe, va voir un instant la reine et revient se coucher.

A onze heures, Luynes, son favori, l'éveille, l'engage à se lever pour se rendre enfin au lit de sa femme. Le roi bat très froid, nullement tenté de se déranger pour une telle corvée. Luynes insiste, supplie, ne triomphe qu'en portant Louis presque de force dans le lit de la reine.

Le médecin Hérouard a consigné cette note concordante dans son journal :

« A onze heures, sans que le roi y pensât, M. de Luynes vient pour le persuader. Il résiste fort et ferme, par effort, jusqu'aux larmes. Il est emporté, couché. »

Louis XIII renouvela quelquefois l'épreuve durant les six années suivantes, avec un succès plus apparent que réel. A la vérité, Anne d'Autriche ne se faisait pas faute, à l'occasion, d'agacer les beaux gentilshommes de la cour.

« Altière et colérique, dit Michelet, elle ne faisait rien qu'à sa tête, riait de tout. Et c'est surtout ce rire qui faisait peur au triste Louis XIII. La rieuse s'était donnée à une autre, plus légère encore, mais perverse et dévergondée, le type des coureuses de la Fronde, la duchesse de Chevreuse. Sous cette bonne direction, elle eut deux ou trois fausses couches. »

Du reste, en fait d'amants, la reine n'avait que l'embarras du choix dans le palais même.

« La familiarité royale avec ces hauts *domestiques* était extrême alors, observe encore Michelet. La disposition même des appartements était telle, que les princes et princesses, à tout moment en évidence et dans les choses que nous cachons le plus, vivaient dans un étrange pêle-mêle. L'exhaussement même de la royauté, la divinisation des personnes royales, qui eut lieu en ce siècle, les enhardissaient fort, et leur faisaient accorder aux simples mortels qui les entouraient une trop humaine intimité. »

L'apothicaire administrait de sa main les lavements à la reine, même en présence des hauts *domestiques*.

Certes, Louis XIII était un pauvre sire, à l'esprit très borné. Mais il ne manquait pas de gens autour de lui empressés à l'instruire, et il avait suffisamment d'intelligence pour comprendre.

Après s'être renseigné sur le vif, la nuit du mariage de sa sœur avec le duc d'Elbeuf, il avait refusé de se risquer. Il avait fallu, quelques jours plus tard, que Luynes usât de violence. S'il avait continué ensuite une campagne commencée de cette façon grotesque ; s'il avait dompté pendant six années les répulsions nées de son impuissance, il l'avait fait sans doute leurré par son confesseur de l'espoir d'un miracle, pour prix de sa bonne volonté.

En ce temps, Dieu luttait avec le diable à coups de prodiges, et Louis était un croyant. C'était le siècle d'or de la superstition.

Pourtant il déserta brusquement la couche conjugale en 1625.

A quelle cause imputer cette rupture qui se prolongea douze années, c'est-à-dire jusqu'en 1637 ? Est-ce à la passion du roi pour d'autres femmes ? Non, assurément. Les auteurs sont unanimes à constater qu'il demeura jusqu'à sa mort absolument réfractaire à l'amour. Il n'eut que deux tendresses, toutes platoniques, l'une pour Mlle d'Hautefort, l'autre pour Mlle de Lafayette.

Il n'y a donc qu'une explication possible, celle-ci : Louis XIII avait acquis la preuve qu'Anne d'Autriche lui donnait des suppléants mieux doués, et capables de lui faire un enfant sans intervention surnaturelle. Je défie qu'on trouve un autre motif acceptable.

Le cardinal de Richelieu était premier ministre de Louis XIII et le maître de la France. Connaissant à merveille l'insuffisance du roi comme mari, épris lui-même d'Anne d'Autriche, il rêva ce coup de maître : — entrer au lit royal, donner au trône un héritier de son propre sang sous lequel il perpétuerait son pouvoir, car le règne du monarque actuel, d'une santé si chancelante, ne pouvait être que très court.

Mais, pour atteindre le but, Richelieu avait à lutter à la fois contre les répugnances de la princesse et sa passion pour Buckingham, le jeune et brillant ambassadeur anglais. Ici, les témoignages abondent. Impossible de nier.

« Les amours de la reine et de Buckingham ont fait bien parler dans ce xviie siècle; et de nos jours, il y a peu d'historiographes qui ne soient convaincus de leur réalité. » (Paulin Pâris, *Bulletin de la Société de l'Histoire de France.*)

Quant au cardinal, voici le jugement de M. G. Brunet (*Correspondance de Madame*):

« Il est d'ailleurs difficile de contester les prétentions de Richelieu sur le cœur de la jeune reine de France, ses jalousies, ses vengeances, ses démarches ridicules, ses tragédies ampoulées. Tallemant, qui ne laisse pas ici planer de soupçons sur Anne d'Autriche (il publiait son livre en France, sous Louis XIV), raconte longuement tous les détails de cette étrange intrigue; comment Richelieu fit porter les premières propositions par Mme de Fargis; comment le cardinal de Bérulle était son innocent entremetteur; comment il soumettait la reine et ses confidentes les plus intimes à des embarras toujours renaissants; comment enfin, dans sa comédie héroïque de *Mirame*, il se proposa de flétrir la passion qu'il supposait exister entre Anne d'Autriche et Buckingham... Il força la reine de venir à cette pièce. »

Buckingham, mort en 1628, Anne d'Autriche aima Montmorency. Ce puissant seigneur allume la guerre civile dans le Languedoc pour abattre Richelieu : le cardinal triomphe. Montmorency porte sa tête sur l'échafaud (1632).

Délivré de ce dernier rival, Richelieu renouvelle ses tentatives. D'ailleurs, il tenait la reine par un terrible secret. Bien que séparée du roi depuis 1625, Anne d'Autriche était enceinte au commencement de l'année précédente (1631). Richelieu avait pénétré le mystère. Dans sa politique astucieuse, il fit peur à la Chevreuse alors exilée et la renvoya à la reine, à condition qu'elle le servirait désormais.

Gaston, frère de Louis XIII (mort plus tard sans postérité mâle), dit « qu'on avait fait revenir la Chevreuse pour donner plus de moyens à la reine de faire un enfant. » *(Journal de Richelieu, Arch. cur.,* t. V.)

On lit dans le même journal cette note curieuse :

« Madame Bellier dit au sieur Cardinal, en grandissime secret, *comme la reine avait été grosse* dernièrement, qu'elle s'était *blessée*, que la cause de cet accident était un *emplâtre* qu'on lui avait donné, pensant bien faire. Depuis, Patrocle (l'écuyer de la reine) m'en a dit autant et le médecin ensuite. » Le roi ignora-t-il ce secret? On ne sait au juste. Cependant il est assez probable que Richelieu le laissa arriver à Louis XIII, pensant ne pouvoir s'affermir sur une meilleure base que le mépris de la reine.

Quoi qu'il en soit, Anne d'Autriche demeurait à la discrétion du cardinal. Il résolut d'user enfin de son pouvoir. La tête de Montmorency vient de tomber, dit Michelet, presque sous les yeux de la reine (à Toulouse). Et il lui faut sourire et accepter des fêtes, descendre la Garonne avec Richelieu, se laisser promener en France, et loger et coucher chez lui!

« Il semblait espérer justement dans le deuil de la reine, dans sa terreur et son abaissement. Depuis l'avortement d'avril 1631, sa situation était fort humble. Le roi n'en tenait pas le moindre compte, et venait tous les soirs chez elle pour Mlle d'Hautefort (une amie platonique) sans lui dire un seul mot. On l'avait amenée au voyage du Midi, moins comme reine que comme otage, comme une prisonnière suspectée, qu'on ne pouvait laisser à Paris... Le roi la laissa aux mains de Richelieu, et s'en alla droit à Paris.

« A celui-ci d'en faire ce qu'il voudrait, de la régaler et fêter dans l'intérêt du traité espagnol. C'est le prétexte qui couvrit son changement à l'égard de la reine. Changement inespéré, douce surprise pour elle, rassurée tout à coup, surprise forte pour un cœur de femme. Elle pouvait défaillir et mollir, laisser prendre de grands avantages à l'audace d'un homme tout-puissant, d'un vainqueur, disons d'un maître, et qui voulait ce qu'il voulait.

« Richelieu n'était ni beau ni jeune, et ne ressemblait pas à Buckingham. En revanche, il l'avait battu ; le brillant fanfaron était mort ridicule. Richelieu, au contraire... semblait l'arbitre de l'Europe... Même la tragédie de Toulouse pour laquelle on avait pleuré, elle le servait peut-être au fond. Les femmes aiment qui frappe fort, et parfois ceux qui leur font peur.

« Donc ce triomphateur, menant la cour vaincue, la reine souriante et tremblante, descendait doucement de Garonne en Gironde... A Bordeaux, tout change... Les violentes émotions de Richelieu, sa préoccupation terrible, l'effort qu'il avait fait, son audace craintive, enfin, par-dessus tout, le tourment de l'espoir, tout cela fut plus fort que lui. Et il fut frappé à Bordeaux.

« Il n'y avait pas à lutter avec le mal. L'irritation de la vessie, l'impossibilité d'uriner, semblent du premier coup l'approcher de la mort... Tout s'assombrit, la reine part en avant...

« La reine, quitte à bon marché, continuait joyeusement son voyage, profitait pleinement des fêtes du cardinal, que sa présence aurait gâtées. Il y eut à la Rochelle des magnificences incroyables... Une extrême gaîté, car on disait qu'il était mort ou qu'il allait mourir. On dansait... mais (lui) recueillit des notes exactes sur ceux qui avaient ri et sur ceux qui avaient dansé.

« Le bal ne dura pas, et la joyeuse cour revint au sérieux tout à coup, apprenant deux nouvelles qui changeaient le monde ; Richelieu avait uriné, et Gustave-Adolphe (roi de Suède et vainqueur de l'Allemagne) était mort (16 novembre 1632). »

Toutefois, Anne d'Autriche se ressaisit, intrigue, conspire, minant le cardinal de concert avec sa famille d'Espagne.

Richelieu finit par prendre deux grandes décisions : rupture avec l'Espagne, renvoi de la reine espagnole. Louis XIII était tout décidé. Il se préparait à pousser sa femme au départ en la menaçant d'un procès scandaleux qui l'eût couverte de honte, et qui l'eût perdue en Espagne même, dans sa famille humiliée.

En outre, le cardinal envoie Créqui à Rome demander le divorce (1635).

Mais la guerre éclate avec l'Espagne et l'Allemagne. La France est envahie un instant. Richelieu suspend les hostilités contre la reine. Il ne les reprendra que pour être vaincu honteusement par l'Espagnole lascive et ambitieuse. En deux ans, elle aura deux fils, dont le valétudinaire et imbécile Louis XIII se résignera à être l'éditeur responsable.

Une histoire machinée comme un roman, mais qu'il faut narrer avec précision pour établir irréfutablement que la prétendue descendance de Louis XIII n'a d'autre berceau qu'un double adultère.

CHAPITRE II

DEUX BATARDS : LOUIS XIV ET LE PREMIER DES ORLÉANS

En refusant à Richelieu l'honneur de perpétuer avec elle la dynastie des Bourbons, Anne d'Autriche s'était fait du cardinal un ennemi implacable. Les plus illustres amants de la reine avaient péri : — Buckingham assassiné, Montmorency décapité. Le terrible ministre la guettait jour et nuit afin qu'elle ne pondît point au nid royal quelque œuf de contrebande.

Aussi, en 1637, Anne d'Autriche, bannie depuis douze ans du lit de Louis XIII, avait été forcée de recourir plusieurs fois à l'avortement pour éviter le châtiment de ses adultères. Danse, son apothicaire, était un habile praticien.

Quoique marchant rapidement à la quarantaine, elle restait fraîche. En dépit de la graisse qui l'envahissait, elle gardait son incomparable blancheur. Ce n'était que lis et que roses. A la vérité, elle nourrissait fort sa beauté, mangeant beaucoup, buvant de même, se levant très tard.

Sanguine, orgueilleuse et colère, elle n'en était pas moins faible; ses domestiques la disaient *toute bonne*, ce qui signifiait en leur langue : voluptueuse et lascive.

Mais sa parfaite ignorance et son esprit borné ne l'empêchaient pas de spéculer sur ses amants pour corriger l'impuissance de Louis XIII, ni sur la trahison pour abattre Richelieu, son infatigable surveillant.

Tout en faisant des fausses couches, elle s'était mise par deux fois en rapport avec l'ennemi, dans deux grands dangers de la France. En 1628, elle avait sollicité le duc de Lorraine de nous abandonner, c'est-à-dire d'ouvrir la porte aux Allemands. Et, quand l'invasion se réalisa, en effet, dans l'année 1636, où la grande armée des voleurs impériaux sema la ruine et le carnage dans nos provinces du Nord et de l'Est, nous retrouvons notre grosse étourdie dans un couvent de Carmélites, au Val-de-Grâce, écrivant aux Espagnols, qui viennent à dix lieues de Paris.

Pour couvrir son infamie, elle se rapprochait de Richelieu, le flattait, lui demandant des grâces. Afin de mieux l'enivrer et l'aveugler, elle allait le voir à Rueil, où elle acceptait ses fêtes galantes et ses collations, les concerts et les vers qu'il faisait faire pour elle.

Cependant le cardinal finit par se défier et s'inquiéter. Après Mlle d'Hautefort, Louis XIII aimait maintenant à sa manière, — chastement, — Mlle de

Lafayette, nature tendre et mystique, fille d'honneur comme sa devancière, et, comme elle, soufflée par les jésuites. (V. Michelet.)

Or, ceux-ci détestaient Richelieu, allié aux protestants, et protégeaient la reine de tout leur pouvoir. Leur père Caussin, confesseur du roi, fut chargé de nouer l'intrigue qui devait renverser le cardinal et assurer la descendance royale, malgré l'insuffisance des moyens de Louis XIII.

Bientôt la dévote Louise de Lafayette s'empare complètement de l'esprit et du cœur du monarque bigot, à demi imbécile. Par le conseil de ses directeurs jésuites, elle feint de craindre pour sa vertu les entreprises absolument inoffensives du prince. Le 19 mai 1637, elle se retire au couvent de la Visitation.

Louis XIII pleure son amie. Le père Caussin insinue à son royal pénitent qu'il peut sans péché continuer de la voir à la grille. Religieuse et toujours aimée, elle ne serait que plus puissante, calculait le jésuite, pour amener le roi où l'on voulait.

La reine triomphait. Mais, au mois d'août, elle fut frappée brusquement; un avis positif permit à Richelieu de saisir enfin sa correspondance. On arrête son valet de chambre et son confident, Laporte, qui ne la trahit pas. Ce fut elle qui, bêtement, trahit Laporte, avoua, et, de plus, se laissa dicter une lettre pour lui ordonner de tout dire. Le valet nia fermement.

Néanmoins, Anne d'Autriche était aux pieds du

cardinal. C'était à Chantilly. Il l'avait terrifiée d'abord, lui faisant croire qu'il avait trouvé tout. Alors, perdant la tête, elle le pria d'éloigner les témoins et de rester seul avec elle. Dans sa peur extrême, elle fut caressante, plus qu'une reine, plus qu'une femme ne pouvait l'être avec sûreté : « Quelle bonté faut-il que vous ayez, monsieur le cardinal!... Tirez-moi de là ; je ne ferai plus de faute à l'avenir. » Elle avança, offrant sa main tremblante, — s'offrant tout entière. (Manuscrit de la main de Richelieu, cité par Capefigue.)

Au grand étonnement d'Anne d'Autriche, le cardinal recula. Il s'inclina humblement, disant qu'il allait demander les ordres du roi.

Malade et vieilli, il se jugea sans doute aussi impuissant que son maître. Ou peut-être redouta-t-il une perfidie, un piège féminin pour le perdre. Quoi qu'il en soit, Richelieu se contenta du résultat obtenu, lequel mettait la reine à sa merci.

« Revenu, rapportant l'ordre du roi, dit Michelet résumant les documents contemporains, il la retrouve humiliée, anéantie. Comme une petite fille, elle écrit devant lui une confession de ses rapports avec l'Espagne, une promesse de ne plus récidiver, de se conduire selon son devoir, *de ne rien écrire qu'on ne voye*, de ne plus aller aux couvents, du moins seule, et de n'entrer dans les cellules qu'avec telle dame qui en répond au roi.

« Pièce grave, qui pouvait servir si l'on allait jusqu'au divorce. Mais, même en donnant cet acte contre elle, elle n'eut pas grâce entière du roi. Il ne lui parla plus. Tout le monde s'éloigna d'elle. Les courtisans qui entraient dans la cour de Chantilly tenaient les yeux baissés, afin qu'on ne pût dire qu'ils regardaient les fenêtres de la reine. Elle étouffait de douleur et de honte, et, les deux jours qui suivirent son pardon, chose inouïe pour elle, elle ne put manger.

« Trois personnes lui restaient fidèles et travaillaient pour elle en dessous; d'abord deux femmes généreuses, Hautefort par dévouement, Lafayette par dévotion; enfin le père Caussin, qui, sous son air béat, saisissait adroitement toute occasion de faire scrupule au roi de vivre mal avec sa femme...; pour s'amender, une chose suffisait : renvoyer Richelieu. »

La trame si laborieusement ourdie fut sur le point de réussir. Déjà le roi était pris. Malheureusement, un vieux courtisan la dénonça au cardinal. Louis XIII, interpellé par son ministre, balbutia, s'excusa. Richelieu resta plus maître que jamais.

Cette fois, Anne d'Autriche était perdue. Irrité, bravé de nouveau, le ministre tout-puissant ne manquerait pas de pousser son avantage, ferait valoir pour le divorce les aveux qu'elle avait faits, les pièces qu'elle avait données contre elle.

Pour échapper à ce formidable péril, il n'y avait qu'un moyen pour la reine : se réconcilier avec son mari en devenant enceinte.

« Bien souvent, observe Michelet, des femmes

condamnées à mort usèrent de ce remède pour gagner du temps. Celle-ci risquait plus que la mort. Elle risquait, non-seulement de ne plus être reine de France et de rentrer dans l'ennui de Madrid, mais, par un procès scandaleux, d'irriter sa famille, déshonorée par elle, et de se trouver perdue, même à Madrid. Si les confidents de la reine, en mars 1631, n'osèrent cacher à Richelieu ni son avortement ni ce qui le provoqua, l'auraient-ils soutenue, couverte jusqu'au bout dans un procès poussé à mort par le ministre tout-puissant? Que de choses on eût sues? Quelle eût été l'indignation de la prude maison d'Autriche contre son imprudente infante, quand on eût vu combien la dévotion espagnole était une gardienne peu sûre, une duègne infidèle de la vertu des reines !

« C'était justement cette duègne qui moyennait ici les choses. De quoi s'agissait-il? De sauver l'Église en Europe, l'intérêt catholique aussi bien qu'espagnol. Un tel but sanctifiait les moyens. Le jésuite Caussin n'était nullement étranger, à coup sûr, à l'art que les grands casuistes professaient depuis quarante ans. L'ingénieux Navarro, le savant et complet Sanchez, les nombreux éclectiques, comme Escobar et autres, avaient creusé et raffiné. En cent cas, l'adultère, pour une femme mal mariée, était un péché véniel. »

La conscience bigote d'Anne d'Autriche, non plus que son tempérament, ne formaient obstacle à ce qu'elle fît un enfant pour conjurer le terrible danger qui la menaçait. Il fallait surtout que le roi se crût pour quelque chose dans l'opération, — par exemple un prétexte à miracle.

Or, la tentative de rapprocher Louis XIII de sa femme devenait plus difficile que jamais. Il baissait de plus en plus, au physique et au moral, décrépit avant quarante ans. Durant les douze années écoulées depuis sa rupture définitive avec la reine, il avait touché cinq ou six fois à la mort, consumé par l'ennui, miné par les soucis, le corps ruiné par la médecine du temps.

Sa dernière maladie avait précipité sa caducité précoce. Il allait à la selle quarante fois par jour et rendait le sang pur. Saignée sur saignée, avec les remèdes les plus héroïques, les purgatifs les plus violents. A la fin, un abcès à l'anus creva, et le moribond s'en tira encore, mais épuisé pour toujours et pour languir quelques années.

La reine et ses complices comptèrent sur l'infirmité maintenant incurable de l'esprit de Louis XIII pour jouer le coup. Ils réussirent, malgré la vigilance de Richelieu.

Je laisse la parole à Michelet, qui raconte admirablement cette fourberie pieuse.

« Le 8 décembre, Caussin fit près du roi la démarche dernière et le suprême effort contre Richelieu. Angoulême (le vieux courtisan) avertit celui-ci, qui, le matin du 9, vit le roi, le reprit, exigea la promesse qu'il renverrait Caussin. Le roi, reconquis et forcé, rentrant en esclavage, pour fuir la cour peut-être et les reproches muets de Mlle d'Hautefort, pour s'excuser à Mlle de Lafayette, partit de Saint-Germain, se proposant de la voir à Paris à la Visitation, mais de ne pas revenir, de continuer le faubourg Saint-Antoine, et d'aller coucher à Saint-Maur chez les Condé, amis de Richelieu.

« Tout cela ne fut pas si prompt qu'on ne pût faire avertir Lafayette pour qu'elle retint le roi, l'empêchât d'aller s'endurcir et s'obstiner dans ce désert, pour qu'enfin, dans ce jour suprême, s'il se pouvait, elle fondit son cœur.

« La reine courut après le roi (de Saint-Germain où il l'avait laissée). Sous je ne sais quel prétexte d'affaires ou de dévotion, elle vint au Louvre, attendre, souper, coucher et profiter peut-être de ce qu'aurait fait Lafayette.

« La partie était extraordinairement montée. La reine n'avait pas caché sa vive inquiétude. Des couvents étaient en prières (on le sut le lendemain).

« La jeune Lafayette, innocente complice d'une affaire si peu innocente, fit d'autant mieux ce qu'on voulait. Elle tint le roi longtemps, très longtemps, deux heures, tant que ce fût le soir. On devine bien ce qu'elle dit. Elle pria pour la reine, supplia, et pour le roi même, pour sa conscience et son salut. Noël allait venir. Pourrait-il bien, dans un tel jour où Christ vient apporter la paix, ne pas donner la paix à sa femme et à sa famille, à la France en péril s'il ne lui venait un Dauphin? Dernier point délicat où cette enfant de dix-sept ans ne put ne pas rougir...

« Louis XIII, qui semblait de bois, sortit pourtant si animé, qu'il s'en allait éperdu à Saint-Maur par une nuit glacée, un effroyable temps d'hiver. Le bonhomme Guitaut (capitaine des gardes), qui, depuis quatre heures, se morfondait là à l'attendre, lui demanda lamentablement s'il était d'un roi chrétien de faire courir ses gens par ce temps-là. Le roi n'entendait rien. Deux fois, trois fois, il fit la sourde oreille, quoiqu'on lui dît et répétât que la reine avec un bon feu, était au Louvre, qui bien volontiers lui donnerait à souper, à coucher.

« Enfin l'obstination de Guitaut l'emporta. Tout entier à ce rêve, à ces brûlantes paroles, à cette image enflammée du rayon de Dieu, il se laissa mener au Louvre. Tout était prêt, et il soupa.

« Le journal de son médecin malheureusement ne va pas jusque-là; nous saurions quel fut le menu, quel le dessert, si les fameux *diavoletti* y furent servis, ou les breuvages d'illusion qu'on donnait au sabbat. Quoi qu'il en soit, le roi coucha au Louvre, dans le lit de la reine, s'en alla le matin. Quand elle se leva pour dîner, un supérieur de moines se trouva sur la route pour lui annoncer que la nuit un simple, un bon frère lai, avait su par révélation ce bonheur de la France. Et il lui dit en souriant : « Votre Majesté est enceinte. »

« Toute la cour était pour la reine. On entoura le roi, on le félicita, on le persuada. Eh ! que ne peut la sainte Vierge? n'était-ce pas elle-même que ce jour-là il avait vu Mlle de Lafayette, toute divine et transfigurée? »

Et la preuve que le prince demi-idiot crut au miracle, c'est qu'au cours de la grossesse il consacra solennellement son royaume à la Vierge, décidant que cet acte célèbre serait renouvelé chaque année au 15 août, fête de l'Assomption.

Cependant durant les neuf mois qui précédèrent l'accouchement, la reine avait à craindre qu'une plaisanterie calculée n'assombrît le roi et n'éclairât les souvenirs confus qui lui restaient de cette nuit. Habilement conseillée, elle manœuvra si bien que pas une note discordante ne troubla le doux concert des félicitations dont on flattait l'amour-propre de Louis XIII.

Louise de Lafayette soutenait sa foi, affirmant et célébrant avec conviction le miracle de la Vierge.

« Mais, plus directement encore, ajoute Michelet, Mlle d'Hautefort empauma le roi. Audacieuse de son dévouement, sûre d'ailleurs de ne risquer guère, la vive Périgourdine lui fit des avances innocentes. Elle le refit son chevalier. Il se remit à faire pour elle des vers, de la musique. Il aimait à la voir manger avec les autres demoiselles; il les servait à table; il parlait mal du cardinal...

« De temps à autre, pour l'éveiller un peu, elle le piquait, le querellait; il passait tout le temps à écrire ces petites disputes, les dits et les répliques... »

Évidemment, cet homme jeune encore était déjà

en enfance. Notons qu'il avait subitement pris goût à la cuisine et s'exerçait à larder les rôtis.

Enfin Anne d'Autriche accoucha du fils qui devait être Louis XIV (5 septembre 1638). Ce jour-là, Louis XIII eut une attitude singulière. Il subit patiemment le miracle, mais se montra totalement désintéressé de la chose, n'en fut pas mieux pour sa femme qu'il refusa d'embrasser, comme c'était l'usage, après l'accouchement.

Il semble qu'une lueur traversa son cerveau obscurci, qu'il entrevit un instant tout le ridicule de sa situation. Pendant qu'Anne accouchait, la Hautefort, le voyant impassible, tenta de l'émouvoir. Elle y perdit son temps. La reine eut beau crier. On eut beau même dire qu'elle était en danger; rien n'y fit : Louis XIII resta indifférent.

« Il ne fut pourtant pas inhumain pour l'enfant, observe Michelet avec sa fine ironie. La Hautefort, pleurant et lui reprochant sa froideur : « Qu'on sauve le petit, lui dit-il. Vous aurez lieu de vous consoler de la mère. »

Il est clair que ce mari-là, en ce moment, ne croyait plus à sa paternité. En réalité, personne n'y croyait dans l'entourage du roi. « Ici, rien pour la nature, dit encore Michelet, Dieudonné (c'était le deuxième nom de Louis XIV) est le fils de la raison d'État. »

Vallot, le médecin d'Anne d'Autriche, n'était aucunement convaincu de la légitimité de l'enfant. Pour le démontrer, je me contenterai de citer un passage du journal manuscrit, conservé à la Bibliothèque nationale, où Vallot a consigné de minutieux détails sur la santé de Louis XIV encore enfant.

« Dieu, par une grâce particulière, nous a donné un roi si accompli et si plein de bénédictions, en ce temps où toute la France avait presque perdu toutes les assurances d'une si heureuse succession et lorsque le roi son père (Louis XIII), d'heureuse mémoire, commençait à se ressentir d'une *faiblesse singulière causée, avant l'âge, par ses longues fatigues et l'opiniâtreté d'une longue maladie qui l'avait réduit en état de ne pouvoir espérer une plus longue vie, ni une plus parfaite guérison*, de sorte que l'on avait sujet, durant la grossesse de la reine-mère, d'appréhender que ce royal enfant ne se ressentît de la faiblesse du roi son père, ce qui indubitablement serait arrivé si la bonté du tempérament de la reine et son tempérament héroïque n'avait rectifié l'impression de ces premiers principes. »

Sur quoi un savant auteur fait les remarques suivantes :

« Ce paragraphe, en style d'apothicaire, renferme cependant, sous son obscurité et sous son embarras qui ne résultent pas tant de l'ignorance de l'écrivain que de la préoccupation du courtisan, le germe d'une *révélation historique qui planait, du vivant de Louis XIII*, sur le berceau de *Louis-Dieudonné*. Vallot, médecin d'Anne d'Autriche, était initié aux détails de la romanesque conception de la reine, qui, grâce à un hasard adroitement ménagé, rencontre son mari au Louvre, un soir du mois de décembre 1637, et partage cette nuit-là le lit conjugal où elle n'était pas entrée depuis douze ans.

« Mais le bonhomme Vallot ne se fit aucun scrupule d'attribuer à son vin émétique, et à son quinquina, la robuste constitution de Louis XIV, qui n'avait rien de la débilité maladive de Louis XIII.

Les recueils des chansons manuscrites, conservés à la Bibliothèque nationale, renferment quantité de couplets contre la légitimité de Louis XIV. Mais ils sont, pour la plupart, d'un genre qui interdit toute citation. Néanmoins, ils expriment éloquemment l'incrédulité générale au sujet de la paternité de Louis XIII.

Sans doute, les livres se taisent. Mais il faut se souvenir, qu'à cette époque, à traiter pareille matière, écrivains et imprimeurs, en France, eussent risqué leur liberté ou leur vie.

En revanche, à l'étranger, on appelait couramment Louis XIV : *le grand bâtard*.

Je me crois donc en droit de formuler cette conclusion :

Louis XIII fut le dernier Roi Bourbon.

Maintenant, à titre de curiosité, examinons quel put être l'heureux amant qui, par fraude, fit un enfant *royal* à Anne d'Autriche.

Ici, nous sommes en présence de deux opinions : — L'opinion française et celle qui prévalut à l'étranger.

En France, les uns nommèrent Richelieu, d'autres Mazarin. On chanta beaucoup ce couplet, sous Louis XIV :

> Son père, le roi des Français,
> Tous les jours faisait des souhaits
> Pour que la reine fût enceinte;
> Il priait les saints et les saintes,
> Le cardinal priait aussi;
> Il a beaucoup mieux réussi.

Qu'il s'agisse de Richelieu ou de Mazarin, la chanson a tort, certainement.

Richelieu, la chose est avérée, fut cruellement surpris à la nouvelle de la grossesse de la reine. Informé au matin seulement du 9 décembre de la trame ourdie pour sauver Anne d'Autriche, il s'empressa d'obtenir l'éloignement du père Caussin. Trop tard, puisque le coup put s'exécuter dans la nuit du 9 au 10. — Les dates sont précises, irrécusables.

De plus, lors de l'accouchement, dans le compliment que le cardinal-ministre fait à la reine, les paroles lui restent à la gorge : « Madame, les grandes joies ne parlent pas... »

On verra bientôt comment il tenta de tirer son épingle du jeu en poussant un amant de son choix au lit d'Anne d'Autriche, pour faire à celle-ci un second bâtard, — le chef de la branche d'Orléans.

Quant à Mazarin, il n'était point encore établi en

France l'année de la conception miraculeuse. Il s'y fixa seulement en 1638, et il ne paraît aucunement qu'il ait eu auparavant des relations intimes avec la reine.

Force nous est donc de chercher ailleurs. Écoutons Michelet. L'avis du grand historien pourrait bien serrer de très près la vérité.

« Il est curieux de savoir, dit-il, quels serviteurs de confiance entouraient notre reine à ce moment (l'époque de la conception). Son écuyer Patrocle la trahissait ; elle ne l'ignorait pas. Laporte était à la Bastille.

« Au total, l'homme sûr à qui la reine pouvait se fier était Guitant, capitaine de ses gardes. Guitaut n'était pas jeune, et il avait souvent la goutte. Il devait être suppléé dans ces moments par celui qui avait la survivance de sa charge, — son neveu Comminges, un beau jeune homme, brave et spirituel, vrai héros de roman (voir Arnauld d'Andilly). C'est lui, pendant la Fronde, à qui la reine donna la périlleuse commission d'arrêter l'idole du peuple, le conseiller Broussel. Mais Mazarin (jaloux, sans doute) ne le laissa pas près de la reine et l'envoya mourir en Italie. »

Dans la IIe partie d'un ouvrage intitulé : *Harmonie de l'amour et de la justice de Dieu*, publié en 1650, on soutient, sans aller plus loin, que Louis XIV n'était pas le fils de Louis XIII. L'auteur, François Davesne, fut emprisonné trois fois de ce chef.

L'opinion la plus communément répandue à

l'étranger a été consignée dans divers ouvrages publiés en Allemagne, en Danemark, en Angleterre, au temps de Louis XIV. Elle attribue la grossesse d'Anne d'Autriche, en 1637, au comte de Rantzau, — un brillant officier originaire du Holstein et admis en 1636 parmi les gardes de la reine.

Telle est la version intitulée : *Amours d'Anne d'Autriche, épouse de Louis XIII, par M. le C. de R., le véritable père de Louis XIV.* (Cologne, 1693.)

Et un écrivain de marque a dit : « Le thème de cette composition n'a rien qui blesse la vraisemblance. »

On lit en toutes lettres le nom du comte de Rantzau dans un autre ouvrage sur le même sujet, imprimé à Copenhague sous Louis XIV et intitulé : *Portraits historiques des hommes célèbres du Danemark*, par Ticho-Hofman. L'auteur raconte comment Rantzau fut introduit près de la reine par une dame d'honneur. Il conclut en ces termes : « Cet entretien eut un tel effet, qu'il contribua plus à la naissance de Louis XIV que vingt-trois ans de mariage avec le roi. »

Le livre de Cologne, beaucoup plus détaillé, affirme que Rantzau, dont Anne d'Autriche était très éprise, put coucher avec elle bon nombre de nuits, pendant la première quinzaine de décembre 1637. Et il conclut : « Ainsi naquit, après vingt-trois ans de patience, Louis XIV, fils de Louis XIII par voie de transsubstantiation. »

De même que Comminges, Rantzau semble avoir

excité la jalousie de Mazarin. Jeté pendant dix ans à tous les périls de la guerre, il mourut en 1650, après avoir laissé une partie de ses membres sur les champs de bataille.

Enfin un ouvrage anglais, rare et très peu connu en France, constate pareillement la bâtardise de Louis XIV. Il a pour titre : *The royal cuckold or great bastard,* etc.

En somme, peu importe de savoir au juste le vrai père de Louis XIV. Comminges, Rantzau ou tout autre, il n'en reste pas moins démontré que l'enfant naquit de l'adultère, parce que Louis XIII, pour cause d'impuissance radicale, fut absolument étranger à la grossesse d'Anne d'Autriche.

Voilà ce qu'il faut admettre, bon gré, mal gré, à moins d'invoquer le miracle. Argument insensé autant que ridicule.

Après ce préambule, qui était indispensable pour éclaircir l'origine vraie des Bourbons de l'une et l'autre branche, abordons l'histoire des Orléans. Le terrain, désormais déblayé, me permettra de fixer rapidement leur filiation exacte.

Le bâtard Louis-Dieudonné, reconnu fils légitime de Louis XIII par une fiction légale, l'avenir devenait très obscur pour Richelieu. S'il n'avait rien à craindre tant que vivrait le roi imbécile, la fatalité le condamnait, dans un avenir prochain, à avoir pour maîtres le fils d'Anne d'Autriche et la régente espagnole.

Mais quels seraient les amants de la reine? Là était la question. Haï d'elle à l'excès, pourrait-il lui faire accepter un homme à lui? Le cardinal essaya. Il avait sous la main le personnage qu'il lui fallait : — un Italien sans racine aucune, un ecclésiastique, un aventurier, le fin, le délié, le beau Mazarini.

Né en 1602, Jules Mazarin avait apparu en 1630, pour sauver l'armée espagnole. Sachant que le jeune abbé était au service de celui des neveux du pape qui tenait le parti français, Richelieu l'avait employé à Rome.

Le père Joseph, le bras droit du puissant ministre, étant mort en décembre 1638, Richelieu appela aussitôt Mazarin pour lui succéder. Il présenta à la reine le brillant Italien comme ressemblant à Buckingham.

Anne d'Autriche l'avait vu déjà. Elle ne tarda pas à s'éprendre de ce mâle superbe et l'admit dans son intimité. L'année suivante (1639), il y eut une série de fêtes à la cour, en décembre, auxquelles Mazarin assista, dans la familiarité de la reine, prenant part à tous les festins. La princesse aimait la table, buvait beaucoup. Elle ne pouvait manquer de s'attendrir, de s'abandonner.

Ce qui est sûr, c'est qu'elle fut enceinte de la nuit de Noël (1639), et qu'au 22 septembre suivant elle accoucha de son second fils. C'est le frère de Louis XIV, Philippe, le premier des Orléans dont il s'agit dans cette histoire.

« Ce duc d'Orléans, dit Michelet, ne fut rien qu'Italien, pour l'esprit, pour les mœurs. Il fut tout aussi

Mazarin que Gaston (le second fils de Marie de Médicis) était Concini. »

Et ici, nous avons les témoignages authentiques, indéniables, des amants eux-mêmes.

Dans la correspondance du cardinal Mazarin, publiée par M. Ravenel, on trouve plusieurs passages exprimant une passion ardente pour Anne d'Autriche, — la passion de l'amant heureux. En outre, dans deux lettres jusqu'alors inédites, Mazarin ne cache pas sa jalousie à l'égard de sa royale maitresse.

Il y a une autre lettre de Mazarin à la reine, datée de Brühl, près de Cologne, le 11 mai 1651. Elle a paru, d'après un brouillon autographe, dans le *Bulletin de la Société de l'Histoire de France*, et contient notamment ce qui suit :

« Mon Dieu ! que je serais heureux et vous satisfaite si vous pouviez voir mon cœur, ou si je pouvais vous écrire ce qui en est et seulement la moitié des choses que je me suis proposé : vous n'auriez pas grand'peine, en ce cas, à tomber d'accord que jamais il n'y a eu amitié approchante à celle que j'ai pour vous. Je vous avoue que je ne me fusse pas imaginé qu'elle allât jusqu'à m'ôter toute sorte de contentement lorsque j'emploie le temps à autre chose qu'à songer à vous. Mais cela est, et à un tel point qu'il me serait impossible d'agir en quoi que ce pût être, si je ne crois d'en user ainsi pour votre service.

« Je voudrais aussi vous pouvoir exprimer la haine

que j'ai pour ces indiscrets qui travaillent sans relâche pour faire que vous m'oubliiez et empêcher que nous ne nous voyions plus ; en un mot, elle est proportionnée à l'affection que j'ai pour vous. Ils se trompent bien s'ils espèrent de voir en nous les effets de l'absence. »

Walckenaër *(Mémoires de Mme de Sévigné)* note une lettre conservée à la Bibliothèque nationale, demeurée inédite, et écrite par Anne d'Autriche à Mazarin. Dans ce document, tout, jusqu'à l'adresse, est de la main de la reine. Cynique comme une femme ne l'est guère, elle appelle l'*homme*, le mâle, avouant « qu'elle n'en peut plus... Et il sait bien pourquoi ! »

Henri Martin a écrit dans son *Histoire de France :* « La correspondance de Mazarin et d'Anne d'Autriche ne laisse aucun doute sur la passion qu'affectait le ministre et qu'il inspirait à la reine. » Je le crois, parbleu !

Quant aux milliers de chansons dirigées contre la régente espagnole et son favori, la plupart sont remplies de traits si obscènes qu'on ne peut les citer. Mais, en fin de compte, elles attestent irrécusablement le scandale de ces amours furieuses dans l'adultère, poursuivies salement entre les berceaux de deux bâtards, dont le dernier, l'Orléans, ne pouvait être que le fils de Mazarin.

Mais voici des témoignages qui précisent davantage, s'il est possible : les aveux d'Élisabeth-Charlotte de Bavière, seconde femme du premier Orléans, le cadet bâtard du bâtard Louis XIV. Dans une lettre du 18 septembre 1818, la bavarde princesse s'exprime en ces termes :

« La reine-mère, veuve de Louis XIII, a fait encore bien pis que d'aimer le cardinal Mazarin : *elle l'a épousé.* »

Dans une autre (2 juillet 1722), elle ajoute ces détails :

« La reine-mère était fort tranquille au sujet du cardinal Mazarin ; il n'était pas prêtre, il pouvait donc bien se marier. On en connait maintenant toutes les circonstances ; le chemin secret qu'il prenait toutes les nuits pour aller la trouver est encore au Palais-Royal (où Anne d'Autriche habitait durant sa régence). »

Le fait de ce mariage, — secret naturellement, — avait transpiré dès l'année 1647, quatre ans après la mort de Louis XIII. On lit dans une pièce de cette époque, intitulée : *Suite du silence au bout du doigt :*

« Pourquoi tant blâmer la reine de ce qu'elle aime le cardinal ? n'y est-elle pas obligée, s'il est vrai qu'ils soient mariés, et que le père Vincent (saint Vincent-de-Paul) ait approuvé et ratifié le mariage ? »

Dans une autre brochure, l'*Arrestation du duc de Beaufort*, on attribue l'arrestation du duc à ce qu'il avait surpris Mazarin dans la ruelle de la reine, lui faisant des caresses amoureuses.

Or l'événement eut lieu en 1643, alors que le

cadavre de Louis XIII était encore tout chaud, pour ainsi dire.

Et c'est l'opinion de Michelet que le mariage de la reine-veuve remonte jusque-là.

D'ailleurs, pour elle, c'était nécessité brutale, impérieuse. Au témoignage de la femme de son second bâtard, le premier Orléans, Anne d'Autriche faisait par jour quatre énormes repas — largement arrosés. Outre ses appétits luxurieux, cette mangeuse fort sanguine, mais dévote autant que sensuelle, avait un motif non moins pressant de s'enchaîner au bouffon italien qui la possédait depuis quatre ans. Ayant à gouverner la France, elle qui, au dire encore d'Élisabeth-Charlotte, eût été incapable de régir une basse-cour, il lui fallait ce roi des fripons, retors et voleur, pour ne point sombrer dans l'exercice de la tyrannie.

Par où elle fut durement punie, toutefois, car, abusant des exigences charnelles de son tempérament, il la fit esclave. Les Mémoires nous apprennent qu'il la traita, nullement avec les égards d'un amant, mais avec la rudesse d'un mari indélicat et grossier. Mazarin ne craignait pas de lui dire devant témoins :

« Il vous sied bien, à vous, de me donner des avis! »

Voilà dans sa nudité historique et infâme la prostituée royale, l'épouse adultère de Louis XIII, la mère de Louis XIV et de Philippe, le premier Orléans.

Ainsi le fait est constant, il éclate comme la lumière du soleil en plein midi : — Au nid royal semé de lys, Anne d'Autriche n'a fait que des bâtards, l'un, fils de père difficile à dénommer; l'autre, fils de l'odieux et méprisable Mazarin; tous les deux absolument étrangers à la race des Bourbons.

CHAPITRE III

HOMME-FEMME, EMPOISONNEUR

Philippe, le second fils d'Anne d'Autriche, par Mazarin, et le premier des Orléans, reçut, comme frère du roi, le titre officiel : Son Altesse Royale, *Monsieur*.

Mari de la reine, le fripon italien régnait en réalité, exploitant la France à son profit personnel, et volant une fortune de cent millions (trois cents millions aujourd'hui).

Afin de garder le pouvoir indéfiniment, il défendit qu'on instruisît les deux princes. Aussi « Louis XIV demeura tellement ignorant que les choses les plus connues d'histoire, d'événements, de fortune, de conduite, de naissance, de lois, il n'en sut jamais un mot. *Le roi savait à peine lire et écrire.* » (*Mémoires de Saint-Simon.*)

Philippe — *Monsieur* — savait *écrire;* mais Élisabeth-Charlotte, sa seconde femme, affirme qu'il était incapable de lire sa propre écriture!

D'ailleurs, tout était calculé pour émasculer l'un et l'autre, abâtardir leur intelligence.

Jusqu'à douze ou treize ans, Monsieur avait été élevé en jupe de fille. On eût dit une jolie petite Italienne, vivant beaucoup chez la Choisy, femme d'un officier de sa maison et dont le fils était habillé de même. Parfois, les dames se divertissaient à coucher avec elles ces gentils poupons.

Le roi, lui, se frottait à sa mère qui achetait ses caresses par une complaisance sans bornes, « faible et molle, soumise à ses moindres caprices. » Évidemment, elle visait à le garder dépendant, à force de tendresse. Il lui passait la chemise au lever. Déjà grand, il exigeait qu'elle le baignât avec elle. (Laporte.)

Moins heureux avec sa mère, Philippe avait toujours tort près d'elle dans ses disputes avec son aîné, et elle le faisait fouetter par surcroît. Il eut le fouet jusqu'à quinze ans.

Laporte, l'honnête et fidèle serviteur d'Anne d'Autriche, nous renseigne sur les résultats d'une pareille éducation.

« De Montereau nous vinmes à Corbeil (1652), où le roi voulut que Monsieur couchât dans sa chambre, qui était si petite qu'il n'y avait que le passage d'une personne. Le matin, lorsqu'ils furent éveillés, le roi sans y penser cracha sur le lit de Monsieur, qui cracha aussitôt tout exprès sur le lit du roi, qui, un peu en colère, lui cracha au nez.

« Monsieur sauta sur le lit du roi et pissa dessus ; le roi en fit autant sur le lit de Monsieur. Comme ils n'avaient plus de quoi cracher ni pisser, ils se mirent à tirer les draps l'un de l'autre dans la place ; et peu après ils se prirent pour se battre. »

Voilà un échantillon du savoir-vivre auquel on formait les deux frères, les fruits de la belle éducation qu'on leur donnait.

Issu d'un Italien ecclésiastique, roulant parmi les filles et costumé en fille, Monsieur était voué fatalement aux vices contre nature. Il suffisait de le laisser glisser.

Quant au jeune roi, la chose semblait plus difficile.

Comminges ou Rantzau par sa naissance, il avait dans les veines du sang généreux de soldat. Déjà il inclinait aux femmes, se plaisait au milieu de celles qui entouraient la reine. Il y avait à craindre qu'il ne choisît là bientôt une favorite.

Mazarin songea à lui donner un *favori*, en l'initiant au culte de Sodome. Ici encore nous avons le témoignage naïf et irrécusable de Laporte :

« Le jour de la Saint-Jean de la même année 1652, le roi ayant dîné chez son Éminence (à midi), et étant demeuré avec lui jusque vers sept heures du soir, il m'envoya dire qu'il se voulait baigner.

« Son bain étant prêt, il arriva tout triste et *j'en connus* le sujet sans qu'il fût nécessaire qu'il me le dit. *La chose était si terrible*, qu'elle me mit dans la plus grande peine où j'aie jamais été ; et je demeurai cinq jours à balancer si je le dirais à la reine. Mais considérant qu'il y allait de mon honneur et de ma conscience, de ne pas prévenir par un avertissement de semblables *accidents*, je le lui dis enfin. Mais comme je ne lui nommais pas l'auteur de la chose, n'en ayant pas de certitude, cela fut cause de ma perte... »

Ainsi Laporte sut l'attentat, mais non pas les personnes. Le jeune roi ne dénonça pas le corrupteur auquel l'avait livré Mazarin, afin de l'enchaîner à un favori par la complicité de l'infamie.

Mais Michelet pense que ce fut un neveu de Mazarin, qui, « déjà hors de pages, n'avait que deux ans de plus que le roi, et pouvait être un camarade... Cette brillante fleur d'Italie, par laquelle le cardinal croyait tenir le roi, périt victime de l'impatience qu'il avait de l'avancer... »

Les femmes l'emportèrent, malgré tout, dans les goûts de Louis XIV. Il commença par une vieille borgnesse de la cour, pour finir par la veuve Scarron. Épris un instant de Marie Mancini, l'aînée des nièces de Mazarin, il l'eût faite reine certainement, si l'oncle n'eût découvert qu'elle tramait sa perte, à lui. Il se hâta de marier le roi à l'infante d'Espagne, Marie-Thérèse.

Monsieur avait vingt ans, l'âge d'épouser, lui aussi. Mais il n'était guère un homme, avait la rage de s'habiller en femme, était entouré de jolis favoris, allait en public tantôt au bras de l'un, tantôt au bras de l'autre, en toilette et parure de courtisane.

Néanmoins, on le maria à Henriette d'Angleterre, une merveille de grâce et de finesse, à dix-sept ans.

Philippe d'Orléans accueillit assez bien la jeune femme, « mais comme un camarade qui l'amuserait, sur qui il essaierait ses modes. » Pourtant, il finit par craindre qu'on ne la trouvât plus jolie que lui, « qu'elle ne lui enlevât ses petits amis, Guiche, Marsillac et autres. »

Monsieur n'avait pas d'autre jalousie que celle-là. Quand il vit Henriette admirée, courtisée, il fut ravi. Mais sa joie fut au comble lorsque le roi devint amoureux de Madame.

La duchesse d'Orléans eut des enfants : un fils qui ne vécut pas et plusieurs filles. De l'opinion générale, Philippe était complètement étranger à la naissance des enfants d'Henriette; c'était le roi qui s'en réjouissait, répétait-on, et à leur mort, « si Monsieur n'en riait, du moins il n'en pleurait pas. Cela se vit surtout à une couche où elle faillit périr; Monsieur s'en alla s'amuser. »

Des années s'écoulèrent. « Le triste et honteux mariage de Madame avec cette fille fardée, minaudière et coquette qu'on appelait Monsieur, constituait une lutte bizarre, étrangement immorale. » Rien de commun entre les époux. « Cela faisait deux petites cours jalouses. Les jolis jeunes gens qu'aimait Monsieur devaient se décider. Son premier favori, Guiche, laissa Monsieur pour Madame. Plus tard, un autre, le chevalier de Lorraine, opta contre Madame, prit Monsieur, la honte et l'argent. » (Michelet.)

En 1667, Henriette était définitivement délaissée

par le roi. Elle avait pour aumônier Daniel de Cosnac, évêque de Valence, « qui brûlait d'avoir le chapeau, et, pour cela, travaillait à la rendre ambitieuse. Il lui fit entendre que peut-être il y avait moyen de relever Monsieur, de le tirer du bourbier. Les deux époux, se rapprochant, auraient plus de poids sur le roi. »

C'était une tentative d'issue très douteuse. « Monsieur, subjugué et décidément femme », avait un ami en titre, le chevalier de Lorraine. Par ce cavalier, il se faisait mener au bal, en jupe, minaudant et fardé. Cependant Cosnac ne désespéra pas de rendre Philippe un peu homme, de le produire et le faire valoir.

Henriette entra dans cette idée. Au début de la guerre de Flandre, elle obtint du roi que son mari commandât l'armée.

« Rien de plus comique que ce tableau de Monsieur allant à la guerre à la remorque du prêtre qui le traîne. Cosnac ne se ménage pas; il va à la tranchée pour que Monsieur y aille. Mais Monsieur dit qu'il n'est pas confessé... A cela ne tienne! On le pousse en avant.

« Vaines espérances des hommes! Un matin descend chez Monsieur son chevalier de Lorraine. Monsieur redevient femme. Cosnac n'en peut plus rien tirer. Il reste dans sa tente à se parer, farder en quatre miroirs.

« Trois fois par jour, il va admirer le bel ami à la tête de ses troupes; pour comble, celui-ci est blessé. C'est une égratignure, n'importe. Monsieur en perd l'esprit. De retour à Villers-Cotterets, ne pouvant parler d'autre chose, il se confie, à qui? à Madame, lui explique les qualités du chevalier, la fait juge d'un si grand mérite.

« Il n'y eut jamais chose plus étrange. Sans honte ni respect humain, le chevalier s'établit au Palais-Royal, ordonna, régla tout. » (Michelet.)

Sous l'influence du cher mignon, Philippe devint très violent. Il chassa une fille d'honneur de Madame qui déplaisait au chevalier, lui enleva encore son aumônier Cosnac, et le fit exiler. Les serviteurs personnels d'Henriette devinrent les espions du favori. L'*ami en titre* de Monsieur en arriva à ce degré d'insolence de ne plus saluer ni connaître la maîtresse de la maison.

Toutefois, Henriette triompha, à force de finesse. Sans agir directement, elle rendit le chevalier suspect au roi, qui le fit arrêter. « A ce moment il était dans la chambre même de Monsieur. On ne respecta pas ce sanctuaire. Tiré des bras de son maître éploré, on le mena au château d'If, prison très dure de criminels d'État.

« Monsieur donna la comédie à tout le monde. Pleurant et sanglotant, il s'en alla en plein hiver dans les bois de Villers-Cotterets. Madame en eut pitié,... obtint qu'il pût envoyer de l'argent au cher ami, adoucir et ouater sa cage. »

Enfin, Monsieur pleura et cria tant près du roi, que la liberté du bien-aimé lui fut accordée. Le chevalier dut s'exiler en Italie. Mais Philippe réclame de plus belle, voulant qu'on le lui rende; le roi jure qu'il ne reviendra de dix ans.

C'était l'arrêt de mort d'Henriette.

D'Effiat, écuyer de Monsieur, et Beuvron, son capitaine des gardes, étaient extrêmement liés avec le chevalier de Lorraine dont l'absence nuisait fort à leurs affaires. Attribuant à Madame la disgrâce de leur ami et redoutant d'être chassés à leur tour, ils résolurent de supprimer celle dont le crédit les menaçait.

Ils agirent, certains de l'assentiment de Philippe, sinon encouragés par lui. Un exprès, envoyé par le chevalier de Lorraine, apporte un poison italien sûr et prompt.

Monsieur, de son autorité d'époux, emmène Henriette de la cour et la conduit à Saint-Cloud. Refus de la laisser aller à Versailles. Elle était donc là seule, ayant tout contre elle, jusqu'à sa fille âgée de neuf ans, à qui on avait appris à détester sa mère.

Le coup prémédité se fit le 28 juin 1670. La princesse buvait chaque soir un verre d'eau de chicorée. Le valet chargé de la faire, déposait le vase qui la contenait dans l'armoire d'une des antichambres de Madame. D'Effiat, sachant cela, crut pouvoir accomplir le crime en toute sécurité.

Élisabeth-Charlotte, la seconde femme de Philippe d'Orléans, raconte le drame à peu près dans les mêmes termes que Saint-Simon et les Mémoires du temps, mais avec des variantes qui précisent davantage encore. Elle aussi accuse le chevalier de Lorraine et nomme d'Effiat comme principal exécuteur.

« Madame n'était pas capable de pardonner, écrit-elle; elle voulut faire chasser le chevalier de Lorraine et elle y réussit, mais il ne l'a pas manquée.

« Il a envoyé de l'Italie le poison par un gentilhomme provençal qu'on appelait Morel, et, pour récompenser celui-ci, on l'a fait premier maître-d'hôtel. Après qu'il m'eût amplement volée, on lui a fait vendre sa charge à un prix fort élevé. Ce Morel avait de l'esprit comme un diable;... il volait, il mentait, il jurait, il était athée et sodomite; il en tenait école, et il vendait des jeunes gens comme des chevaux; il allait au parterre de l'Opéra pour y faire ses marchés...

« Il est très vrai que Madame a été empoisonnée. D'Effiat n'avait point empoisonné l'eau de chicorée, mais la tasse de Madame, et c'était bien imaginé : car l'on a bu de l'eau de chicorée, mais personne ne boit dans notre tasse. La tasse ne fut pas rapportée aussitôt qu'on la demanda; elle s'était égarée, à ce qu'on dit; on avait voulu avoir le temps de la nettoyer et de la passer au feu.

« Un valet de chambre que j'ai eu, et qui avait été au service de feue Madame (il est mort maintenant), m'a raconté que le matin, tandis que Monsieur et Madame avaient été à la messe, d'Effiat vint au buffet : il trouva la tasse et la frotta avec un papier. Le valet de chambre lui dit :

« — Monsieur, que faites-vous à notre armoire et pourquoi touchez-vous à la tasse de Madame?

« Il répondit :

« — Je crève de soif, je cherchais à boire, et voyant la tasse malpropre, je l'ai nettoyée avec du papier.

« Le soir, Madame demanda de l'eau de chicorée ; aussitôt qu'elle eut bu, elle s'écria qu'elle était empoisonnée. Ceux qui étaient là burent de la même eau, mais non celle qui était dans la tasse; ils ne purent donc avoir aucun mal.

« Il fallut la porter au lit, elle se trouva de plus en plus mal, et mourut deux heures après minuit dans d'horribles souffrances ».

Saint-Simon assure que le roi voulut savoir si Philippe, son frère était un empoisonneur. Il aurait interrogé Purnon, le maître d'hôtel d'Henriette, promettant pardon entier s'il disait la vérité, et le menaçant de mort s'il mentait. Purnon aurait accusé le chevalier de Lorraine, d'Effiat et Beuvron, mais déclaré que Monsieur n'avait rien su des préparatifs du crime.

Ce récit est inacceptable, et même invraisemblable; les empoisonneurs, rien de plus certain, non seulement ne furent pas inquiétés, mais on les récompensa, quel que fût le degré de complicité.

Ainsi, la seconde femme de Monsieur, Élisabeth-Charlotte, avoue pour Morel.

Le roi avait été très affecté de la mort si tragique et si soudaine d'Henriette. Il n'était pas homme à épargner les coupables, que la voix publique désignait avec insistance.

Cependant, au lieu de sévir, le roi, peu après le crime, comble les empoisonneurs de faveurs. Il permet au chevalier de Lorraine de servir à l'armée, le nomme maréchal de camp, le fait revenir à la cour.

Comment expliquer cela, sinon par la conviction où était Louis XIV que Philippe avait consenti à l'empoisonnement de sa première femme, s'il ne l'avait ordonné? Or, faire juger les complices en omettant Monsieur, cela ne se pouvait. D'autre part, mettre en cause, dans un procès criminel, le premier prince du sang, le frère du roi, c'était frapper la royauté au cœur.

De là ces récompenses au chevalier de Lorraine et aux autres coquins. Pour l'honneur du trône, il fallait couvrir à tout prix le plus haut des criminels et non le moins infâme : Philippe d'Orléans.

A la vérité, Élisabeth-Charlotte a l'air d'innocenter Monsieur en cette affaire. Mais on voit qu'elle n'ose ou ne veut appuyer. Par exemple, dans ses lettres, elle revient à diverses reprises sur Henriette, — non par jalousie de la défunte à laquelle elle avait succédé, les fonctions d'épouse de Philippe étant une sinécure; elle semble avoir besoin plutôt de démontrer qu'Henriette était fort peu intéressante.

Les amours de la princesse anglaise avec Louis XIV, Guiche et autres, étaient de notoriété publique. En outre, on savait généralement à la cour qu'elle s'était abandonnée autrefois à la passion de Charles II, son frère, roi d'Angleterre. Élisabeth-Charlotte l'accuse, par surcroît, de relations incestueuses avec le duc de Monmouth, son neveu comme bâtard de Charles. De sorte qu'Henriette, après s'être livrée en Angleterre au père et au fils, aurait appartenu en France aux deux frères : — épouse nominale de Philippe et maîtresse de Louis. Mœurs royales et princières!

Élisabeth-Charlotte complète le portrait d'Henriette par ces deux lignes pleines de venin :

« Quelqu'un m'a raconté qu'il avait surpris Madame et Mme de Monaco se livrant ensemble à la débauche. » Lesbos mariée à Sodome.

Comment, après cela, au cas où l'on s'entêterait à accuser le mari, lui imputer sérieusement à crime d'avoir fait assassiner une femme si dépravée? C'était son droit absolu. A coup sûr, Élisabeth-Charlotte entendait suggérer cette conclusion. Mais la tactique de la princesse allemande n'est habile qu'en apparence, car elle achève la preuve de la complicité de Monsieur à l'empoisonnement d'Henriette. Et à la cour de Louis XIV, on ne feignait de douter que par crainte du maître ou par politesse.

Philippe d'Orléans était donc veuf, ce qui ne le gênait guère, n'ayant été, — de vouloir et de pouvoir, — que le mari honoraire de Madame. Maintenant la joie l'étouffait d'avoir recouvré *l'ami* en titre avec lequel il faisait la femme publiquement.

Monsieur avait alors trente ans. Gros, petit, la figure ignoble, il avait les cheveux d'un noir de jais, de grands yeux bruns, ternes et sans expression, de très vilaines dents.

Le bien-aimé du prince, Philippe de Lorraine-Armagnac, était chevalier de l'ordre religieux et militaire de Malte. On l'avait gratifié de quatre abbayes, dont les revenus servaient à ses débauches quand Monsieur lui laissait du loisir. C'était un garçon superbe, raconte Élisabeth-Charlotte, ajoutant que si, plus tard, il eut mauvaise mine, ce fut pour avoir attrapé « deux fois le mal français. »

Philippe d'Orléans, ce fils de Mazarin et d'Anne d'Autriche, ne le cédait en rien pour la dévotion à son frère utérin Louis XIV, lequel communiait pieusement avec la reine, en compagnie de ses quatre maîtresses. Un jour de carême, le chanoine Feuillet étant entré dans le cabinet de Monsieur, ce dernier lui dit : « Serait-ce rompre le jeûne que de sucer le jus d'une orange? — Eh! Monseigneur, répliqua le prêtre, mangez un bœuf, si cela vous plaît, mais soyez chrétien et payez vos dettes. » (*Correspondance de Madame.*)

Voici mieux encore :

« Monsieur a toujours fait le dévot. Il m'a fait rire une fois de bon cœur.

« Il apportait toujours au lit un chapelet d'où pendait une quantité de médailles, et qui lui servait à faire ses prières avant de s'endormir.

« Quand cela était fini, j'entendais un gros fracas causé par les médailles, comme s'il les promenait sous la couverture.

« Je lui dis :

« — Dieu me pardonne, mais je crois que vous faites promener vos reliques et vos images de la Vierge dans un pays qui leur est inconnu.

« Monsieur répondit :

« — Taisez-vous, dormez ; vous ne savez ce que vous dites.

« Une nuit, je me levai tout doucement. Je plaçai la lumière de manière à éclairer tout le lit ; et au moment où il promenait ses médailles sous la couverture, je le saisis par le bras et je lui dis en riant :

« — Pour le coup, vous ne sauriez le nier.

« Monsieur se mit à rire aussi, et dit :

« — Vous qui avez été huguenote, vous ne savez pas le pouvoir des reliques et des images de la sainte Vierge. Elles garantissent de tout mal les parties qu'on en frotte.

« Je répondis :

« — Je vous demande pardon, monsieur ; mais vous ne me persuaderez point que c'est honorer la Vierge, que de promener son visage sur les parties destinées à ôter la virginité... »

Monsieur enfin, pour égayer la célébration des rites de Sodome, avait embauché un nommé Guichard, avec mission de soigner ses jolis enfants de chœur et de leur faire de la musique.

Le drôle, ingénieux à varier les plaisirs de son auguste patron, les épiçait parfois de choses saintes. Un jour il vola, dans un couvent de filles, des ornements d'église, aubes et nappes d'autel, pour les employer à des cochonneries. L'histoire est à la Bibliothèque et aux Archives nationales. A ce métier il monta vite. « Au funèbre moment où la ligue se fit contre Mme Henriette et prépara sa mort, un mois avant, Guichard devient, de musicien, gentilhomme ordinaire du prince. » (Michelet.) On comprend ce que cela veut dire.

Ayant achevé de se former à l'école de Philippe d'Orléans, il entreprit d'empoisonner pour son propre compte. Guichard expédia d'abord son beau-père, puis tenta d'en faire autant du musicien Lulli dont il était jaloux. Dénoncé, il fut quitte, grâce à la protection de Monsieur, pour aller se promener quelque temps hors du royaume.

D'ailleurs Philippe venait de subir un accident. Par volonté du roi, il était en puissance de femme, épousé par Élisabeth-Charlotte, une robuste Bavaroise qui menaçait de le faire marcher droit dans le chemin du devoir conjugal. Louis XIV n'ayant d'enfant mâle que le Dauphin, malsain et bouffi comme sa mère espagnole, la nouvelle Madame voulait à tout prix fonder la branche cadette, faire souche d'Orléans. A la vérité, entre tels époux, il est bien clair qu'Élisabeth-Charlotte devait tout faire, Monsieur rien. (Voir Michelet.)

Mais la vigoureuse Allemande entendait que, du moins, Monsieur se prêtât à jouer convenablement le rôle d'éditeur responsable en cette œuvre ardue. Et elle était femme à réussir cette comédie conjugale bien mieux qu'Anne d'Autriche avec l'impuissant Louis XIII.

CHAPITRE IV

FÉCONDITÉ ALLEMANDE

Dans les ménages vulgaires, on peut contester parfois la paternité attribuée au mari sur les registres de l'état civil. Mais c'est l'exception.

Chez les princes, au contraire, la fraude est fréquente. Et chez les Orléans l'histoire affirme que telle fut la règle. Dans *trois* générations sur les *six* qui se succèdent au cours de deux siècles, le père légal n'est point le père véritable; et à la *quatrième* génération le père et la mère sont inscrits à faux, car il est moralement démontré qu'il y eut *substitution d'enfant*.

J'ai fait la preuve déjà que Philippe, frère de Louis XIV et chef de de la série, était le fils du cardinal Mazarin. Examinons maintenant si ce hideux sodomite, cet homme-femme, a pu procréer le second Orléans.

De son mariage avec Henriette d'Angleterre, Monsieur avait endossé deux filles. Pure complaisance de sa part, car il est certain qu'en cette affaire sa

collaboration avait été absolument nulle, Louis XIV
ou d'autres amants ayant opéré à sa place.

En décembre 1671, Philippe, « le principicule
italien, la femmelette et le vieux mignon, » comme
l'appelle Michelet, fut épousé par la princesse Élisabeth-Charlotte, fille de Charles-Louis, électeur palatin de Bavière.

La seconde Madame avait dix-neuf ans. « Elle
tenait beaucoup plus de l'homme que de la femme,
dit un contemporain, le duc de Saint-Simon; elle
était forte, courageuse. Allemande au dernier
point,... sauvage, toujours enfermée à écrire, dure,
rude, se prenant aisément d'aversion; nulle complaisance, nul tour dans l'esprit quoiqu'elle ne
manquât pas d'esprit; la figure et le rustre d'un
Suisse. »

Walckenaër ajoute : « Elle fut toujours Allemande
en France. Pour son mari, qu'elle méprisait, elle
était complaisante et douce, afin d'en être bien
traitée et de rester en repos.

Élisabeth-Charlotte, qui se piquait d'une franchise
brutale, nous a tracé d'elle-même ce portrait : « Je
n'ai aucuns traits, de petits yeux, un nez court et
gros, les lèvres longues et plates, tout cela ne peut
former une jolie figure; je suis très petite, grosse et
épaisse, le corps et les jambes courtes; en somme,
je dois être une vilaine petite laideron... Il ne peut
y avoir dans le monde entier de mains plus vilaines
que les miennes. Le roi me l'a souvent reproché et
m'a fait rire de bon cœur... J'ai pris le parti de rire

moi-même de ma laideur, et cela m'a réussi. »

Mais la volumineuse Allemande ne manquait point cependant de certains attraits capables de séduire un blasé tel que Louis XIV, par exemple. Elle était grasse, haute en couleur, avait la gorge pleine et d'imposantes rotondités. Avec cela, une forêt de cheveux, les lèvres sensuelles, le regard impérieux, une complexion robuste et visiblement exigeante, l'esprit vif et tranchant, les allures hardies.

Ainsi bâtie, la princesse plut à Louis XIV, c'est incontestable. Le grand roi n'avait pas des goûts très raffinés. A seize ans, il avait eu pour première maîtresse une vieille borgnesse, la Beauvais, première femme de chambre de sa mère. Élisabeth-Charlotte elle-même a écrit : « Le roi était galant, mais souvent débauché; tout lui était bon, pourvu que ce fussent des femmes; paysannes, filles de jardiniers, femmes de chambre, dames de qualité, pourvu qu'elles fissent seulement semblant d'être amoureuses de lui. »

A l'époque du second mariage de son frère, Louis XIV, âgé de trente-trois ans, vivait, comme un monarque oriental, au milieu d'un troupeau de femmes; de fait, il accueillit chaudement sa belle-sœur.

« Il y a tous les soirs, dit un auteur, bal, mascarade, ballet, opéra ou comédie à Saint-Germain. Le roi imagine chaque jour une fête nouvelle pour divertir sa belle-sœur. Louis XIV aspirerait-il à la possession de ces robustes charmes que Son Altesse royale fait trembler et rebondir en marchant? Il en est bien capable, et cette bonne fortune ne serait pas sans douceur pour un partisan des plaisirs substantiels. »

Et Mme de Sévigné écrivait à sa fille : « Le roi a une application à divertir Madame qu'il n'a *jamais eue pour l'autre.* »

Il devait goûter la princesse par d'autres côtés encore. Ainsi que son frère, Philippe d'Orléans, le roi était un des plus gros mangeurs de l'Europe, et Élisabeth-Charlotte leur tenait tête à table.

En outre, Madame avait des inclinations toutes masculines. « Elle portait des perruques d'homme, écrit encore l'auteur cité précédemment, endossait la fameuse casaque bleue imaginée par les chasseurs privilégiés de Louis XIV. Quelquefois on la vit revêtue littéralement du haut-de-chausse (la culotte). Son Altesse enfourchait le coursier de chasse, lui serrait les flancs de son robuste genou, et le faisait obéir à sa main plus que féminine. Personne ne devançait Madame au courre du cerf; elle maniait le fusil, le couteau, la dague, comme une autre femme manie l'éventail...

« Madame était franche jusqu'au cynisme, sans détour, sans pruderie. Louis XIV disait que « si ce qu'on appelle dans une femme le tempérament pouvait prendre une figure, il ressemblerait à sa belle-sœur. » La princesse passe des *heures entières dans les cabinets du roi,* et paraît peu s'occuper de ce qu'on en pensera. »

Le lendemain du jour où Louis XIV avait annoncé à Monsieur qu'il rendait complètement ses bonnes grâces au bel ami, le chevalier de Lorraine, « Madame se crut obligée, ajoute le même écrivain, de remercier à son tour le roi, et elle s'exprima avec une telle vivacité que de malins assistants virent en cela un autre motif que l'accomplissement du désir d'un mari. »

Le savant Walckenaër, entre autres, confirme les relations intimes de la jeune princesse avec le roi. « Ses goûts virils, dit-il, sa passion pour les chiens, pour les chevaux, avaient son approbation et ses sympathies; il lui savait même gré de son *isolement,* de sa *sauvagerie* dont elle ne se *départait que pour lui.* Tout le temps qu'elle ne *passait pas avec le roi,* à la chasse ou au spectacle, elle l'employait à écrire à ses nobles parents d'Allemagne de longues lettres dont les fragments ont servi à former ces singuliers mémoires où la cour de France, *à l'exception du roi,* est déchirée impitoyablement. »

Enfin son énorme correspondance nous fournit à chaque instant la preuve qu'Élisabeth-Charlotte aimait Louis XIV autant qu'elle méprisait Philippe d'Orléans, ce qui n'est pas peu dire.

Pourtant elle semble avoir obligé son mari à coucher avec elle durant près de quatre ans. Chose singulière, nous n'avons que trois lettres de Madame, et très brèves, datées de cette période. Les autres, sans doute, ont été détruites en exécution de l'ordre donné par elle à ses intimes d'Allemagne, de brûler une notable partie de sa correspondance.

Toutefois, dans les lignes suivantes, tracées après la mort du prince, elle nous apprend à quel point la corvée lui déplaisait. « J'ai été bien aise quand feu Monsieur, après la naissance de sa fille, a fait lit à part. Lorsque Son Altesse me fit cette proposition, je lui répondis : « — Oui, de bon cœur, monsieur ; j'en serai très contente pourvu que vous ne me haïssiez pas et que vous continuiez d'avoir un peu de bonté pour moi. » Il me le promit, et nous fûmes tous deux très contents l'un de l'autre.

« C'était aussi fort ennuyeux que de dormir auprès de Monsieur ; il ne pouvait souffrir qu'on le troublât durant son sommeil ; il fallait donc que je me tinsse sur le bord du lit, au point que parfois je suis tombée comme un sac. Je fus donc fort contente lorsque Monsieur, de bonne amitié et sans aigreur, me proposa de coucher chacun dans son appartement séparé. »

Notons que Madame n'avait que vingt-trois ans et Philippe trente-cinq.

Lors de cette étrange séparation, le but d'Élisabeth-Charlotte était atteint. Elle avait fait souche d'Orléans, ayant eu trois enfants, dont deux survivaient : Philippe, qui devait être le Régent, et une fille qui fut duchesse de Lorraine.

Monsieur a-t-il contribué sérieusement à cette

procréation? Il serait difficile, je crois, de ne pas répondre négativement.

En effet, les documents historiques de l'époque prouvent surabondamment que si Madame réussit trois ou quatre ans à tenir le prince dans son lit, elle ne put ou ne voulut vaincre la répugnance, l'horreur qu'il éprouvait pour la femme. Un phénomène psychologique assez commun chez les individus adonnés aux pratiques de Sodome.

La citation ci-dessus montre nettement, par le témoignage d'Élisabeth elle-même, combien Philippe redoutait, la nuit, le moindre contact avec sa compagne. Pour ne point l'effaroucher, elle devait courir risque, chaque fois, de rouler sur le plancher. Et pourtant, on connaît les dimensions exagérées des lits d'alors.

Non content de ces précautions, Monsieur, très bigot, recourait aux instruments religieux, au chapelet, « promenant l'image de la Vierge sur les parties destinées à ôter la virginité », afin de se garantir plus sûrement de toute contamination.

On a vu tout au long cette révélation stupéfiante de la princesse.

Ailleurs, elle raconte ceci :

« La maréchale de Grancey était la femme la plus sotte du monde. Feu Monsieur feignit d'être amoureux d'elle, mais *si elle n'avait pas eu d'autre amant, elle aurait certes conservé sa bonne réputation*. Il ne s'est jamais rien passé de mal entre eux ; elle-même disait que s'il venait à se trouver seul avec elle, il se plaignait aussitôt d'être malade, il disait avoir mal de tête ou mal de dents.

« Un jour, la dame lui proposa une liberté singulière; Monsieur mit vite ses gants; j'ai vu souvent qu'on le plaisantait à cet égard, et j'en ai bien ri. »

Est-il possible, je le demande, qu'un tel mari ait fait trois enfants à sa femme en moins de quatre ans?

Autant que le permettaient les rigueurs de la censure royale, les Mémoires du temps se sont expliqués là-dessus. Au résumé, l'opinion qu'ils émettent est celle-ci :

« Madame aima Louis XIV assez ouvertement pour qu'on ait pu dire sans invraisemblance que le Régent et sa sœur, la duchesse de Lorraine, étaient un peu plus que le neveu et la nièce du roi. »

Autre preuve : le parallèle qu'Élisabeth-Charlotte fait, dans une de ses lettres, entre Louis XIV et Philippe d'Orléans, — débordant d'admiration pour le premier, de mépris pour le second.

« Il n'y a jamais eu, dit-elle, de frères plus différents que le roi et Monsieur... Le roi était grand et cendré ou d'un brun clair; il avait l'air mâle, extrêmement bonne mine. Monsieur était fort petit, il avait les cheveux noirs comme du jais, les sourcils épais, bruns, de grands yeux bruns, un visage fort long et assez étroit, un gros nez, une très petite bouche et de vilaines dents ; il avait plus les manières d'une femme que d'un homme; il n'aimait ni les chevaux ni la chasse; il ne se plaisait qu'à jouer, tenir un cercle, bien manger, danser et faire sa toilette, s'habiller en femme ; en un mot, il se plaisait à tout ce qu'aiment les dames.

« Le roi aimait la chasse, le spectacle ; Monsieur n'aimait que les grandes assemblées et les bals masqués. Le roi aimait à être galant avec les dames. *Je ne crois pas que, de sa vie, Monsieur ait été amoureux.* »

Mme de Fiennes avait un jour salué Philippe d'Orléans de ce compliment :

« — Monseigneur, vous ne déshonorerez jamais les femmes qui vous hantent, mais elles vous déshonoreront. »

Madame avait encore d'autres motifs de mépriser son abominable mari. Elle qui, dans sa vanité grotesque, estimait sa noblesse allemande la première du monde, ne doutait pas que Philippe d'Orléans ne fût fils de Mazarin, — cela résulte de sa correspondance.

De plus, elle ne lui pardonnait pas de l'avoir dépouillée de son avoir pour se parer. « Lorsque Monsieur eut reçu ce qui revenait à sa femme pour la succession de l'Électeur palatin, il acheta des pendants d'oreille de quarante mille écus, etc. » *(Mémoires de Choisy.)*

Étant donnés les goûts du prince, ces préoccupations de toilette étaient logiques. Nul n'ignorait à la cour qu'il s'habillait presque tous les jours en femme pour se renfermer deux ou trois heures chez le chevalier de Lorraine-Armagnac.

La passion de Madame pour le roi ne se révèle pas seulement dans ses relations intimes avec lui. Elle éclate surtout dans la haine implacable dont elle poursuit les principales maîtresses de ce prince : la Montespan et la Maintenon. Elle dit de la Montespan :

« C'était la plus méchante femme du monde. Je connais trois personnes qu'elle a empoisonnées : Mlle de Fontanges, son petit garçon, une demoiselle qui était auprès de Mlle de Fontanges, sans parler de celles que je ne connais pas. »

Élisabeth-Charlotte ajoute ailleurs qu'on répétait publiquement l'accusation.

Quant à la Maintenon, elle ne l'appelle jamais que « diable incarné, vieille sorcière, vieille guenipe, vieille truie. »

Ainsi, nulle témérité à supposer que le Régent et sa sœur eurent pour père réel Louis XIV.

Toutefois, il convient d'observer que Madame, très charnelle, mangeant et buvant beaucoup, n'était pas de tempérament à se contenter des amours intermittentes du roi. Nombre de jeunes princes allemands lui faisaient visite, étaient admis immédiatement à sa familiarité, — et il y a lieu de penser qu'elle leur accorda des faveurs plus particulières. De sorte que si Louis XIV est innocent de la branche cadette, il faudrait imputer cette œuvre à quelque beau Teuton.

Quoi qu'il en soit, l'histoire ne saurait admettre la paternité de Philippe d'Orléans. Elle affirme que la présence de cet émasculé au lit de sa jeune femme, durant les trois ou quatre premières années de leur mariage, fut une comédie grotesque pour sauver les apparences.

Or, que la fécondité de la princesse allemande doive être attribuée au roi ou à quelque gentilhomme tudesque, je suis autorisé à conclure :

Le second Orléans était fils de père inconnu.

Certes, les principes de la morale n'étaient point pour retenir Madame. A la vérité, elle se scandalisait très fort de ces amours d'homme à homme, de femme à femme, qui infestaient, de son aveu, la cour très chrétienne de France et les cours étrangères; mais elle avait des indulgences infinies pour toutes les autres débauches royales ou princières.

La religion pareillement eût été impuissante à réprimer les fougues de son tempérament; pour épouser le frère de Louis XIV, elle avait abjuré le protestantisme et embrassé le catholicisme; mais elle détestait le pape et ses ministres.

« Les mauvais prêtres, écrivait-elle encore à la fin de sa vie, sont de méchants personnages; quand ils se sont mis en tête de tourmenter les gens, ils n'ont aucun repos jusqu'à ce qu'ils aient accompli leurs projets; j'en ai vu assez pour être bien fixée à cet égard.

« C'est pitié que de voir les gens qui veulent être dévots et qui croient aveuglément tout ce que les prêtres leur disent. Le feu roi était ainsi; il croyait que, pourvu qu'il écoutât son confesseur et qu'il marmottât ses patenôtres, il était dans la bonne voie. Cela me faisait bien de la peine... J'ai souvent dit mon opinion à cet égard à mes deux confesseurs, le père Jourdan et le père de Saint-Pierre; ils me donnaient raison, de sorte qu'il n'y avait à ce sujet aucune dispute entre nous. »

Le confesseur de la princesse, remarque Duclos, n'était qu'un domestique de plus dans sa maison.

En terminant ce chapitre, je noterai que, pour celui-là comme pour les précédents et ceux qui suivront, je suis forcé d'énoncer brièvement les faits, afin de ne point prolonger ce travail outre mesure.

Mais, que mes lecteurs le sachent bien : — je suis prêt, au besoin, à compléter les preuves, à justifier par témoignages irrécusables toutes mes affirmations. J'ai les mains pleines de documents, qui ne me laissent que l'embarras du choix.

CHAPITRE V

LE FILS ÉCLIPSE LE PÈRE

De la fécondité de la princesse allemande, deux enfants vécurent, je l'ai noté plus haut. Un fils et une fille, tous deux Orléans « par voie de transsubstantiation », comme disait malicieusement de Louis XIV l'auteur de Cologne.

Afin qu'il eût au moins quelque chose de son père putatif, le fils, né en 1674, reçut le prénom de Philippe, avec le titre de duc de Chartres; la fille s'appela comme sa mère, Élisabeth-Charlotte, et on la titra mademoiselle de Chartres.

Que le second Orléans, selon toute vraisemblance, procède par génération du commerce incestueux du *grand* roi avec sa belle-sœur, c'est un accident qui ne pouvait déterminer nécessairement vice ou vertu dans le fruit de ces amours princiers.

Si le Régent fut un monstre d'infamie et de scélératesse, il le dut surtout au milieu abject où se développa sa première enfance.

« Les dégoûtants insectes de latrine et d'alcôve pullulent les uns par les autres », a écrit Michelet en parlant de l'ignoble Dubois, précepteur du jeune Philippe.

Ce phénomène d'histoire naturelle regarde bien plus exactement encore l'élève que le maître.

En effet, quels exemples et quelles leçons le fils d'Élisabeth-Charlotte eut-il dès son premier âge? Monsieur d'abord, son père putatif, toujours habillé en femme, occupé de longues heures à se parer et farder comme une courtisane, passant le reste du temps en privautés abominables avec le chevalier de Lorraine ou autres favoris, à bâfrer, à se saouler.

A la cour, on lui montrait Louis XIV adoré comme un dieu, vivant salement au milieu d'une troupe de femmes, épuisant pour ces créatures immondes la substance et le sang du Peuple, absous des deux mains par ses confesseurs jésuites et par les plus *saints* pontifes de la religion catholique.

La mère du moins, la hautaine Allemande qui méprisait et haïssait la France, essaya-t-elle de prémunir l'enfant? On la connaît assez déjà pour deviner qu'elle n'eut pas même l'idée de veiller sur lui.

Mais il faut achever le portrait de cette hommasse bavaroise. Elle-même, dans ses lettres, nous a fourni avec une inconscience étonnante les preuves de sa grossière matérialité, ne ménageant ni les détails ni les couleurs pour se peindre au vif. En nous décrivant minutieusement l'emploi de ses journées, sans omettre ses visites à la garde-robe, elle ne laisse entrevoir nulle part d'autre souci que celui de son bien-être personnel; pas l'ombre de préoccupation à l'éducation de ses enfants.

« Je me lève ordinairement à neuf heures, écrivait-elle à une de ses sœurs; je vais où vous pouvez deviner; je fais ensuite mes prières et je reçois la visite de beaucoup de personnes de la cour. A onze heures, je rentre dans mon cabinet, je lis, ou j'écris. Tant que j'ai été à Heildelberg (Allemagne), je n'ai jamais lu de roman; mais depuis que je suis ici, je m'en suis bien dédommagée, car il n'en est pas que je n'aie lu.

« A midi je vais à l'église. Après dîner, je ne peux jamais aller au sermon, car je m'endors aussitôt.

« Ensuite je dîne, mais je n'ai jamais pu m'habituer à la détestable cuisine de ce pays. Je ne mange en fait de soupe que la soupe au lait, à la bière ou au vin; je ne peux souffrir le bouillon, et je suis tout de suite malade s'il se trouve un peu de bouillon dans les plats que je mange; mon corps enfle, j'ai des coliques, et il faut que je me fasse saigner; des boudins et des jambons me remettent l'estomac... Personne ne s'étonne de ce que je mange aussi beaucoup de nos plats allemands, comme la choucroute et les choux au sucre, ainsi que du lard salé accommodé aux choux... J'ai tellement affriandé ma gueule allemande (*mein teuscher maul*) à des plats allemands, que je ne puis souffrir ni manger un seul ragoût français...

« Après mon dîner, qui se termine ordinairement à une heure trois quarts, je passe dans mon cabinet, je me repose une demi-heure, et je me mets ensuite à lire et à écrire jusqu'au souper du roi, etc...

« A dix heures trois quarts, nous allons nous mettre à table... Nous soupons sans dire un mot; on passe ensuite dans la chambre du roi, on y reste le temps d'un *Pater;* le roi fait ensuite une révérence et passe dans son cabinet; nous l'y suivons. Le roi cause avec nous; à minuit et demi il nous dit adieu, et chacun se retire dans ses appartements...

« Lorsqu'il y a comédie, j'y vais à sept heures, et ensuite au souper du roi. Quand il y a chasse, c'est à une heure; je me lève à huit et vais à l'église à onze...

« On fait bien de s'amuser; cela est salutaire et prolonge la vie... Je sais bien ce que c'est que de s'exposer à la chasse à un soleil brûlant; il m'est arrivé bien des fois de rester à la chasse depuis le matin jusqu'à cinq heures du soir, et en été jusqu'à neuf heures... J'ai vu prendre plus de mille cerfs et j'ai fait aussi des chutes graves, étant tombée vingt-six fois de cheval... »

Après son dîner, Élisabeth-Charlotte se promenait quelque temps, dit-elle, dans son cabinet, pour faire la digestion, et en s'amusant avec ses « petites bêtes », car elle nourrissait, ajoute-t-elle, « deux perroquets, un serin et huit petits chiens. »

A une correspondante, elle mande que sa chienne Charmille a mis bas sur sa robe, qui était étalée autour d'elle.

Ailleurs, Madame raconte carrément qu'elle se grisait dès sa jeunesse, en Allemagne, et qu'un jour des moines l'avaient saoulée avec du vin blanc. De quoi elle n'eut garde de se désaccoutumer en France, bien entendu.

On le voit, cette femme si terriblement occupée n'a pas une minute, pas même une seconde pour ses enfants. Si elle les rencontre, par hasard, on imagine sans peine quelle langue grasse et crue elle doit leur parler. Ses lettres pornographiques à sa sœur non mariée, le mépris qu'elle affiche ailleurs pour ces réserves pudiques qu'on s'impose envers les enfants, tout cela témoigne éloquemment à quel point Madame se lâchait certainement avec les siens.

De fait, à peine hors lisières, le frère et la sœur se montrèrent instruits comme père et mère aux bestialités qui se pratiquaient à la cour ainsi qu'au palais de famille.

Avec cela, des maîtres complétant par leçons l'enseignement de l'exemple domestique. Au jeune duc de Chartres, le roi avait donné pour gouverneur un gentilhomme nommé Cayeux, « qui buvait bien et ne savait rien au delà », dit Saint-Simon. A onze ans, le prince eut pour précepteur le fils d'un apothicaire de Brive-la-Gaillarde, — l'abbé Dubois.

Cet ecclésiastique avait de l'esprit, des talents variés, de l'instruction. Mais c'était un coquin fieffé, incapable autant que Louis XIV, Monsieur ou Madame, de moraliser le noble gamin.

« D'où venait ce Dubois? du plus sale endroit du palais... Monsieur reçut Dubois de son ami de cœur, le chevalier de Lorraine, et judicieusement lui confia son fils unique. » (Michelet.)

D'après les Mémoires du temps, bien que l'abbé eût rang dans le clergé, on ne savait au juste s'il avait fait sa première communion ou même reçu le baptême. Mais nul n'ignorait que le drôle avait acquis des protecteurs à la cour, grâce à une multitude de belles connaissances chez toutes les coiffeuses et aux coulisses des théâtres.

Dubois avait alors vingt-neuf ans, Élisabeth-Charlotte trente-trois. Nul doute que la princesse ne se soit engouée de lui, ne l'ait eu pour amant. Si plus tard elle le prit en grippe, la cause en fut tout entière, non à la dépravation du personnage, mais au rôle décisif qu'il joua dans l'affaire du mariage du duc de Chartres avec une bâtarde de Louis XIV. La fière Allemande ne lui pardonna jamais d'avoir tant contribué à cette mésalliance. « *Ter Teufel!* mêler le plus noble sang du monde, celui des électeurs palatins, au sang d'une bâtarde! pour qui la prenait-on? Tout au plus se fût-elle résignée à accepter pour bru une fille légitime du roi. »

Et elle écrivait encore avec colère, vers la fin de sa vie :

« Mon fils avait un sous-gouverneur qui lui a donné l'abbé Dubois, qui est un homme fort instruit... Il resta donc auprès de mon fils, et il pouvait si bien s'exprimer comme un honnête homme que je l'ai regardé comme tel jusqu'au mariage de mon fils ; c'est alors que j'ai découvert toutes ses fourberies.

« Si cet abbé était aussi bon chrétien qu'il est habile, ce serait un homme excellent; mais il ne croit à rien, et cela fait de lui un homme faux et scélérat... Il a donné de l'instruction à mon fils, mais j'aimerais bien mieux qu'il ne l'eût jamais vu; alors ce malheureux mariage que je déplore encore, n'aurait pas eu lieu. Excepté l'abbé Dubois, il n'y a aucun prêtre qui soit en faveur auprès de mon fils...

« J'avais eu d'abord de l'attachement pour l'abbé Dubois, parce que je croyais qu'il aimait tendrement mon fils... Mais quand j'ai vu que c'était un chien perfide qui ne cherche que ses propres intérêts, toute mon estime pour ce petit prêtre s'est changée en mépris... Par le mariage de mon fils, il a bien prouvé qu'il n'y a en lui ni foi, ni fidélité, ni honnêteté. »

Ainsi, la chose est bien claire : Madame ne songeait nullement à se plaindre de la perversité, des mœurs exécrables du précepteur de son fils. Elle semble plutôt glorieuse des rapides progrès que faisait l'enfant dans la science de l'impudicité, sous la direction d'un tel maître.

« A treize ans, raconte-t-elle tranquillement, mon fils était déjà un homme; une femme de qualité l'avait instruit (la duchesse de la Vieuville). »

Elle nous apprend qu'un jour, Dubois ayant rencontré son élève tout seul dans la rue, au moment où le petit polisson se disposait à entrer dans un bordel (*im bordel*), il ne fit qu'en rire avec lui.

Aussi, à quinze ans, le jeune Philippe fit-il un enfant à Léonore, la fille d'un concierge du Palais-Royal, laquelle en avait treize seulement. Le père de la donzelle s'étant plaint à Madame, celle-ci haussa les épaules, traitant l'affaire de bagatelle. L'autre, trouvant avec raison que c'était cas grave d'avoir engrossé une enfant de cet âge, le dénonça au roi.

Par aventure, Louis XIV fut de l'avis du concierge. Il défendit au précoce délinquant de paraître à la cour jusqu'à nouvel ordre. Monsieur, oubliant un instant que sa femme portait ses culottes, voulut chasser Dubois, pour flagorner son royal frère qui lui passait, en revanche, toutes ses obscénités.

Élisabeth-Charlotte se récria : « Je vous dis, monsieur, que l'abbé restera; il est homme d'esprit, et ce n'est pas trop d'un dans votre maison. Le beau malheur que notre fils courtise les femmes! Cela ne vaut-il pas mieux que de se prostituer aux gentilshommes de la maison d'Armagnac? »

Chapitré de ce ton, Monsieur ne souffla mot. Madame garda son cher abbé Dubois, et le duc de Chartres son savant précepteur.

Les lettres de la princesse attestent qu'elle ne considéra jamais que comme vétilles l'ivrognerie et les horribles débauches de son fils. « Grâce à Dieu, il n'a pas d'autres défauts, » se plaisait-elle à répéter.

Quand on lui parlait de son libertinage effréné, elle répondait : « — Vraiment, il est bien heureux de pouvoir y suffire. » (*Correspondance de Madame.*)

La noble Allemande n'était pas femme à prêcher ce qu'elle ne pratiquait pas. De là l'indulgence adorable de son langage, et ce passage expressif d'une lettre à sa sœur :

« L'infidélité chez les hommes est regardée comme rien du tout, et l'infidélité chez les femmes est aussi chose bien commune en ce monde... Des faiblesses humaines auxquelles on ne peut échapper, parce que nous sommes tous des créatures humaines : si nous étions tous parfaits, nous n'aurions pas besoin de la passion du Christ, qui est nécessaire pour couvrir nos fautes. »

Avec des principes si religieux, on comprend mieux encore que la conscience de Madame ne dut la gêner aucunement pour créer, à l'aide de Louis XIV, la branche d'Orléans.

Aussi disait-elle sans s'émouvoir le moins du monde, au sujet des orgies monstrueuses du duc de Chartres : « — Il faudra que je lui conseille de choisir les vins. »

Probablement Madame avait obtenu gain de cause sur ce point, car elle écrivait avec une satisfaction visible : « Quand mon fils boit un peu trop, il ne fait pas usage de fortes liqueurs, mais de vin de Champagne. »

Élisabeth-Charlotte idolâtrait son fils. Cependant elle a la franchise de ne point flatter son portrait. Elle nous le représente assez laid, le teint rouge foncé, la taille petite, mais gros. « Ses mauvais yeux font qu'il louche parfois, ajoute-t-elle, et il a une mauvaise démarche... Je ne puis comprendre que des femmes soient éprises de lui, car il n'a nullement les manières de la galanterie... Il est fort indiscret et raconte tout ce qui lui est arrivé.

« Je lui ai dit cent fois que je ne puis assez m'étonner que les femmes lui courent follement après; elles devraient plutôt le fuir. Il se met à rire et me dit :
« — Vous ne connaissez pas les femmes débauchées... Dire qu'on couche avec elles, c'est leur faire plaisir. »

Dès que le jeune Philippe d'Orléans eut donné preuve de virilité, son précepteur Dubois devint son pourvoyeur de filles, le courtier de ses débauches.

« Les portraits de cet aigrefin et de ce fripon sont terribles et font reculer », dit Michelet. Rarement on le montre de face; les yeux sont trop sinistres, et l'ensemble trop bas. On aime mieux encore le donner de profil, et alors sa figure ne manque pas d'énergie. Sous une vilaine petite perruque blonde, elle pointe violemment en avant, comme celle d'une bête de proie, « d'une fouine », dit Saint-Simon. Comparaison trop délicate. Il a un mufle fort, de grossière animalité, d'appétits monstrueux, qui doit en faire ou un vilain satyre de mauvais lieux, ou un chasseur d'intrigues nocturnes, une furieuse taupe qui, de ce mufle, percera dans la terre de ces trous subits qui mènent on ne sait où.

« Il avait du flair, de la ruse, un pénétrant instinct. Mais, pour mentir à l'aise, il feignait d'hésiter, il avait l'air de chercher sa pensée, bégayait, zézayait. Dans ses lettres, c'est tout le contraire. Il écrit de la langue nouvelle et si agile qu'on peut dire celle de Voltaire. »

Tel était le hideux et gluant reptile qui resta collé au second Orléans jusqu'à la tombe, où tous deux descendirent à quelques mois d'intervalle. Monsieur et son chevalier de Lorraine n'avaient guère infecté que la cour, dont Louis XIV avait déjà fait un lupanar. Le Régent et son maître Dubois devaient étaler leur pourriture au gouvernement même de la France. Par où le fils putatif éclipsa son père.

A la différence du chef de sa maison, Philippe II d'Orléans sut lire et écrire passablement. Il eut une teinture de musique, fabriqua deux ou trois opéras et apprit à faire la cuisine, rapporte sa mère.

Mais ce qui le passionna surtout, après les femmes, ce furent l'alchimie et la magie, bien qu'il ne crût pas en Dieu. Il acquit de l'habileté à composer des poisons. Le jeune drôle avait l'intelligence ouverte sur l'avenir. De bonne heure, — il n'y a pas à en douter, — il guetta le trône où il aurait pouvoir de mal faire sans contrôle d'aucune sorte.

Or, répugnant à l'épée pour s'ouvrir passage à la suprême puissance, la chimie lui offrait des armes mystérieuses qui souriaient aux lâchetés de son cœur.

Pendant trois ans, après son aventure avec Léonore, le duc de Chartres vécut à l'écart de la cour. La veuve Scarron, devenue marquise de Maintenon, commençait son règne. Louis XIV, fourbu, *embobiné* par cette bigote, s'apprêtait à succéder comme mari au burlesque cul-de-jatte. A Versailles déjà on vernissait le vice crapuleux avec de la dévotion.

Incapable de se plier à des momeries qui l'eussent gêné dans ses débauches, l'héritier de Monsieur essaya donc de s'affranchir en ne paraissant que rarement chez le roi.

Mais une semblable attitude ne tarda pas à inquiéter le monarque. Le rang de Philippe le rapprochait trop de la couronne pour ne point éveiller le soupçon, d'autant plus que Louis XIV songeait à légitimer ses bâtards et à les rendre habiles, par là, à lui succéder au cas où faillirait sa descendance légitime.

Conseillé par la Maintenon, le roi résolut de marier le jeune Orléans à Mlle de Blois, une de ses bâtardes par la Montespan. Il ferait ainsi coup double : d'une part, il enchaînerait davantage le prince, qui serait gendre désormais; d'autre part, cette alliance serait un acheminement naturel à la légitimation des bâtards.

Sans doute c'était l'inceste, si Louis XIV était le véritable père de Philippe. Mais il n'est pas sûr que le roi fût absolument convaincu de sa paternité, la comédie du lit jouée par Madame avec son mari l'ayant induit peut-être à quelque illusion. Et puis, on avait représenté récemment devant lui la tragédie d'*Esther*. A cette occasion, on avait dû lui expliquer que les *Assuérus*, tous polygames, épousaient une de leurs sœurs en accédant au trône. C'était en Perse tradition royale.

En tout cas, Louis XIV ni la Maintenon n'ignoraient que le duc de Chartres avait abusé de sa sœur Élisabeth; — c'était à peu près public. En le mariant à la fille de la Montespan, ce serait encore l'inceste, il est vrai; mais la situation respective des conjoints n'étant pas divulguée, on évitait le scandale, pire que le péché; — une considération que les fins casuistes de la Compagnie de Jésus n'étaient point en peine d'accommoder pieusement pour tranquilliser la conscience royale.

Néanmoins, à l'exécution de ce beau projet un obstacle redoutable : la fierté allemande de Madame. Afin de parer à tout esclandre, Louis XIV, un soir, chambra sa rude belle-sœur dans son cabinet, et lui insinua l'affaire en biaisant.

Inutile huis clos. Dès les premières paroles du roi, disent les Mémoires, Élisabeth-Charlotte éclata. Les courtisans, réunis dans les salons voisins, l'entendirent protester avec rage. Jamais elle ne consentirait que son fils épousât une bâtarde. Le monarque insistant, elle rappela leurs amours. Pourtant on ne dit pas que la princesse ait invoqué le péril d'inceste. C'eût été noter son propre fils de bâtardise, et elle était trop avisée, même dans ses colères, pour que la langue lui fourchât à ce point.

Madame se retira en refusant obstinément de céder.

La Maintenon, qui dirigeait la campagne, ne se tint pas pour battue. Elle expliqua au roi que le consentement de Monsieur et celui du jeune Philippe suffiraient. Louis XIV se chargerait de son frère, qui ne savait point lui résister. Elle-même agirait sur le fils par le moyen de Dubois.

L'abbé fut mandé. Il se prêta au jeu de la puissante marquise, qui ordonnait en réalité. Madame a raconté l'histoire.

« Ce n'est pas à tort, dit-elle, que j'ai soupçonné Dubois de s'être mêlé du mariage de mon fils; ce que j'en sais, je le tiens de mon fils lui-même et des gens qui étaient chez la vieille guenipe, la Maintenon, dans le temps où l'abbé se rendait chez elle la nuit pour arranger ses intrigues, et pour trahir son maître qu'il a vendu... D'abord, il s'était prononcé pour moi; mais après que la vieille truie l'eût fait venir trois ou quatre fois, il a promptement changé. Monsieur en fut aussi fâché que moi. Le roi et la vieille vilaine le firent menacer de chasser tous ses favoris ; cela le fit consentir à tout. »

Saint-Simon confirme en ces termes la part que Dubois eut à ce mariage : « Il fit peur au prince du roi et de Monsieur; d'un autre côté, il lui fit voir les cieux ouverts. »

Le duc de Chartres se décida avec peine. La bâtarde avait des charmes certainement, des yeux admirables, de belles dents, la bouche jolie, une chevelure superbe. Mais, bien que fille illégitime du roi et issue d'un double adultère, elle avait un orgueil de démon, s'estimant par sa naissance fort au-dessus d'un simple neveu de Louis XIV. En outre, un tempérament langoureux, gonflée de vapeurs, toujours dans les tisanes et les lavements, ne quittant la chaise-longue où la clouait sa paresse, même aux repas, que pour trôner sur sa chaise-percée. Des habitudes malpropres qui dégoûtaient profondément Philippe, accoutumé à d'autres parfums chez les délicieuses maîtresses que lui choisissait Dubois.

Enfin il se résigna, crainte de pis. Seriné par son précepteur, il termina secrètement la négociation avec le roi, qui se chargea d'informer immédiatement Élisabeth-Charlotte.

En apprenant de la bouche de Louis XIV que la décision était irrévocable, Madame sortit furieuse du cabinet royal. Dans la grande galerie, devant les courtisans, elle alla droit au fiancé, le gifla d'un maître soufflet, puis s'éloigna en donnant à sa volumineuse masse un essor prodigieux.

Quelques jours plus tard, Philippe d'Orléans épousa la bâtarde. Monsieur, le père du marié, avait déjà une grosse fortune, extraite du trésor de la France et devant passer à son héritier. En puisant à la même source, le roi dota magnifiquement la mariée : deux millions de capital, deux cent mille livres de pension, un écrin de six cent mille livres, — toutes valeurs qui feraient presque le quadruple aujourd'hui. En quelques années, elle eut pour deux millions de pierreries.

Malgré ces munificences qui jetaient si largement

les bases de la richesse de sa maison, Élisabeth-Charlotte ne se consola jamais d'une telle bru. Jusque dans son extrême vieillesse, elle ne cessa de maudire ce mariage vraisemblablement incestueux, répétant qu'il ne pouvait que porter malheur.

A cette union si mal assortie, la fécondité ne manqua pas cependant. La bâtarde indolente eut sept enfants : un fils et six filles. Il est douteux, toutefois, qu'elle ait été épouse de chasteté irréprochable. Dès les premiers mois, elle fut véhémentement soupçonnée d'avoir pour amant le chevalier de Roye, depuis marquis de la Rochefoucauld. Et il fallut toute l'énergie de Madame, on le voit par sa correspondance, pour empêcher un affreux scandale.

Néanmoins il ne semble pas que la bâtarde royale ait été réduite, comme Anne d'Autriche et Élisabeth-Charlotte, à recourir à des suppléants du mari pour faire souche d'Orléans. D'autre part, l'activité prolifique du duc de Chartres ne s'épuisait pas au lit conjugal, le fait est constant. S'il peuplait le foyer de famille, il opérait largement au dehors. Diverses maîtresses lui donnèrent huit ou dix bâtards, sinon plus.

Seulement, Madame sa mère, qui s'y connaissait, nous raconte qu'il ne mettait aucune chaleur à cette besogne. « Je soutiens à mon fils, a-t-elle écrit, que de sa vie il n'a été amoureux, et que son amour ne consiste que dans la débauche; il répond : « — Il est vrai,... mais j'aime à ma mode. » Je réponds : « — Votre mode est d'aller comme à votre chaise-percée. » Il rit lorsque je lui dis cela. »

Monsieur, son père putatif, étant mort d'apoplexie en 1701, le duc de Chartres devint duc d'Orléans. On lui maintint tous les priviléges dont jouissait le défunt à titre de frère du roi : — gardes du corps, grands officiers, chancelier. Madame garda une partie de ses honneurs, en qualité de belle-sœur de Louis XIV.

Le prince installa sa cour au Palais-Royal, désormais sa propriété personnelle avec le château de Saint-Cloud, en vertu d'une donation du roi beau-père.

Avec une impudence insolente, qui laissait deviner déjà quelle serait la mesure de sa dépravation et de son ignominie, le jeune Philippe organisa ainsi sa maison. Comme pour greffer ses vices aux vices abominables de Monsieur et signifier publiquement par là qu'il acceptait intégralement l'héritage infâme, le nouveau duc d'Orléans accoupla, dans sa domesticité, aux jeunes compagnons de ses débauches les vieux favoris du mort, rompus aux œuvres de Sodome.

Au premier rang figuraient le marquis d'Effiat, un des empoisonneurs d'Henriette, qui avait amassé une fortune colossale à son immonde métier, au témoignage d'Élisabeth-Charlotte et de Saint-Simon; le comte de Grammont, âgé aussi, mais expert autant que l'autre à rajeunir le vice. — Le chevalier de Lorraine avait perdu tout son sel en s'adonnant tardivement aux femmes; il allait mourir bientôt dans l'ordure.

Venaient ensuite Nesle, Clermont, Conflans, Polignac, tous libertins éprouvés dans les boudoirs, les petites maisons, les coulisses, les cabarets et quelque chose de pis. C'était la nouvelle école, avec laquelle Philippe fusionnait l'ancienne. Parmi les nobles pourceaux grouillant au Palais-Royal, se distinguait un Broglie, ancêtre des ducs de ce nom, qui, sous Louis-Philippe et de nos jours, n'ont cessé de quêter le picotin d'avoine orléaniste. Il « risquait tout » avec Nocé, raconte Madame, parce que cela leur donnait occasion de tirer beaucoup d'argent de leur patron. Franc vaurien, ivrogne, effronté gredin, il savait « dire grossièrement les plus grandes ordures en employant les mots les plus sales », ce qui amusait extraordinairement Orléans.

Élisabeth-Charlotte en voulait surtout à Nocé, non tant pour sa perversité que pour son âpreté au gain. « Dès son enfance, dit-elle, mon fils s'est habitué à ce méchant diable, et l'a sincèrement aimé. Il a de l'esprit, mais il n'y a absolument rien de bon chez lui. Il parle toujours contre Dieu et les hommes ; il est vert, noir et jaune foncé. Je ne comprends pas qu'on puisse aimer un pareil drôle. C'est une chose incroyable tous les millions que cet homme intéressé a tirés de mon fils. »

Au Palais-Royal ou à Saint-Cloud, il n'y avait place que pour ces fripons et ces filous, pourris de luxure et infectés de toutes les lèpres : gentilshommes de sac et de corde, incapables de reculer devant aucun crime dès qu'il s'agissait d'assouvir leurs appétits furieux, ils formaient une troupe de chasseurs à traquer toutes les femmes jeunes, jolies, faciles à la corruption ou déjà corrompues.

A ces battues infâmes, un seul limier suffisait : l'abbé Dubois ; pas une boutique, une mansarde, un grenier où ce pourvoyeur émérite ne fût à même de dénicher du gibier pour son auguste élève et les hideux coquins dont le prince s'était entouré.

Sur ces parties de plaisir, Argenson, le lieutenant de police, exerçait une surveillance à laquelle Philippe gagnait plus que les mœurs. En magistrat bien appris, il avait soin de placer une compagnie du guet à la porte des lupanars où le gendre de Louis XIV et sa bande faisaient irruption, afin que nul ne troublât leurs ébats.

Philippe avait alors vingt-sept ans. L'année précédente, Charles II, roi d'Espagne, était mort sans postérité. Le Dauphin, fils de Louis XIV, déclara que l'Espagne lui appartenait du chef de sa mère, sœur du monarque défunt, mais qu'il consentait à donner cette nation, sa propriété par droit divin, au second de ses fils. Le roi de France décida que le jeune prince accepterait la succession. Il fut proclamé roi de toutes les Espagnes sous le nom de Philippe V, et partit pour Madrid.

Cet acte insensé de Louis XIV et de son héritier présomptif, inspiré par une ambition démesurée, ouvrait pour la France une série d'épouvantables désastres, où elle faillit s'écrouler. De là treize ans de guerre universelle, plusieurs milliards de banqueroute; des milliers de vies humaines périssant de faim, de misère et sur les champs de bataille.

Le duc d'Orléans continua jusqu'en 1706 sa vie infâme, insultant audacieusement aux malheurs publics. Enfin Louis XIV l'envoya à l'armée d'Italie. En quatre heures, la Péninsule fut perdue; le prince revint blessé, mais sans gloire.

L'année suivante, on le dirigea sur l'Espagne, où il arriva le soir de la bataille d'Almanza, remportée par le maréchal de Berwick pour le compte de Philippe V. Ce brillant succès livrait la province de Valence et l'Aragon. Le duc d'Orléans fut chargé de les occuper. Il y réussit sans peine, grâce aux savantes combinaisons de Berwick.

Grisé par cette aubaine, le prince médita autre chose. La France était aux abois; Louis XIV, vieilli, n'était plus qu'un pantin aux mains de la Maintenon et des jésuites; le jeune roi d'Espagne, Philippe V, n'avait d'autre souci que d'épuiser sa femme de caresses et son confesseur d'absolutions. Alors, à travers les fumées de l'ivresse à laquelle il s'adonnait déjà presque chaque jour, Orléans eut la vision du trône.

Mais il fut imprudent. Avec l'indiscrétion que lui reprochait sa mère, il se flatta de supplanter Philippe V, en se prévalant de la gloire qu'il venait d'obtenir à si peu de frais.

Par malheur, on eut vent à Versailles de l'audacieux projet. Louis XIV rappela son gendre et le tint en cage, tolérant volontiers qu'il s'avilît de plus en plus, et se croyant sûr par là de le rendre inoffensif.

Illusions de l'orgueil. L'idole royale était vermoulue. Le règne, tombé en quenouille, dans tous les ridicules et les cruautés de la bigoterie, n'inspirait plus qu'un mépris furieux, une haine implacable. La France agonisait, saignée à blanc, aux quatre veines, mourant de faim, au point que ses habitants se mangeaient les uns les autres. (*Correspondance de Madame.*) Elle souhaitait passionnément la disparition du roi des dragonnades et de la banqueroute, qui la traînait au tombeau après l'avoir déshonorée.

Toutefois, la nation frémissait en voyant les héritiers. Le Dauphin d'abord, unique fils de Louis XIV, un gros homme blondasse, apoplectique, touchant maintenant à la cinquantaine, sans cœur, sans esprit, d'une ignorance et d'une bêtise phénoménales, qui venait, étant veuf, d'épouser secrètement la Choin, une fille énorme et puante. Avec cela des goûts abominables.

Outre Philippe V intronisé en Espagne, le Dauphin avait deux fils, adultes l'un et l'autre : l'aîné, le duc de Bourgogne, laid, bossu, l'intelligence étroite, l'air d'un abbé, l'humeur d'un dévot de la pire espèce, lâche à l'armée, marié à une pétulante Savoyarde; le cadet, titré duc de Berry, lourd, Allemand par sa mère, Victoire de Bavière, connu seulement par de brutales polissonneries. La duchesse de Bourgogne avait donné dès 1704 un enfant à son mari, — le duc de Bretagne; en cette année 1709, elle promettait pour la suivante un deuxième arrière-petit-fils à Louis XIV.

Orléans, si peu qu'il valût, brillait donc par contraste à cette triste famille. Musicien, disert, chimiste, peintre à ses heures, se piquant d'esprit et de cuisine, il apparaissait presque un aigle, comparé à ces lamentables nullités. S'il n'avait pas conquis grand renom à la guerre, du moins rapportait-il quelques cicatrices.

De retour au Palais-Royal, il se replonge, il est vrai, dans l'orgie, mais il cuve le regret et la colère de son rêve d'Espagne brusquement évanoui.

Dès lors, il dut convoiter, non plus la couronne de Madrid, mais celle de France. Était-ce si difficile de remplacer la branche aînée par la branche cadette, malgré les trois générations de princes étagés sur les degrés du trône de Louis XIV? Avec cette cour de Versailles, caverne de bandits et de voleurs, présidée par le monarque malfaisant qui ordonnait l'assassinat et l'exil de ses meilleurs sujets, où le poison dénouait tant d'intrigues, fallait-il absolument se résigner à attendre quelque coup heureux du hasard? Un siècle auparavant, est-ce qu'on n'avait pas aidé avec succès la nature à éteindre la race maudite des Valois?

Le caractère du second duc d'Orléans, sa perversité inouïe, celle de son entourage, attestent qu'il n'était point pour répugner aux suprêmes attentats. Selon la terrible expression du confident d'un de ses héritiers, dès longtemps « sa conscience ne le faisait plus souffrir ».

Étudions les faits, la conduite, l'attitude de Philippe durant les années qui vont suivre, et tâchons de dégager la vérité.

CHAPITRE VI

MIRACLES DE LA CHIMIE

Par la bâtarde qu'on lui avait imposée pour femme, Orléans avait déjà cinq enfants : un fils et quatre filles.

L'aînée de celles-ci, Marie-Louise, titrée Mademoiselle d'Orléans, atteignait ses quatorze ans.

« Grande et jolie, svelte, légère, elle avait des mains charmantes dont son père raffolait. Elle fut très précoce, tout en dehors, parlante, amusante, dans ses caprices passionnés. »

Pour se distraire de sa femme qui l'espionnait et le tyrannisait, de ses roués et de ses maîtresses payées qui le fatiguaient parfois, Orléans se rabattait sur l'enfant. « A peine grandelette, elle le tenait à sa toilette des matinées entières. »

Au retour d'Espagne, il s'éprit d'elle violemment, à quoi la jeune fille se prêta volontiers. Il l'admit dans son cabinet, c'est-à-dire au laboratoire de chimie où se manipulaient les poisons. Ils voyaient ensemble les charlatans, des fripons qui faisaient de l'or ou montraient le diable.

Marie-Louise se fit en tout le camarade de son père. Le soir, ils s'enivraient de compagnie. Alors, « elle l'imitait, le dépassait en risées de l'Église et de la vieille cour, et de sa mère surtout, dont elle contrefaisait le parler gras, traînant, les airs langoureux. »

Quoique belle encore, la duchesse avait maintenant la taille un peu déformée, boitait légèrement, n'attirait plus avec ses joues pendantes, ses sourcils ras, pelés et roses, qui donnaient mauvaise idée de sa peau. En outre, une paresse sale : toujours au lit ou étendue sur un sofa, mangeant beaucoup, buvant davantage, se faisant administrer là force lavements, ne se mouvant pas même pour jouer.

A ce régime, l'orgueilleuse princesse, que son mari appelait *Mme Lucifer*, avait contracté une infirmité désagréable : elle lâchait de ces odeurs que nul parfum ne réussit à corriger.

Ainsi le père et la fille, sablant à l'envi le champagne, se divertissaient à disséquer malignement la mère, à la mépriser. De plus, la petite entendait souvent Élisabeth-Charlotte, son aïeule, parler vilainement de la bâtarde, étalant ses défauts et malpropretés, au milieu desquels cependant la famille multipliait — comme chiendent.

Formée à telle école, bientôt Mlle d'Orléans rompit tous les freins, ne garda plus de mesure, s'abandonna de manière effrayante. Un soir, devant toute la cour, elle se saoula avec son père, et fut malade au point de salir nappe, parquet, ses jupes en dessous et le reste. (Voir Saint-Simon, Michelet, Soulavie.)

Évidemment, elle était mûre pour infliger à sa mère le dernier outrage en la supplantant tout à fait. Elle se livra, ajoutant l'inceste certain du père avec la fille à l'inceste très probable du frère avec la sœur.

« En ce siècle, l'inceste était fort à la mode chez les princes et les prélats, toléré dans le bas clergé, où la parenté la plus proche couvrait tout, dispensait du bruit;... les dispenses s'étant élargies depuis le moyen âge, la cousine, la nièce étant déjà permises (et bientôt la sœur de la femme), on disait que la sœur serait permise aussi. Et tel Italien dit : la fille! (Michelet.)

En février 1710, la duchesse de Bourgogne a son deuxième fils, le duc d'Anjou, qui doit succéder à Louis XIV dans cinq ans, sous le nom de Louis XV.

Cela faisait maintenant cinq princes vivants, issus directement du *grand* roi; — du moins c'était écrit à leur état civil. Le fils et les petits-fils, tous gros mangeurs comme le père et, comme lui, très ménagers de leur peau, à tel point que le duc de Bourgogne se faisait siffler pour sa poltronnerie, promettent de durer longuement. Quant aux deux arrière-petits-fils, parfaitement constitués l'un et l'autre, il y avait à parier qu'ils se gorgeraient aussi bien que leurs aînés aux dépens de la France, nuisibles à égal degré, lorsqu'ils seraient en âge.

On ne prévoyait donc guère encore que, moins de quatre ans plus tard, il resterait seulement, de cette nombreuse postérité mâle, le nouveau-né pour remplacer Louis XIV au trône.

Encore la légitimité de cet enfant était-elle fort douteuse, — règle presque invariable dans la dynastie des Bourbons.

Sa mère, Marie-Adélaïde de Savoie, duchesse de Bourgogne, très coquette, très gâtée par le roi et la Maintenon, prisait médiocrement son mari bossu, bigot farouche autant que lâche à l'armée, qui bêtement la croyait amoureuse de sa personne laide et contrefaite parce qu'il la contraignait chaque nuit à coucher avec lui.

En réalité, la jeune duchesse, précocement dépravée, passait fort « pour aimer les femmes », selon Madame. Quand elle se corrigea de ce goût contre nature, ce fut pour courir la nuit, dans les jardins de Marly, avec tous les jeunes gens, jusqu'à trois ou quatre heures du matin. D'autres fois, elle se faisait traîner par terre par des laquais qui la prenaient par les pieds.

« Le roi, ajoute Elisabeth-Charlotte, n'a pas su un mot de ces courses nocturnes. La Maintenon avait défendu à la duchesse de Lude de dire un seul mot à la duchesse de Bourgogne, pour ne pas la fâcher, attendu que si la duchesse devenait triste, elle ne pourrait plus divertir le roi. Elle avait menacé de ne jamais pardonner à quiconque serait assez téméraire pour desservir la duchesse auprès du roi.

« Voilà pourquoi personne n'a eu le cœur de dire au roi un seul mot à cet égard : il n'en a rien su, en effet, quoique la cour et tous les étrangers en fussent instruits. »

Le duc de Bourgogne ignorait pareillement les folâtreries de sa femme. « La duchesse pouvait faire croire à son mari tout ce qu'elle voulait. Il était tellement épris d'elle que, pourvu qu'elle lui fit bonne mine, il était comme en extase et tout hors de lui. » (*Correspondance de Madame.*)

Une chose publique encore, la passion de Marie-Adélaïde, mère du futur Louis XV, pour le beau Nangis. Le duc, qui aimait Nangis, « croyait que ce n'était que pour lui faire plaisir que sa femme parlait à Nangis », raconte Madame, d'accord avec les Mémoires du temps.

Enfin, il est sûr qu'après ses couches la duchesse de Bourgogne eut un violent caprice pour son beau-frère, le duc de Berry, second petit-fils de Louis XIV, un gros garçon rose et joufflu.

J'insiste sur le caractère, les mœurs, la situation des membres de la famille royale. Par là s'éclairent de la pleine lumière de l'histoire les événements tragiques que je vais raconter : ces données préliminaires contribuent puissamment à dissiper les obscurités qu'on s'est efforcé d'accumuler sur la nature des causes qui les ont déterminés. De la rigoureuse confrontation des faits jaillira la vérité, terrible, inexorable.

Donc, Louis XIV achève son règne détestable dans

l'effondrement de la France. Il décline à la tombe, chargé du mépris et de la haine de tous.

Le Dauphin, son héritier présomptif, menace la nation d'un régime plus honteux encore, s'il est possible. Idiot, féroce, mâtiné de bigot, il ne sera qu'un vil mannequin à la discrétion de favoris et de favorites immondes.

Son fils aîné, le duc de Bourgogne, bossu et d'âpre dévotion, médite d'établir définitivement au gouvernement de la France le jésuitisme armé des outils cruels de l'Inquisition espagnole.

Le duc de Berry, deuxième fils du Dauphin, ignorant et brutal, n'annonce rien de bon, lui non plus, au cas où le sort l'appellerait à la couronne.

J'omets les deux arrière-petits-fils du roi, le duc de Bretagne et le duc d'Anjou, l'un âgé de quelques années seulement, l'autre encore au maillot.

Ainsi, parmi les successeurs éventuels de Louis XIV, pas un qui ne soit méprisable et profondément méprisé ; pas un dont la nation, et même la majorité des courtisans, ne redoute l'avènement au trône. Le respect pour la race, dont on nous a tant rebattu les oreilles, n'est qu'une fable de jésuites. Pour quiconque sait lire à l'époque, le roi n'est qu'un bâtard, né de l'accouplement d'une coquine espagnole avec un amant de rencontre. Voilà ce que disent les innombrables chansons satiriques d'alors, et les livres publiés à l'étranger, ne pouvant l'être en France, sinon sous peine de mort.

Tous les documents sérieux ajoutent que ce règne interminable a été le pire des fléaux.

Orléans, chef de la branche cadette, ne vaut pas mieux, sans doute, que les représentants actuels de la branche aînée. C'est farine du même sac, vin du même tonneau, produit du même cloaque.

Mais, aux yeux du Peuple, — qui n'était *rien* encore qu'une bête de somme couchée sous le fouet de l'exacteur, — le duc a cette supériorité : ses blessures d'Espagne et sa belle humeur.

Pour la noblesse qui était *tout*, et pour la haute bourgeoisie en train de devenir *quelque chose*, il a ces séductions : certain savoir, de l'esprit; l'aversion du prêtre, du jésuite, des superstitions cultivées à Versailles; la réputation d'un viveur facile et tolérant. Chez ce pervers et ce crapuleux, le vice semble aimable, non rogue et pédant comme au palais du vieux roi, hanté de bigotes hypocrites.

A tout prendre, pour motifs divers, Orléans jouit donc de sympathies qu'on refuse absolument à la maison régnante.

C'est une force, un point d'appui considérable, un encouragement très puissant si la tentation vient au prince de tout oser. Point de conscience. Nul discernement entre le bien et le mal. Qu'est-ce qui pourrait bien l'arrêter?

A la vérité, trois générations d'héritiers paraissent l'exclure à jamais du pouvoir suprême, — à moins d'un miracle. Et ce miracle nécessaire, Orléans, à coup sûr, n'a aucune idée de le demander à Dieu, auquel il ne croit pas.

Mais il peut l'obtenir de ses magiciens, ou plutôt l'extraire des alambics de son laboratoire de chimie, si, par aventure, on ne lui laisse d'autre refuge que le trône.

On connaît maintenant le personnage. L'unique but à sa vie, c'est le plaisir, la volupté. A ce pourceau d'Épicure, rien n'est cher que son fumier. Il préférerait la mort à l'obligation d'y renoncer, sa misérable fin l'a bien prouvé.

Or, précisément à l'heure où nous sommes, il a à craindre que le successeur de Louis XIV ne lui dispute ce fumier. Il court grave péril qu'on ne trouble la tranquillité de ses jouissances, qu'on ne tarisse méchamment la source de cette fortune qui lui sert à les acheter. Philippe ne compte que des ennemis dans la famille royale, sans excepter sa femme, la bâtarde du roi. Les Mémoires sont explicites à cet égard.

Dans ces conditions, Orléans a-t-il essayé l'attentat qui lui eût frayé la route du trône? Telle est la question.

Eh bien, les faits répondent affirmativement.

Vainement on m'objectera l'opinion contraire d'éminents écrivains, dont le jugement fait loi, généralement. Aucun d'eux n'a dégagé de la grande histoire les faits dont il s'agit pour les grouper en un seul tableau. Ils se sont contentés de les noter au passage, comme des incidents relativement secondaires, qui restent disséminés, noyés en quelque sorte dans leurs savants travaux.

Pour moi, qui ai entrepris simplement l'histoire d'une famille et non celle plus haute de tout un peuple, l'accessoire devient le principal. Réduite à quelques individus, l'étude est nécessairement plus approfondie. Le regard s'aiguise à fixer longuement le même objectif.

Aussi, après avoir relié tous les documents épars jusqu'ici dans nombre d'ouvrages, après collection et confrontation de tous les témoignages, j'éprouve un véritable saisissement en face des résultats de mon enquête. Pour le moment, je me borne à résumer en quelques lignes mes impressions :

Pas un des procès intentés depuis cinquante ans devant nos cours d'assises, pour crime d'empoisonnement, qui ait réuni contre les accusés des charges plus accablantes que celles enregistrées par l'histoire contre Philippe d'Orléans.

Mes lecteurs vont juger la valeur de mon affirmation. Je reprends mon récit.

J'ai dit précédemment la passion de la duchesse de Bourgogne, mère de l'enfant qui fut Louis XV, pour le duc de Berry, son beau-frère et petit-fils de Louis XIV. A vingt-six ans, ce prince est encore célibataire. Tout à coup, on parle de le marier à la fille de Jacques II, le roi détrôné d'Angleterre.

A cette nouvelle, la duchesse de Bourgogne tremble que la jeune et séduisante princesse, tout en lui volant son amant, ne la supplante près de Louis XIV. Elle se résout à faire avorter le projet. A force d'intrigues, elle réussit à donner au duc de Berry une femme qu'il ne peut aimer, — Mlle d'Orléans, fille et maîtresse de Philippe.

Le père répugne à ce mariage, qui lui fera un rival dans son gendre. Mais Louis XIV étant gagné, il n'y a point à résister : l'affaire est conclue.

Dans sa *Correspondance*, Élisabeth-Charlotte confirme clairement les faits énoncés ci-dessus, d'après d'autres contemporains. « C'est, dit-elle, une histoire fort drôle que celle de la façon dont ce mariage s'est fait, mais elle ne peut s'écrire par la poste (elle se plaint souvent qu'on ouvrait ses lettres) : *C'est à la haine qu'on le doit*, plutôt qu'à l'attachement. »

Néanmoins, Madame déclare que cette alliance lui « cause une joie très sincère. » Et c'est la vérité. Haïe cordialement de la Maintenon, très mal avec le Dauphin, futur roi, et avec la duchesse d'Orléans, sa bru, tenue pour demi-hérétique par le duc de Bourgogne, l'avenir prochain l'inquiète fortement au regard des intérêts de sa maison. Elle a donc les motifs les plus impérieux de se féliciter de l'union de sa petite-fille avec le second fils de l'héritier présomptif de la couronne. Par là, la branche cadette disposera toujours d'une protection puissante près du trône.

Malheureusement, dès la nuit qui suit la célébration du mariage, il y a brouille entre les époux. Le duc de Berry, disent les Mémoires, trouva d'emblée que sa jeune femme de quinze ans ne lui apportait qu'un capital entamé déjà largement. Colère bruyante du mari, cocu avant la lettre. Pourtant il finit par s'apaiser, crainte de faire rire.

Mais bientôt la situation est intolérable. Loin de lâcher sa fille mariée, Orléans se livre avec elle à l'inceste dans une fièvre furieuse. Le scandale éclate publiquement.

Alors le duc de Berry porte plainte au roi grand-papa. Devenu très bénisseur depuis qu'il s'est collé à la Maintenon, qui l'accompagne jusqu'à la chaise-percée, le vieux prêche la résignation chrétienne, promettant seulement de sermonner la nouvelle mariée.

La duchesse de Berry, en effet, subit la leçon de morale, admire ironiquement l'éloquence acquise par le monarque à l'école de la veuve Scarron, et... continue de plus belle avec son père.

Si bien qu'un jour, sur la terrasse de Marly, le duc de Berry croise l'épée avec Orléans. Des courtisans interrompent le duel au début. Des gens intelligents s'entremettent pour la paix. Les deux époux conviennent de vivre chacun à sa guise, Philippe compris dans le traité de paix.

Selon divers récits, les parties exécutèrent les clauses avec une étonnante loyauté. Orléans invitait souvent le mari aux dîners intimes qu'il donnait, à Saint-Cloud, à sa fille adorée. A la fin de l'orgie, la De Vienne, femme de chambre de la jeune duchesse, jolie et complaisante, occupait le duc de Berry pour qu'il n'assistât point au dénouement sans rien faire.

Nonobstant, le Dauphin détestait cordialement cette bru qui rendait son second fils la fable de la cour; il détestait pareillement Orléans et Madame, avec laquelle il avait rompu complètement depuis longues années. Élisabeth-Charlotte elle-même le constate.

« J'ai vécu en très bonne intelligence avec le Dauphin, écrivait-elle en 1716, et il avait grande confiance en moi... Il a changé entièrement avec moi; et comme, après la mort de Monsieur, je n'ai plus chassé avec Son Altesse, je n'ai plus eu que peu de relations avec lui jusqu'à sa mort, et il s'est conduit comme *s'il ne m'avait jamais ni vue ni connue...*

« Le Dauphin ne savait pas vivre; lui et son fils (le duc de Bourgogne) étaient de grossiers personnages... Le peuple croyait le Dauphin meilleur qu'il ne l'était... On lui avait fait croire que la méchanceté était une marque d'esprit...

« M. le Dauphin n'a jamais rien véritablement aimé ni haï, mais il était méchant; son plus grand plaisir était de faire de la peine aux gens...

« Le feu roi était capable de reconnaissance, mais aucun de ses enfants ou petits-enfants ne l'était... »

A la mort du duc de Berry, 1714, Madame disait que depuis des années il avait cessé de l'aimer; et elle ajoute : « Ayant fait réflexion que, si j'étais morte, il n'eût fait qu'en rire, je me suis promptement consolée. »

Élisabeth-Charlotte nous apprend encore qu'à la veille du mariage de Mademoiselle d'Orléans avec le duc de Berry, sa situation à la cour était des plus pénibles. « Je suis ici fort délaissée… La Maintenon ne peut me souffrir; la duchesse de Bourgogne n'aime que ce que cette dame aime. Je suis ainsi exclue de tout. Je ne peux agir que d'après la volonté des autres… »

Et ailleurs : « La vieille guenipe a, en toute occasion, montré sa haine contre mon fils, et elle n'y a jamais manqué, soit de près, soit de loin… Elle a tourmenté le roi par suite de sa haine contre moi et contre mon fils. »

D'après ces brèves citations, n'est-il pas de la dernière évidence qu'Orléans, sa mère, leur famille, avaient tout à redouter à l'avènement du Dauphin à la couronne? En outre, l'infâme passion de Philippe pour sa fille avait considérablement aggravé le péril. Malgré l'ignoble pacte conclu entre le beau-père et le gendre, le duc de Berry gardait une haine mortelle à la branche cadette pour l'outrage reçu. De sorte que son mariage, au lieu d'apporter la conciliation, avait singulièrement empiré les choses.

La mort seule, moissonnant à grands coups dans la famille royale, peut donc sauver la fortune d'Orléans. Le 14 avril 1711, quelques semaines après la scène de Marly, la mort commence son œuvre tragique.

Le Dauphin, frappé en pleine santé, expire brusquement au château de Meudon, pour avoir bu, étant à la chasse dans son parc, un verre d'eau chez un paysan.

Immédiatement, beaucoup concluent à un empoisonnement, accusant tout bas le duc d'Orléans.

La conduite de Madame, qui était si mal avec le Dauphin, son affliction théâtrale, semblaient justifier cette opinion. « Saint-Simon, dit un auteur très grave, s'est surpassé lui-même dans la peinture de la joie que ressentaient au fond du cœur ceux qui connaissaient et craignaient ce prince. »

Et il cite ce passage des Mémoires du duc et pair : « Madame, rhabillée en grand habit, arriva hurlante, ne sachant bonnement pourquoi ni l'un ni l'autre, les inonda tous de ses larmes en les embrassant, fit retentir le château d'un renouvellement de cris, et fournit le spectacle bizarre d'une princesse qui se remet en cérémonie, en pleine nuit, pour venir pleurer et crier parmi une foule de femmes en déshabillé de nuit, presque en mascarade. »

Pareil langage n'a pas besoin de commentaires. Mais à ceux qui inculpent Orléans, ses amis répondent en chargeant la Maintenon du crime. C'était absurde, car, si abjecte qu'elle fût, la veuve Scarron avait soixante-seize ans; rien à craindre dans l'avenir, par conséquent, pour peu que Louis XIV vécût encore.

Toutefois, dans l'abaissement et l'opprobre où son règne s'éteignait, le vieux roi eut peur, jugea prudent d'étouffer les rumeurs terribles dans le silence. Point d'autopsie, nulle enquête. On expédie furtivement le mort aux sépultures royales de Saint-Denis.

Dix mois s'écoulent. Désormais le duc de Bourgogne, fils aîné du Dauphin, est l'héritier présomptif du trône de Louis XIV. La France, il est vrai, est aux abois. Contre l'ennemi victorieux sur tous les points, on met en marche sa dernière armée. Une défaite encore, et la nation se disloque, démembrée par ses ennemis acharnés. Déjà le roi parle de se réfugier derrière la Loire avec sa cour.

Au milieu de cet effroyable écroulement de sa puissance malfaisante, soudain Louis XIV voit la mort faire de nouvelles victimes dans sa famille.

Le 12 février, Marie-Adélaïde, la femme du duc de Bourgogne, périt d'un mal aussi mystérieux que celui qui avait emporté le Dauphin, son beau-père.

Le bruit général est que la princesse a été empoisonnée par une prise de tabac puisée dans une tabatière offerte par Orléans; les médecins Fagon et Boudin déclarent la chose certaine. Si leur collègue Maréchal murmure que les indices sont équivoques, il ne peut définir le caractère de la maladie.

Le lendemain même de la mort de Marie-Adélaïde, son mari, le duc de Bourgogne, est atteint à son tour. Cette fois, les symptômes du poison sont évidents : tumeurs et pustules livides à la peau, les entrailles incendiées. Cinq jours plus tard, le prince rend le dernier soupir.

Vingt jours après (8 mars 1712), le duc de Bretagne, fils aîné du défunt, succombe au même mal, — âgé de six ans.

Le duc d'Anjou, enfant de deux ans, est dangereusement malade, lui aussi au moment de la mort de son frère, — et frappé de la même façon, les indices ne permettent pas d'en douter.

Pourtant il en réchappe, grâce au contre-poison envoyé par Orléans, disent plusieurs Mémoires; — un acte maladroit du prince, qui aggrave ainsi les charges, croyant les infirmer.

De toutes parts, les accusations s'élèvent contre Philippe, violentes et formidables. Cela devenait atroce, à la fin. Malgré la haine qu'inspirent le roi et les siens, la conscience publique se révolte contre cet assassinat de toute une famille, accompli avec l'arme des lâches.

Quand Orléans partit du Palais-Royal pour assister aux obsèques du duc de Bourgogne, de la duchesse et de leur fils aîné, une émeute éclata sur son passage, rue Saint-Honoré. S'il n'avait payé de quelque audace, il eût été massacré.

Orléans a fait œuvre d'empoisonneur, c'est certain, comme autrefois Monsieur, son père putatif. La cour presque entière n'en doute pas, le peuple non plus.

Mme de Maintenon le dénonce hautement, appuyée du témoignage des médecins. La preuve qu'elle était convaincue, Élisabeth-Charlotte la fournit elle-même dans une lettre.

Lorsque Philippe fut Régent, maître absolu, il eut une entrevue avec la vieille compagne de Louis XIV. Il lui reprocha de l'avoir décrié, d'avoir débité des méchancetés sur son compte. « Elle a répliqué », raconte Madame : — « J'ai répandu ce bruit parce que je l'ai cru. Mon fils a répondu : Non, vous ne pouviez pas le croire, sachant le contraire. » Là-dessus, elle a répondu avec insolence : « Est-ce que la Dauphine (duchesse de Bourgogne) n'est pas morte? — Ne pouvait-elle pas mourir sans moi? » Elle répliqua : « — J'ai été si au désespoir de cette perte que je m'en suis prise à celui qu'on me disait en être la cause. »

Élisabeth-Charlotte écrit encore : « La vieille truie a fait répandre de maison en maison que mon fils avait empoisonné toutes les personnes de la famille royale qui sont mortes. »

Une charge non moins accablante, la note suivante du judicieux traducteur de la *Correspondance* de Madame. « On ne sait ce que sont devenues les lettres écrites à l'Électrice de Hanovre (tante d'Élisabeth-Charlotte); ce serait la partie la plus curieuse de la correspondance de Madame, car on sait qu'elle confiait à sa tante des secrets dont elle ne parlait pas ailleurs. Après la mort de l'Électrice, Madame « recommande à sa sœur, de la façon la plus pressante, de brûler un paquet de lettres » où elle s'expliquait sur les accusations portées contre son fils, soupçonné d'avoir empoisonné les descendants de Louis XIV, afin de s'assurer la couronne. »

Or, je le demande, pourquoi Élisabeth-Charlotte aurait-elle réclamé avec tant de vivacité la destruction de ces pièces, si elles ne contenaient que la justification de l'accusé? Il apparait trop, au contraire, que si la princesse insistait à ce point, c'est qu'elle avait exprimé plus que des doutes sur l'innocence de son fils, exposé vraisemblablement les preuves de la culpabilité de Philippe. Avec le caractère de Madame, qui se piquait de montrer tout, jusqu'aux pudeurs de l'alcôve, un acte semblable ne saurait s'expliquer autrement.

Chose singulière, de cette période des empoisonnements qui comprend dix mois, nous n'avons que six fragments de lettres de Madame. Et pas un mot des terribles accusations! Le 5 mai 1712 seulement, c'est-à-dire deux mois environ après la mort de la dernière victime, elle risque timidement deux lignes à sa sœur, et c'est tout.

N'y a-t-il pas là une indication frappante de l'état d'esprit de la princesse? J'y vois la confirmation éclatante des motifs qui, à mon avis, ont dicté sa demande pressante de brûler ses lettres à l'Électrice. Bien plus : je défie qu'on me contredise sérieusement sur l'un ou l'autre point.

Enfin voici qui n'est pas moins fort.

La duchesse d'Orléans elle-même, la propre femme de Philippe, le croyait criminel et capable de tout. C'est Élisabeth-Charlotte, la mère du ma..., qui le dit dans une lettre de 1719.

Parlant des accusations d'empoisonnement, elle écrivait : « Mme d'Orléans ne s'est pas bien conduite dans cette circonstance; elle a laissé ses créatures mal parler de mon fils !et *aller jusqu'à dire qu'il avait voulu l'empoisonner.* »

Notons qu'à part ses travers et son orgueil excessif, la bâtarde jouissait d'une réputation de vertu qui ne paraît point absolument imméritée. En tous cas, elle avait eu de nombreux enfants, sans qu'on eût trop motif de soupçonner sa fidélité conjugale. Fait bien rare dans ce monde princier.

Comment défendre Philippe d'Orléans, après ces redoutables témoignages qui surgissent du sein même de sa famille? Ce ne sont plus seulement des ennemis, des étrangers qui lui imputent de monstrueux forfaits : c'est sa mère, c'est sa femme, — les personnes qui le connaissent le mieux.

Un grand esprit de ce siècle a prononcé cette profonde sentence : — En histoire, à force d'être *vrai*, on paraît *invraisemblable*. Aussi quantité d'écrivains, de mérite incontestable, n'osent discuter, encore moins contredire certains arrêts d'absolution rendus manifestement sous la pression de circonstances formidables. Pour n'être point taxés de partialité ou de passion politique par ceux-là précisément qui ont intérêt politique ou personnel à refuser la réouverture de ces grands procès, ils se résignent à enregistrer purement et simplement des versions inacceptables à quiconque étudie les documents sans arrière-pensée.

En adoptant une méthode contraire, — la seule exacte et sincère pourtant, — on s'expose, je le sais, à ce que les ignorants et les superficiels répètent en chœur avec les intéressés : *Le jugement n'est pas sérieux!*

Eh bien, malgré tout, je le déclare hardiment, parce que les faits le crient par une multitude de voix imposantes : — Le second Orléans fut un abominable scélérat ; s'il eût été un pauvre diable, au lieu d'un prince du sang royal, on l'eût roué vif en place de Grève, après question ordinaire et extraordinaire, comme on avait fait, quelques années auparavant, aux empoisonneurs et empoisonneuses jugés par la Chambre ardente.

Toutefois son rang n'eût pas suffi peut-être à lui valoir l'impunité. Au risque d'achever en sa personne l'avilissement de la race royale, Louis XIV fut un instant décidé à faire juger Philippe.

Mais l'énergie manqua au vieux monarque. Infirme, mangeant mal, faute de dents, une ruine en attendant la pourriture, à demi gâteux dans les imbécillités du bigotisme où l'emprisonnaient la Maintenon et son confesseur Tellier, il s'effraya d'un tel acte.

Et puis, lui restait-il assez de pouvoir pour entreprendre la punition du coupable? Les désastres de la guerre atteignent leur maximum d'intensité. L'ennemi enlève les gens du roi jusqu'aux portes de Marly. La misère partout avec le désespoir. De plus, la noble canaille qui grouille à la cour est de cœur avec Orléans, jeune encore, prodigue, promettant de laisser tout faire, une fois au pouvoir.

Une partie des mousquetaires de la garde royale sont à lui, beaucoup d'officiers des régiments prêts à le suivre. D'Argenson, le lieutenant de police, lui appartient. Les Condé, dont il a débauché les femmes, ne demandent qu'à se vendre à bon prix. Sauf de rares exceptions, les consciences sont à l'encan parmi les plus hauts gentilshommes. La magistrature elle-même, tant humiliée par Louis XIV, se fera complice le jour où il voudra consommer son attentat.

Le péril était donc pour le roi, bien plus que pour le prince empoisonneur. Et Orléans le sommant avec une audace violente de le traduire devant un tribunal, augmentait encore ses terreurs.

Réduit à ce point, le monarque renonce à l'idée de procès et de vengeance. Il accueille, sans croire à son innocence, l'essai de justification de Philippe,— une comédie sinistre.

Seulement, il multiplie les précautions pour sauver ce qui reste de sa descendance : le petit duc d'Anjou, son arrière-petit-fils, héritier présomptif, et le duc de Berry, oncle de l'enfant, que la loi monarchique appelait à la régence durant la minorité prochaine. On garde ce berceau comme on l'eût gardé dans une forêt sauvage, peuplée de bêtes fauves.

Orléans retourne à ses orgies, à sa fille aînée, à ses autres maîtresses, néanmoins guettant son but à travers les vapeurs de son ivresse quotidienne.

Une imprudence du duc de Berry amène bientôt une nouvelle catastrophe. La duchesse, sa femme, enragée de luxure, ne se contente pas de son père. Blasée aux délires de l'inceste, elle se livre à ses laquais.

Ceux-ci insultent le mari. Querelle devant le roi, à Marly. Hors de lui, l'époux outragé frappe violemment de sa botte de chasse le derrière de l'épouse adultère.

La duchesse de Berry, écumant de rage, s'enfuit à Versailles, où elle jure de ne jamais oublier cette brutale caresse.

Au commencement du mois de mai suivant (1714), le prince étant à la chasse, très altéré, sa femme lui offre une liqueur qu'elle dit exquise. Le 6, le duc de Berry était mort. — Entre le trône et Orléans, il n'y a plus maintenant qu'un frêle enfant de quatre ans, le duc d'Anjou. A supposer qu'il vécût jusqu'à la mort du roi, Philippe était sûr de la régence, c'està-dire de la toute-puissance.

Naturellement, ce cinquième drame, dans la famille royale, réveilla toutes les accusations précédentes. En France comme en Europe, il n'y eut qu'un cri pour désigner l'empoisonneur : — Orléans toujours, qui, cette fois, avait exploité les colères de sa fille.

Louis XIV, plus que jamais incapable de punir l'assassin, tente de lui enlever le fruit de son crime.

Déjà il a légitimé tous ses bâtards. Il rend un édit qui les appelle à la couronne, et même leurs enfants, à défaut des princes légitimes du sang royal.

Orléans ne fait que rire du coup dont le vieux roi croit l'avoir frappé. Tout en manœuvrant secrètement pour le parer, quand il y aura lieu, il feint de s'endormir dans les débauches et l'ivrognerie accoutumée.

Mais Élisabeth-Charlotte, sa mère, ne dissimule pas sa consternation à ses correspondantes d'Allemagne. Bien qu'elle ait affirmé dans la suite, à diverses reprises, que son fils s'était justifié, il est certain qu'elle est convaincue du contraire en 1714. Le 8 novembre, six mois après la mort du duc de Berry, elle écrit ces lignes trop significatives :

« Je vis en ce monde comme si j'étais tout à fait seule... Mon fils ne vient jamais que lorsqu'il y a beaucoup de monde avec moi, ou lorsque j'ai le plus de lettres à écrire, et il le fait exprès pour ne pas avoir d'entretien particulier avec moi. »

Elle avoue ailleurs que le roi la retenait près de lui, prisonnière et otage en quelque sorte, au point qu'elle n'osait demander la permission de s'éloigner.

Au mois d'août 1715, quand s'annonce la fin très proche de Louis XIV, Madame est prise d'un immense effroi de l'avenir, un sentiment né sans aucun doute de la certitude des crimes de son fils.

D'où l'on peut conclure que Philippe, connaissant l'indiscrétion de sa mère, évitait soigneusement de l'initier à quelles mesures il comptait recourir pour s'emparer du pouvoir.

« Notre roi n'est pas bien, écrit Elisabeth-Charlotte (15 août); cela me tracasse au point que j'en suis à moitié malade; j'en perds l'appétit et le sommeil.

« Dieu veuille que je me trompe, mais si ce que je crains arrivait, ce serait le *plus grand malheur qui pût m'arriver*. Si je vous expliquais tout cela, ce serait *si abominable que je ne puis y penser sans devenir toute chair de poule*.

« Si le roi meurt, comme il n'y a pas moyen d'en douter, c'est pour moi un *malheur dont vous ne pouvez vous faire une juste idée*, et cela à *cause de beaucoup de raisons qui ne peuvent s'écrire*. Je ne vois devant moi que *misère et malheur*. »

La paix est faite depuis quelque temps. Louis XIV l'a payée des plus cruelles humiliations. Alors, pourquoi donc cette femme, cette mère s'alarme-t-elle si fort à la perspective d'un événement pui va investir son fils de la toute-puissance royale durant une longue minorité?

La réponse apparaît avec une éblouissante clarté. Le souvenir des empoisonnements n'a cessé de hanter l'esprit d'Elisabeth-Charlotte. Elle tremble que l'accusation ne se réveille, soudaine, impitoyable, qu'elle ne prenne brusquement Orléans au collet pour le traîner au châtiment.

On verra plus loin que la princesse ne se rassure que lentement, malgré les succès de Philippe, dès ses premiers pas dans la Régence.

CHAPITRE VII

LA RÉGENCE

Louis XIV avait semé sa progéniture adultérine, née de la Montespan, dans les deux branches collatérales de la maison de Bourbon : — Orléans et Condé.

Une fille de l'illustre gourgandine était mariée à Philippe ; une autre au duc de Bourbon, héritier des Condé.

Le duc du Maine, l'aîné de cette race bâtarde, avait épousé une Condé, sœur du duc de Bourbon.

Par où le roi très chrétien prétendait faire « de l'ordre avec du désordre », pour employer un mot fameux, et même d'une pierre deux coups. Il pensait noyer dans ces alliances l'origine impure des rejetons de sa débauche, leur assurer le premier rang dans l'Etat. La scandaleuse légitimation, intervenue plus tard au mépris de la loi, avait consacré cette admirable conception.

Sans doute, l'histoire atteste que, dans ces trois lignées royales, le jeu des générations a été frauduleux au même degré. Mais le mensonge de l'état civil couvrait tout. La plume mercenaire ou contrainte du scribe avait baptisé Bourbons des mioches qui ne pouvaient avoir une goutte de ce sang dans les veines. Cela suffisait.

Donc, par droit de naissance, en vertu de la loi monarchique, la régence appartenait forcément à Orléans, durant la longue minorité de l'enfant de cinq ans qui allait régner.

Louis XIV, on l'a vu, était convaincu que Philippe était un empoisonneur. S'il n'avait point puni le criminel, c'est par impuissance absolue. Mais, en ses derniers jours, il a multiplié les précautions pour empêcher de nouvelles scélératesses.

Par testament secret, déposé au Parlement, le vieux monarque dépossédait Orléans de la réalité du pouvoir, ne lui laissait qu'un titre sans valeur. Au duc du Maine, l'aîné des bâtards de la Montespan, la plénitude de l'autorité suprême.

Chéri de son père entre tous, élevé par la Maintenon, ce prince de raccroc, fûté, adroit, bigot, était l'âme damnée des jésuites. La Condé, sa femme, enragée d'ambition, le menait par le nez, voulait régner par lui.

D'année en année, on avait exhaussé le duc du Maine contre le duc d'Orléans. Énormément riche déjà, grâce aux apanages dont on l'avait comblé, pour lui encore on avait escroqué l'immense héritage de la grande Mademoiselle, fille de Gaston-Concini, le frère utérin de Louis XIII.

Légitimé et *apte à succéder*, prince du sang, déclaré *fils de France*, gouverneur du Languedoc, il avait eu de plus ces trois choses, qu'on peut appeler trois épées : — l'artillerie, dont il était grand-maître; l'armée suisse, neuf régiments, outre les gardes suisses; son mariage avec la fille des Condé, grand patronage militaire. Enfin, on venait de lui donner le commandement de la *maison du roi*, dix mille hommes d'élite. (Voir Michelet.)

Avec cela, l'ardente amitié de sa sœur, duchesse d'Orléans, qui méprisait son mari, le haïssait, persuadée qu'il avait tenté de l'empoisonner comme il avait fait de la famille royale.

Dans ces conditions, Louis XIV, la Maintenon, les jésuites ne doutaient pas que leur favori, actuellement âgé de quarante-cinq ans, ne réussît aisément à mater Orléans, à exercer sans obstacle le pouvoir absolu dont l'investissait le testament.

Au duc du Maine, en effet, cet acte attribuait la présidence du conseil imposé au régent et peuplé de ses ennemis; au bâtard, la garde exclusive du jeune roi, la direction de ses études, le soin de sa conservation. A lui seul, le maréchal de Villeroi, nommé gouverneur de l'enfant, rendra compte de ses fonctions, demandera journellement des ordres.

On estimait le succès de ces mesures d'autant plus certain, qu'Orléans ne semblait avoir aucun soupçon. Il ne faisait rien du tout, « que boire et dormir, le soir s'enfermer pour l'orgie ». Sa femme, qui l'espionnait, lui prodiguait les belles paroles, se vantait de l'avoir aveuglé.

Mais la force même des choses travaillait pour ce paresseux et cet infâme.

Le savant historien Lemontey nous révèle en quelques lignes quelle était la situation. Nul mieux que lui n'a été à même de la connaître exactement. Chargé en 1808 d'écrire l'histoire de Louis XV et de Louis XVI, disposant des plus secrètes archives, il a compulsé plus de 600 volumes originaux qui, en 1814, au retour des Bourbons, furent enlevés de Paris.

Aussi Lemontey défie-t-il toute contradiction quand il affirme que ceux à qui on représentait Orléans comme empoisonneur, « n'en furent que plus *ardents* à s'attacher à lui. Ils chérissaient, dans la *certitude de ses crimes passés,* le gage d'un *dernier crime,* et se hâtaient de faire un Régent qui saurait bien se faire roi. »

Et Michelet ajoute :

« Il n'avait besoin de bouger. Soixante-douze années d'un règne si pesant, que le duc du Maine et Mme de Maintenon auraient continué, parlaient assez pour le Régent ; des prisons, tout un monde, enfermé par Tellier (confesseur jésuite de Louis XIV), faisait des vœux pour lui. Le Parlement, sous lui, allait reprendre la parole,... les pairs se relever... »

Quant à la noblesse, qui, avec le maître, avait dévoré les trésors de la France en débauches crapuleuses, elle avait contracté de grosses dettes depuis qu'il n'y avait plus rien à brouter. A la vérité, le vieux roi avait accordé un sursis, pour s'acquitter, à tous ces coquins de haut vol, mais ils espéraient bien ne jamais payer, si Philippe montait au pouvoir.

Le Peuple, lui, dans sa joie violente de la mort de Louis XIV, se résignait à Orléans, faute de mieux. Dupe éternelle, il se flattait que l'empoisonneur essaierait de faire oublier son exécrable passé en allégeant les charges publiques.

Cependant, si Philippe dormait ou feignait de dormir, les rusés fripons, les scélérats de son entourage veillaient au grain, résolus à ne point abandonner leur fortune aux caprices du hasard. Tous, jeunes et vieux, préparaient activement son accession à la régence dans la plénitude du pouvoir. Dubois, Canillac, Noailles, beaucoup d'autres agissaient avec un zèle égal à leurs formidables appétits.

Guiche, colonel des gardes françaises, entièrement livré au duc du Maine, mais panier percé, se vend pour six cent mille francs. Le colonel des gardes suisses se donne par haine secrète contre le bâtard. Déjà la moitié des mousquetaires, commandés par Canillac, sont à Orléans. Le lieutenant de police Argenson lui assure le guet et la maréchaussée, et le commandant Saint-Hilaire l'artillerie de la ville de Paris.

Les Condé eux-mêmes se déclarent pour Philippe, bien que la duchesse du Maine soit de leur maison et la duchesse de Bourbon sœur du bâtard. Celle-ci, faisant marché au nom de toute la famille, offre ce puissant concours contre son frère, moyennant la présidence du conseil de régence à son fils, *M. le duc*, — une affreuse canaille, naturellement. Notons qu'elle avait été la maîtresse d'Orléans.

L'étranger s'apprête à appuyer le coup contre le testament. Vingt-sept ans auparavant, l'Angleterre avait chassé ses Stuarts papistes et tyrans incorrigibles, que Louis XIV fournissait de coûteuses maîtresses. Elle pousse aux résolutions non seulement vigoureuses, mais violentes, au besoin jusqu'au crime, par son ambassadeur Stairs.

« C'était un drôle, dit Michelet, Écossais intrigant, fils d'avocat, qui se fit lord. Il était capable de tout, et il avait commencé, à neuf ans, par tuer son frère en jouant. Il disait nettement à Orléans qu'il fallait un usurpateur en France comme en Angleterre, une alliance intime entre les deux usurpations. Il le précipitait au trône. »

Stairs visait autre chose encore : faire la France vassale de son pays. Il savait que l'empoisonneur se doublerait facilement d'un traître.

L'événement réalisa pleinement les espérances de l'ignoble bande : pour conquérir l'intégrité du pouvoir, Philippe n'eut pas même à livrer bataille.

Sitôt le roi mort, il se rend au parlement, ordonne production du testament renfermé à triple clef, au fond d'une armoire de fer creusée dans la grosse tour du palais. N'osant croire à une victoire facile,

Orléans avait inondé les abords de l'assemblée et les vestibules d'aventuriers portant des armes cachées sous leurs habits.

La fougueuse docilité des magistrats lui épargne les scandales de la violence. Le testament de Louis XIV est déchiré sans façon. Le Régent, qui s'est monté la tête contre la peur en buvant largement, sort revêtu de l'autorité souveraine.

Il va démontrer cette chose prodigieuse qui paraissait impossible après le règne précédent : — Qu'en fait de scélératesse et d'infamie, la branche cadette peut en remontrer à son aînée.

Philippe d'Orléans a fait subir à la France, tombée entre ses mains immondes, un traitement pire qu'à ses maîtresses. Il livre sa fortune, il livre son honneur, achetant à ce prix la honte ineffaçable d'être le protégé de l'Angleterre. Crime de haute trahison, que ses héritiers devaient perpétuer jusqu'à nos jours.

Après une guerre terrible et une série de calamités sans exemple, Louis XIV n'avait pu obtenir la paix qu'en se résignant aux plus cruelles humiliations. Il avait dû s'engager envers l'Angleterre à démolir les fortifications de Dunkerque, à combler le port, à détruire les écluses.

Le commerce était ruiné, sans doute; l'industrie avait péri dans la proscription des protestants français; ce misérable règne laissait une dette de près de dix milliards d'aujourd'hui, à la charge exclusive d'un peuple mourant de faim, la noblesse et le clergé, seuls propriétaires du sol, ne payant pas un sou d'impôt.

Mais le vieux roi, si dégradé qu'il fût, n'entendait pas abandonner la Manche aux Anglais. Il s'était hâté de commencer un nouveau port à Mardyk.

Eh bien, pour mériter l'alliance britannique, et par elle l'appui nécessaire pour monter au trône, s'il devenait vacant, Orléans signe le plus ignominieux des traités. Il s'oblige à interrompre les travaux commencés, à détruire Mardyk, à recevoir à Dunkerque un commissaire anglais. C'était accepter la tutelle navale des marchands de Londres.

De plus, la formule des ratifications donne une portée insultante à cet acte où déjà la honte déborde. Les négociateurs anglais exigent que les mots *Roy de France* soient effacés et remplacés par ceux-ci : *Roy très chrétien*, prétendant que le titre de roi de France n'appartient qu'au souverain de la Grande-Bretagne.

Ce n'est point assez pour le Régent d'avoir sacrifié l'honneur du pays à ses lâches ambitions. Reste la fortune de la France, en train de se relever, par le génie de Law, le hardi financier écossais.

Dès que Law eut mis la main à l'œuvre, le nombre des manufactures s'accrut, les bras des mendiants furent employés, l'industrie eut des ailes. L'intérêt des rentes baissa. L'usure fut écrasée. On éleva des édifices dans les villes. Ceux qui tombaient en ruines furent réparés. Nombre de citoyens, chassés par la misère, rentrèrent dans leur pays. Gênes nous envoyait tout ce qu'elle possédait de damas et de velours. Les rues de Paris étaient encombrées de carrosses. Sillonnée par une foule de provinciaux que la capitale attirait, la France présentait un aspect inaccoutumé et renaissait à l'espérance.

En outre, le système de Law promettait à la France l'empire des mers, le premier rang parmi les nations maritimes et coloniales.

L'Angleterre le comprit. Apercevant avec terreur entre nos mains le levier qui servait à soulever le monde, elle résolut de nous l'arracher. (Lemontey. — *Histoire du système,* etc. — Louis Blanc.)

Le Régent n'avait garde de mécontenter ses protecteurs. A l'injonction du gouvernement britannique, Orléans lâche son coquin de Dubois, qui joint maintenant à ses offices infâmes les plus hautes fonctions politiques.

Law fut brisé. Les finances de la France s'écroulent dans une effroyable banqueroute. Il y a des émeutes, des tueries, dont Philippe s'amuse beaucoup, au dire de Madame, sa mère.

Mais que lui importent ces misères? Il est sûr désormais, ayant payé libéralement avec notre honneur, notre or et notre sang, que ses bons amis anglais le soutiendront de toutes leurs forces le jour où il voudrait asseoir au trône la dynastie d'Orléans.

Dubois, pareillement, a tiré grandement son épingle du jeu. Déjà gorgé de richesses, stipendié annuellement à trois ou quatre millions par l'Angleterre, il aspire violemment à être archevêque, cardinal, à ceindre même la tiare des papes.

Tous les nobles gredins associés aux œuvres scélérates du Régent, — les Condé en tête, — ont au moins décuplé, dans les désastres publics, leurs fortunes faites de vieux brigandages ou de primes levées sur l'assassinat.

Tels sont, brièvement résumés, les *services* rendus à la France par le second Orléans. Élargissant l'opprobre de son père, il avilit la nation devant l'étranger, léguant à ses héritiers cet exemple avec bien d'autres, qui seront fidèlement suivis. La maisonnée aura le culte des traditions.

S'il engraisse ses complices princiers en détroussant la France, il garde bonne part du butin. Sa mère elle-même, Élisabeth-Charlotte, en femme de ménage avisée, fait abondante moisson, cajolant Law de son mieux, à l'allemande, et, malgré son âge, jusqu'aux familiarités de l'alcôve, disent les Mémoires du temps. Un honneur qui dut friser le supplice, pour le financier. Mais comment s'y dérober?

Sauf ces aubaines d'argent, on ne voit pas que Madame se soit réjouie beaucoup de la toute-puissance de son fils. Dès les premiers jours, elle se montre bien plutôt alarmée. Elle ne cesse de geindre que « l'affreuse méchanceté et la fausseté du monde la dégoûtent de la vie »; qu'on a répandu dans Paris, malgré le triomphe du Régent au Parlement, « plus de quarante placards contre lui ». Elle avoue être fort « inquiète en le voyant en butte à tant d'animosité. »

« Je ne vois mon fils qu'une fois par jour, ajoute-t-elle ailleurs, et il ne reste avec moi qu'une demi-heure. Je prends mes repas seule à table... En somme, je n'ai que vexation et ennui, pas le moindre contentement ; tel est ma misérable vie. »

De temps à autre, Élisabeth-Charlotte dit qu'il est possible qu'Orléans devienne roi, n'étant séparé du trône que par un enfant de cinq ans, — le petit Louis XV.

Mais elle parle de l'éventualité sans enthousiasme, — au contraire. A son avis, ce serait le signal de très grands malheurs.

Quoi qu'il en soit, il est incontestable que le Régent songeait à la couronne autant que jamais. Malgré le dégoût qu'il a de sa femme et la haine trop justifiée qu'elle lui porte, il se rapproche d'elle au lendemain de la mort du roi. Le fait est certain, car la duchesse accouche, juste neuf mois après, d'une septième fille.

Or, à cette étrange réconciliation, consommée dans les bras d'une femme très mûre, je ne trouve que deux motifs acceptables : — La nécessité pour Orléans d'endormir la vigilance d'une ennemie domestique, ensuite le désir d'assurer la perpétuation de la dynastie qu'il se proposait de fonder.

La première raison n'a pas besoin de commentaires. La seconde s'explique par la frêle constitution du duc de Chartres, seul enfant mâle du Régent. Trois ans plus tard, Madame écrivait au sujet du jeune prince : « Je crains que nous ne conservions pas le duc de Chartres; il est trop délicat; il n'a, l'année dernière, rien gagné en force ni en croissance, et il a pourtant treize ans accomplis. »

Est-ce assez clair?

Pourtant il ne faut point s'imaginer que l'avènement d'Orléans au pouvoir suprême ait rendu plus facile la suppression du petit roi.

D'abord, un parti puissant enveloppe Philippe d'une surveillance infatigable, attentif à tous ses actes, à chacun de ses mouvements pour ainsi dire. Il est le maître depuis quelques semaines seulement, lorsque Madame écrit : « Mon fils a autant d'ennemis que d'amis, et je crains que le nombre de ses ennemis n'aille en augmentant avec le temps. » Plus loin elle constate amèrement que beaucoup, parmi les familiers du Régent, sont en réalité de faux amis, d'autant plus redoutables.

Dans une telle situation, il est aisé de comprendre qu'Orléans, sous peine de sombrer dès le début, a dû donner des garanties contre lui-même. Aussi n'a-t-il osé remplacer les gentilshommes et les dames auxquels Louis XIV avait confié la garde ou l'éducation du jeune roi.

Le vieux maréchal de Villeroi, dépositaire des craintes et des instructions du monarque défunt, reste gouverneur de Louis XV, avec autorité absolue dans le palais où réside le mineur royal.

Sûr du dévouement de la gouvernante du prince, Mme de Ventadour, il remplit sa mission avec un scrupule aiguisé par la haine qu'il a vouée à Orléans. Il ne perd de vue l'enfant-roi ni le jour ni la nuit. Nul personnage suspect ne l'abordera qu'en sa présence, — pas même le Régent ou sa mère!

Ici encore, nous avons le témoignage d'Élisabeth-Charlotte. « Le maréchal de Villeroi tourmente le jeune roi, dit-elle; il ne veut pas qu'il vienne me voir sans lui; cela trouble le pauvre enfant et le fait pleurer. »

Une autre lettre, écrite plusieurs années après, démontre que la vigilance sévère de Villeroi ne se relâche pas un instant.

« Je ne suis pas mal avec le roi, raconte la princesse. J'ai joué hier à son gouverneur un tour qui m'a bien divertie. Ils sont tous extrêmement jaloux du roi, dans la crainte qu'on ne lui dise quelque chose contre eux : je les ai bien attrapés. Avant-hier, le roi avait souffert d'une colique venteuse; je m'approche de lui avec empressement, tenant un billet à la main. Le maréchal de Villeroi fut extrêmement embarrassé; il me dit de l'air le plus sérieux : « — Quel billet donnez-vous là au roi? » Je répondis avec non moins de gravité : « C'est un remède contre la colique des vents. » Le maréchal répliqua : « Il n'y a que le premier médecin du roi qui puisse lui proposer des remèdes. » Je répondis : « — Pour celui-ci je suis sûre que M. Douart l'approuverait; il est même écrit en vers. » Le roi aussi était fort embarrassé; il ouvrit le papier et se mit à rire. Le maréchal, n'y tenant plus, demanda : « — Peut-on le voir? Je répondis : « Oh! oui, ce n'est pas un secret. » Il se mit à lire :

> Vous qui, dans le mésentère,
> Avez des vents impétueux,
>   Ils sont dangereux
> Et pour vous en défaire,
>   Pétez :
> Pétez, vous ne sauriez mieux faire,
>   Pétez,
> Trop heureux de vous défaire d'eux.
>   A ces malheureux
> Pour donner liberté tout entière,
>   Pétez,
> Vous ne sauriez mieux faire, etc.

« Il s'éleva un tel éclat de rire que je ne fus pas sans me repentir d'avoir fait cette farce, car le maréchal paraissait réellement fâché. »

Il eût été difficile, on le conçoit, d'atteindre l'enfant royal, ainsi gardé, à moins d'un coup d'audace dont Orléans devenait de plus en plus incapable. Ce qui lui manquait, c'était la quantité d'énergie maintenant nécessaire à l'exécution du crime, non le vouloir.

Nous avons heure par heure, en quelque sorte, le détail de ses journées, depuis qu'il est Régent. Il se lève vers midi, encore lourd de l'ivresse nocturne, la figure apoplectique. En compagnie de Dubois, il donne un coup d'œil distrait aux affaires publiques. Nul travail sérieux. « Il n'y eut jamais chez le duc d'Orléans, dit Saint-Simon, un de ses amis, ni plume, ni encre, ni papier. » Ensuite, des audiences aux courtisans faméliques, qu'il eût été dangereux de mécontenter. Il tâche de les satisfaire au moins par de belles paroles.

Avant six heures, Philippe termine son labeur de chef d'État. Il s'enferme, met le verrou. Cinq ou six habitués, ses roués, sont là avec des femmes, dames de la cour et dames de théâtre. Alors commencent, pour durer jusqu'après le lever du soleil suivant, d'abominables orgies.

Pour qu'on ne m'accuse point de charger les couleurs ou d'excéder témérairement les limites tracées par la décence, je peindrai ces saturnales en citant textuellement les plus graves auteurs.

« Mon fils n'est pas délicat, écrit Élisabeth-Charlotte; pourvu que les dames soient de bonne humeur, qu'elles boivent et mangent goulûment, et qu'elles soient fraîches, elles n'ont pas besoin d'avoir de la beauté. Je lui ai souvent reproché d'en avoir de très laides...

« Entre mon fils et ses maîtresses tout va tambour battant et sans la moindre galanterie; cela me fait l'effet des anciens patriarches qui avaient beaucoup de femmes. »

Louis Blanc dit à ce sujet :

« Esprit, grâce, beauté, séduction de la pudeur, enchantements mystérieux de la tendresse, ce n'était pas ce que le Régent demandait aux femmes : il les voulait, au contraire, avinées, emportées, frémissantes, et presque enlaidies par l'habitude des désirs obscènes...

« Dans un lieu réservé du Palais-Royal, le soir, à certaines heures, il se passait de telles scènes et on courait de si étranges périls, que les habitués avaient dû se donner un surveillant, un dictateur, un maître, dans Canillac, le seul d'entre eux qui fût invincible à l'ivresse.

« Or, ces choses étaient connues du public, car le Régent se souciait peu qu'on les ignorât, et même il trouvait piquant d'avoir établi au centre de Paris son île de Caprée, » — c'est-à-dire un lupanar princier, l'égout de toutes les pourritures des classes dirigeantes d'alors : noblesse et clergé.

Pas plus que l'éminent historien, je n'oserais retracer par le menu les bacchanales de Philippe au Palais-Royal. Cependant le caractère de cet ouvrage m'oblige à compléter l'esquisse de ces nuits monstrueuses. Il faut que chacun des Orléans apparaisse ici dans tout son lustre.

J'interroge encore la Correspondance de Madame, mère du régent, une source inépuisable dont on ne saurait contester la véracité.

« Mon fils, dit-elle, a une sultane-reine, la marquise de Parabère. Elle est veuve, de belle taille, grande et bien faite; elle a le visage brun et ne se farde pas; une jolie bouche et de jolis yeux; elle a peu d'esprit, mais c'est un beau morceau de chair fraiche...

« Mon fils court la nuit. Mercredi, dans la nuit, il

alla à Asnières, où la Parabère a une maison; il y soupa; lorsqu'il voulut, après minuit, remonter dans son carrosse, il tomba dans un trou et se foula le pied... Mon fils dit qu'il s'était attaché à la Parabère parce qu'elle ne songe à rien, si ce n'est à se divertir. Ce serait très bien si elle n'était aussi ivrognesse, et si elle ne faisait pas que mon fils bût et mangeât autant. »

Élisabeth-Charlotte aurait pu ajouter que le Régent avait l'ivresse lugubre, même tragique. Deux faits entre mille.

Un soir, encore plus saoul que de coutume, Orléans exigeait absolument que La Faré, son capitaine des gardes, lui coupât la main droite, restée empuantie à la suite d'immondes attouchements.

Une autre nuit, Philippe revenait de Saint-Cloud, après une effroyable orgie. Forcé de descendre de voiture à mi-chemin pour dégobiller le trop plein de son ivresse, il roule dans la poussière, au milieu de ses gardes et de ses valets. D'une voix éraillée, entrecoupée de hoquets convulsifs, Orléans renvoie un écuyer à Saint-Cloud, avec ordre de ramener sa maîtresse pour le torcher. La dame est couchée, ivre-morte elle-même, et refuse de se lever. Enfin, las de se vautrer sur la grande route dans son ordure, le Régent de France consent à ce qu'on le remette dans son carrosse, et regagne ainsi le Palais-Royal, souillé de ses déjections.

Madame, qui résidait ordinairement au château de Saint-Cloud, souffrait patiemment ces débauches.

Elle en parle même dans ses lettres avec une véritable complaisance, on l'a déjà vu.

« Le petit corbeau noir (la Parabère), dit-elle, n'est pas désagréable... Elle est capable de beaucoup manger et boire et de débiter des étourderies; cela divertit mon fils et lui fait oublier tous ses travaux. »

Néanmoins, de temps à autre, elle s'alarme de ces excès inouïs, répétés quotidiennement, non pour leur immoralité, mais parce qu'ils menacent la santé du Régent.

« Il est bien vrai, écrit-elle, que les maîtresses de mon fils, si elles l'aimaient véritablement, se préoccuperaient de sa vie et de sa santé. Mais je vois bien, ma chère Louise, que vous ne connaissez pas les Françaises; ces maîtresses ne voient que le plaisir et l'argent; de l'individu, elles ne donneraient pas un cheveu...

« Si j'étais à la place de mon fils, je ne trouverais rien de séduisant dans de pareilles liaisons; mais il y est accoutumé; tout de la part de ces femmes lui est égal, pourvu qu'elles le divertissent.

« Il y a aussi une chose que je ne puis comprendre : il n'est nullement jaloux; il souffre que ses propres serviteurs usent de ses maîtresses (la crudité du mot allemand est intraduisible). Il est tellement habitué à boire et à manger avec elles et à mener cette vie crapuleuse, qu'il ne peut plus s'en arracher...

« Les dames boivent ici encore plus que les hommes... Mon fils a une maudite maîtresse (la

Parabère), qui lui est infidèle; mais comme elle ne lui demande pas un cheveu, il n'en est pas jaloux... Il passe les nuits dans cette maudite société, et reste à table jusqu'à trois ou quatre heures du matin... *Il n'a pas d'autres défauts que ceux-là.* »

La marquise de Parabère trôna six ans aux orgies du Palais-Royal, comme sultane-reine, selon la belle expression d'Élisabeth-Charlotte. Rompue à la science de sa fonction, elle introduisait les nobles dames de la cour, pêle-mêle avec les filles de théâtre ou de lupanar.

Une seule condition pour mériter cette faveur: faire ses *preuves*. Elles consistaient pour les jolies élues à rouler de l'un à l'autre, livrant ainsi leur délire amoureux, aiguisé par l'ivresse, à la brutalité de huit ou dix roués, y compris le Régent.

D'ailleurs, la Parabère n'eut que l'embarras du choix. Quand on sut que, dans l'intimité de Philippe, il n'y avait plus de ripaille sans saoulerie ni crapule, toute la haute courtisanerie, briguant l'honneur d'y être admise, s'exerça aux vices requis, comme elle s'était exercée à la bigoterie, vers la fin du dernier règne.

L'Opéra étant alors contigu au Palais-Royal, Orléans passait dans sa loge par une communication réservée. Là, par raffinement asiatique, il avait fait placer un lit.

Grâce à cette ingénieuse idée, souvent il assistait au spectacle dans les bras d'une de ses maîtresses. Quelquefois, c'était une danseuse ou une chanteuse qu'il appelait et déshabillait. (*Mélanges historiques de Boisjourdain.*) Sa sœur, la duchesse de Lorraine, étant venue à Paris, il s'empressa de lui démontrer les agréments d'un tel arrangement. N'avait-il pas fait jadis avec cette princesse le noviciat de l'inceste?

L'Église sut tirer bon parti d'un tel prince. Avec les puissants de cette trempe, elle ne manqua jamais son coup. Qui se ressemble, s'assemble.

CHAPITRE VIII

L'ÉGLISE AU LUPANAR D'ORLÉANS

Le Régent ne pouvait être ennemi de l'Église, toujours prête à sacrer le crime et l'infamie, pourvu qu'on y mette le prix. Entre l'autel et la tyrannie, ces deux pieuvres aux suçoirs infatigables, le pacte est de nécessité rigoureuse pour enlacer solidement le peuple imbécile.

Orléans était bien trop vil pour ne point faire les premiers pas du côté de Rome. En somme, quoique ne croyant pas en Dieu et vivant en pourceau d'Épicure, il restait un catholique sérieux, — titre qui n'a rien à voir avec la foi ou la morale.

Élevé *ecclésiastiquement* par l'abbé Dubois, aujourd'hui son factotum, il a de plus un confesseur, — un jésuite, Madame nous l'apprend.

Dès son avènement au pouvoir, il a donné des gages irrécusables de son goût pour la religion du Vatican. Il a refusé, même aux prières de sa mère, non le rappel des proscrits protestants, mais la simple délivrance des malheureux Réformés enchaînés aux galères.

Jaloux de prouver à quel point il comprend les devoirs de la royauté très chrétienne, il exile maintenant les évêques jansénistes en lutte avec Rome, ordonne d'exécuter contre les protestants les cruelles ordonnances de Louis XIV. On condamne les hommes aux galères, les femmes et les filles à la prison perpétuelle; on livre les ministres calvinistes au bourreau.

Le roi défunt, soufflé par la Maintenon et les jésuites, n'aurait pas mieux fait. L'Église ne regrette plus qu'Orléans soit à la régence. Ses vices, ses crimes, l'inceste surtout, sont pour elles une bonne fortune. Elle achèvera par là de le faire sien, avec l'aide de Dubois, membre brillant de son clergé, qui gorgera les prêtres luxurieux de la Ville-Sainte des trésors de la France.

Écoutons l'Histoire, qui a remué toute cette fange jusqu'au fond du cloaque.

Ni les soupers du Palais-Royal, ni les voluptés de l'Opéra ne suffisaient à Orléans. Il lui fallait les délires autrement âcres et pimentés de l'inceste.

« Avec un attrait terrible, invincible, il revenait toujours à sa fille aînée, la duchesse-veuve de Berry. A peine Régent, il lui a donné le palais du Luxembourg. Là, chez elle, la princesse ouvre une école de débauche, rivalisant avec celle que tient son père au Palais-Royal. Là aussi, hommes et femmes font les *preuves* dans une joyeuse promiscuité qui ne tolère pas même la feuille de vigne. La duchesse est fière de lutter en tout avec son père, au risque de certaines misères à faire mourir de honte. » (Michelet.— Saint-Simon.)

Dans son orgueil, supérieur encore à son prodigieux dévergondage, la dame du Luxembourg joue à la reine de France, comble sa mère d'injures et d'affronts. Et le Régent sourit avec complaisance.

Pourtant, malgré cet immense orgueil, elle n'a d'amants que des sots. Sur la présentation de la Mouchy, sa favorite, « une étrange poulette », écrit Saint-Simon, elle fait capitaine de ses gardes le comte de Riom, un gros poupard, — une tête de crapaud, dit Élisabeth-Charlotte. Soudain, elle s'éprend de ce drôle, qui a déjà pour maîtresse la Mouchy, chargée par les jésuites de le diriger.

La duchesse elle-même est en puissance de jésuite. Dès longtemps, sous prétexte de confession, un petit père Reiglet s'est glissé près d'elle. (*Mémoires de Duclos.*)

« Il entra comme un rat, ajoute Michelet, on ne sait par quel trou de garde-robe. Il devint une espèce d'animal domestique à qui on jette des morceaux sous la table. On le trouva bon compagnon et il eut petite place aux soupers. Là il en entendait de dures. Mais rien de sale ne l'étonnait, aucun blasphème (à faire crouler le ciel). Il riait doucement et faisait rire; lui-même il excellait aux saillies libertines.

« Ce bouffon vit finement qu'elle avait des jours tristes, des ennuis, des langueurs. Il dit ou il fit dire qu'une grande princesse comme elle devrait avoir ce qu'avait eu Anne d'Autriche, un appartement royal dans un couvent, par exemple aux Carmélites de la rue Saint-Jacques. Il n'y avait pas loin du Luxembourg aux Carmélites. On l'y mena tout doucement. Ces dames étaient charmantes, caressantes, baisaient ses pieds. On lui en attacha, pour lui faire compagnie, deux jolies, gracieuses, de très noble famille, discrètes et qui s'avançaient peu.

« Elles surent bien le faire à propos. La voyant éprise de Riom, elles entraient dans ses idées, mais pour la *bonne fin,* le mariage. Les exemples ne manquaient pas. Le feu roi lui-même n'avait-il pas épousé Mme de Maintenon?

« Elle prit feu à cette idée royale. Quel roman glorieux de braver tous les préjugés, le monde!... Riom fût-il le dernier des hommes, tant mieux! D'autant plus beau sera-t-il, plus hardi de l'approcher du trône! »

Une merveilleuse intrigue, supérieurement machinée par les jésuites. Dubois y jouait un rôle, conseillé par sa maîtresse, la chanoinesse de Tencin, religieuse défroquée dont le frère, un abbé, plus tard cardinal, ne se cachait pas d'être le mari. Savante aux rites de Lesbos, mais fine mouche, ses services au Vatican la classaient mère de l'Église. Tous les zélés frayaient avec elle.

Il s'agissait tout bonnement de fixer le Régent dans la voie droite : — destruction de l'hérésie par le fer et par la flamme, engraissement du clergé, pas davantage. De mœurs, de justice, on n'avait cure : il n'y avait que les imbéciles pour s'occuper de ces vétilles.

Or, on savait que la duchesse de Berry avait fait un esclave de son père, maître de la France. Mais, par détraquement de dépravée, elle tremblait devant Riom. Plus il la menait rudement, plus elle s'attachait à lui.

De son côté, Riom adorait la Mouchy, tenue par les jésuites. Toutefois il voulait avec une passion plus âpre encore assurer sa fortune aux dépens de la princesse.

Sans doute, la fille avait réduit en servitude le père incestueux. Mais la duchesse, légère et capricieuse, pouvait échapper. Seul, Riom était capable de la mater. De là ce projet de mariage dont on lui avait monté la tête.

« Son père ne l'embarrassait guère, continue Michelet. C'était son nègre pour obéir en tout, ou plutôt sa nourrice pour adorer tout d'elle, jusqu'au plus rebutant. Elle lui avait fait avaler cette pilule amère de trouver là toujours Riom, amant en titre, officiel, quasi-maître de la maison. Il avait humblement tâché d'apaiser la jalousie de ce redoutable Riom et lui avait donné un beau régiment. Il ne s'attendait pas à cette ambition, cette folie d'un mariage, et d'un mariage public!

« Quand la chose fut intimée, terrible fut son embarras. Il se trouva entre deux peurs : il eut peur de sa fille, mais non moins de sa mère... Orléans se souvenait avec frayeur de l'épouvantable colère où elle entra lorsque son fils accepta la bâtarde de Louis XIV, du soufflet qu'il reçut de sa puissante

8.

main, soufflet retentissant... Mais qu'était-ce, bon Dieu! et quelle chute si, de cette fille du grand roi, on regardait en bas, jusqu'à cet insecte, Riom! Qu'il en revînt un mot à Madame, tout était perdu!

Le Régent résista donc. Dans l'impossibilité de réussir pour le moment, on se contenta d'un mariage secret entre la princesse et Riom.

La chose est certaine. Madame, qui la connut plus tard, l'affirme par deux fois dans ses lettres.

Ceux qui avaient monté le coup s'avisèrent d'un autre expédient pour mettre Orléans à leur discrétion. Ils suggérèrent à sa fille de lui arracher un grave secret d'État, celui du *Masque de fer*; — secret que, seuls, quatre hommes ont su avant la Révolution : Louis XIV, le Régent, Louis XV et Louis XVI.

Aujourd'hui, nul n'ignore que cette victime des barbaries du régime monarchique fut un frère de Louis XIV, — jumeau selon l'opinion commune. Pourtant, le groupement et l'examen rigoureux des faits conduisent à cette conclusion beaucoup plus vraisemblable, que le *Masque de fer* fut le fruit des amours de la reine Anne d'Autriche soit avec Buckingham, soit avec Montmorency, soit même avec quelque laquais de la domesticité. Il aurait été, par conséquent, l'aîné de Louis XIV.

Quoi qu'il en soit, la duchesse de Berry tenta de savoir, le Régent refusa d'abord. Elle employa les grands moyens, jura d'être à lui exclusivement, mentit même en promettant de renoncer à épouser Riom. Orléans livra le fatal secret (Soulavie : *His-*

toire de la décadence de la monarchie française.)

En s'engageant ainsi, la dame du Luxembourg avait oublié Riom. Lui, bien qu'aimant la Mouchy sous ses yeux, revendiqua ses droits de mari, se fâcha, exigea qu'elle s'abstînt du Régent.

La duchesse chercha un expédient qui la dispensât de tenir parole à son père. Voici ce qu'elle trouva.

« Elle venait de recevoir parmi ses dames (en septembre 1717), dit Michelet, une jeune dame belle et dévote, mal mariée, très vertueuse, Mme d'Arpajon. Vertu humble et humiliée. La duchesse s'amusait à l'appeler « ma bourgeoise ». Pauvre personne qui semblait ne pouvoir résister en rien.

« Les grands, pour pécher sans pécher, font par leurs gens certaines choses. Les casuistes ont la bonté de conniver à ce genre d'équivoque. La duchesse, alors en si bonnes mains, eut l'idée d'immoler cet agneau à sa place, de se la substituer.

« Elle pensait que le Régent, qui admirait cette dame, profiterait avidement de l'occasion. Mais elle-même, par l'imprévu, par sa brusquerie sauvage, fit manquer tout. Elle renverse violemment la chaise de la dame, s'en empare et la tient qui crie et se débat. Lui, étonné, myope, hésite. L'oiseau au piège, prie des mains, de la tête, ne pouvant mieux, jette ses pieds et *rue*. Il reçoit un coup juste à l'œil, — la fine pointe du petit talon que l'on portait alors, — et juste à son bon œil; il voyait à peine de l'autre.

« Duclos appelle cela un coup d'éventail (Madame

rapportant sans doute la version de son fils, dit qu'il s'était donné un coup à la figure en jouant à la paume). Mais en Hollande, où des témoins, qui avaient vu ou entendu, contèrent la chose à Du Hautchamp, on dit tout simplement la honteuse aventure. »

Cette aventure, très authentique, du reste, prouve une fois de plus la nature foncièrement perverse du père et de la fille. Ces jeux infâmes étaient dans leurs habitudes. L'année précédente (1716), un attentat pareil, et non moins authentique, avait eu lieu au Luxembourg, peut-être dans la même chambre.

Voici l'histoire, d'après la *Vie privée de Richelieu* (écrite par Faure) et d'autres Mémoires :

Le Régent avait vu au Luxembourg Mme de la Rochefoucauld. Après le départ de la visiteuse, il parla à sa fille avec admiration de la beauté de la jeune femme, exprimant un vif désir de la posséder. A quoi la duchesse de Berry promit de l'aider. Un jour fut pris à cet effet.

La noble entremetteuse invite Mme de la Rochefoucauld à un déjeuner amical, entre femmes, dans sa chambre à coucher. La jolie convive, venue sans défiance, s'étonne de rencontrer le père de la duchesse. Néanmoins, le repas fut gai. La princesse versait souvent à la jeune femme, qui ne buvait pas toujours, mais qui but assez pour se trouver fort étourdie quand on se leva de table.

Assis sur une ottomane près de la charmante

dame, Orléans ne tarde pas à se montrer très pressant. La duchesse encourage l'attaque, avance en riant la défaite. M°™ de la Rochefoucauld, excitée, lutinée par elle, laisse le Régent commencer l'obscène attentat. Bientôt renversée sur les genoux de la princesse, qui lui retient les bras avec le concours d'une femme de chambre sortie tout à coup d'un cabinet, elle est à la merci du satyre enfiévré. Vainement la pauvre violentée oppose-t-elle ses larmes aux entreprises les plus audacieuses : elle ne tarde pas à succomber.

L'assaillant ne sortit pas indemne de cette lutte hideuse : M™° de la Rochefoucauld, en se débattant, atteignit Orléans à son œil malade, qui faillit être détaché de l'orbite.

Tel est le fait. Il n'y a pas confusion, certainement, avec l'aventure de M™° d'Arpajon. Sur documents très précis, Michelet fixe la date de celle qu'il raconte au mois de septembre 1717. Or, la date de l'attentat consommé sur M™° de la Rochefoucauld est antérieur de quinze mois, sans aucun doute : les Mémoires disent 1716, ce que confirme Élisabeth-Charlotte en indiquant la fin de juin de cette même année.

En 1718, le Régent est au point culminant de sa fortune. Garanti par l'Angleterre et par l'Église, lâchement achetées l'une et l'autre ; bénéficiant de la faveur publique dont jouit, au début, l'entreprise grandiose de Law, il a fini par écraser ses ennemis de l'intérieur.

Orléans triomphe. Aux yeux de sa fille éblouie, il

paraît déjà sur le trône. Attirée par cet éclat, l'orgueilleuse ne résiste plus. Elle se livre d'abord à huis clos, recommençant l'inceste qui l'associe mieux à la souveraine puissance.

D'ailleurs Riom commence à la dégoûter. Il a l'air malsain, — « aussi malade que s'il avait le mal français », bavarde Madame. C'est un amant un peu ancien pour une personne si mobile. Et, bien pis, c'est un mari. Il a les honneurs, les déboires, les ridicules aussi.

Bientôt la duchesse de Berry brave Riom ouvertement. Elle fait la reine, la régente, sans souci de lui. Elle porte sa maison jusqu'à huit cents domestiques et officiers de toute sorte.

A Chantilly, chez les Condé, elle accepte une fête babylonienne où l'on semble célébrer son avènement. Trente mille flambeaux éclairent la forêt.

Au Luxembourg, elle se fait dresser un trône élevé de trois marches, où elle prétend que les ambassadeurs viennent à ses pieds recevoir audience, selon l'étiquette des reines régnantes.

Par ces folies, la princesse s'affichait et démasquait trop violemment la situation. Riom n'était pas aveugle. Habilement dirigé par la Mouchy, qu'il aimait bien mieux que sa femme, il entendait gouverner en maître à la maison, pour fixer sûrement sa fortune.

Or, la conduite de la duchesse le réduisait à rien, faisait trop visiblement de lui un mannequin. Riom frémit de colère sous l'outrage. (Voir Michelet. — *Manuscrit de Buvat.*)

un accident y met le comble. La dame du Luxembourg est grosse, non des œuvres du mari, mais du fait de son père. Dans un souper chez la duchesse, une scène dégradante éclate entre Riom et Orléans. Les deux rivaux vont se colleter comme des portefaix. La princesse se précipite pour les séparer; elle reçoit, comme autrefois Poppée de Néron, un coup de pied dans le ventre. *(Histoire du système des finances sous la monarchie de Louis XV.)*

Le scandale ne put être étouffé. Le bruit de la rixe honteuse arriva aux oreilles d'Élisabeth-Charlotte. En apprenant l'audace de Riom, qu'elle déteste, Madame se montre terrible. Elle menace de quitter la France si cet homme n'est arrêté.

Déjà Orléans a commandé au noble drôle de rejoindre son régiment. On le saisit en route et on le jette dans la dure prison de Pierre-en-Cize (27 mai 1719).

La duchesse de Berry était malade depuis le commencement du mois, du coup de pied dans le ventre, évidemment; mais Madame dit « de son affreuse gloutonnerie », ne sachant pas tout peut-être ou ignorant la grossesse. Elle lui reproche de se mettre à table à huit ou neuf heures, de manger jusqu'à trois heures du matin, de boire trop d'eau-de-vie.

A la nouvelle du traitement que sa grand'mère fait infliger à Riom, son capitaine des gardes, l'homme qui lui appartenait, tout l'orgueil de la dame du Luxembourg se révolte. Furieuse de l'intervention de la vieille dans ses affaires intimes, elle jure de se venger d'une telle avanie.

Vite, la duchesse « fit venir le Régent à Meudon (1er mai) pour un souper intime. Sans souci de sa vie, elle prolongea la nuit sous les étoiles cette folle fête qui délivra Riom, mais la tua. Elle eût voulu encore une chose impossible, insensée, faire venir Riom au nez de sa grand'mère, écraser celle-ci, solenniser ce bel hymen. » (Michelet.)

Le Régent, effrayé de ces violences absurdes, n'ose plus la visiter.

Quelques jours plus tard, la duchesse de Berry est prise d'une forte fièvre, accompagnée de délire et de divers accidents. Puis elle accouche d'une fille morte, déjà putréfiée. Le père incestueux avait tué le fruit de ses abominables amours.

Au commencement de juillet, la princesse, très malade encore, se fait porter au château de la Muette, pour se rapprocher du Régent. Il ne vint guère davantage, alléguant les embarras très graves qu'il avait à Paris.

Se sentant abandonnée, soit par douleur ou désespoir, soit par un fol essai pour ressaisir la vie, elle se lève, se fait un grand repas, et de choses rafraîchissantes. Dans la soif qui la dévore, elle mange du melon en buvant de la bière glacée. Cela l'achève. Elle tombe...

« On s'exagérait la douleur du duc d'Orléans qui était à la Muette, à ce point que personne n'osa y venir... On supposait le Régent écrasé. C'était peu le connaître. C'était un homme fini, blasé, vide, épuisé de cœur, aussi bien que du reste. » (Michelet.)

Une raison encore à la douleur très modérée d'Orléans. Parmi ses nombreuses filles, deux, à cette époque, avaient mûri pour l'inceste : la première, Mademoiselle de Chartres, âgée de vingt et un ans; la seconde, Mademoiselle de Valois, âgée de dix-neuf. Belles l'une et l'autre, enragées de luxure, à peine écloses à la puberté.

Michelet avoue que l'Europe entière croyait à l'inceste du Régent avec ses trois filles.

Louis Blanc cite ces lignes de Soulavie : « J'en ai les preuves originales et testimoniales dans les lettres de Mademoiselle de Valois, qui sont en mon pouvoir. » Soulavie tenait ces documents du duc de Richelieu, qui avait été l'amant de la princesse, et avait obtenu un instant les faveurs de la duchesse de Berry. »

Au dire des auteurs du temps, Mademoiselle de Chartres avait un goût très vif pour ses jolies femmes de chambre. Néanmoins, elle n'oppose qu'une courte résistance aux désirs de son père. Leur passion, quoique mutuelle, dure peu.

La jeune princesse s'irrite qu'Orléans, à toute heure, passe de ses bras dans ceux de la Parabère, des danseuses d'Opéra ou des filles de cuisine du Palais-Royal. Reprise brusquement de ses premières tendresses, elle se décide à entrer au cloître pour s'y livrer sans contrainte.

Elle choisit le couvent de Chelles, dont elle était

sûre de devenir abbesse à bref délai. Je laisse à penser ce que gagnèrent les nonnes sous une telle direction, et quels offices on les conviait à célébrer.

Bien que la porte de l'étrange monastère reste ouverte toute grande au Régent, il se rabat sur sa troisième fille, Mademoiselle de Valois.

Ici, le triomphe est plus malaisé, la princesse étant folle de Richelieu. Promesses, sévérité, rien n'y fait d'abord. Il doit à la fin se contenter d'un demi-succès : — remplacer près de la belle, au cours de la nuit, l'amant préféré.

Ces ardeurs épuisées, on maria Mlle de Valois au fils aîné du duc de Modène. En arrivant, elle trouva le papa occupé à faire constater l'impuissance de son héritier présomptif, afin de transmettre ses États au cadet. Mœurs princières, dont ne s'effaroucha point la nouvelle épousée; elle en avait vu bien d'autres dans la royale maison de France.

Désormais le Régent ne compte plus. Il a reçu le sinistre avertissement d'une première attaque d'apoplexie, il achève de pourrir dans l'ivresse et la débauche. Lâchant tout à fait le pouvoir, il devient le valet de Dubois, une simple machine à signatures.

Le vieux coquin a dépassé la soixantaine. Usé de ses campagnes dans les mauvais lieux de Paris, souvent il souffre en damné de l'urètre et de la vessie.

N'importe. Il se ranime; il saisit gaillardement le gouvernail. L'heure est venue pour lui, si ardemment désirée, de coiffer la mitre, le chapeau rouge, la tiare peut-être. Pourquoi non? la Rome catholique et apostolique est toujours le lupanar et la Sodome des Borgia. Elle a eu nombre de papes qui ne le valaient pas, car il a de l'esprit à revendre, l'infâme gredin.

Depuis que son maître règne en France, il a préparé ce coup avec une astuce diabolique. La marchandise sacrée était à l'encan, Dubois a payé, le Saint-Père ne peut plus rien lui refuser.

Le hideux éclat de ses scandales, le mépris public dont il est chargé à l'égal du Régent, marquent sa place au premier rang dans l'épiscopat, et bientôt au Sacré-Collège.

Et les prélats français en sont à ce point, que pas un ne protestera contre ce collègue traité couramment par Orléans de « drôle », de « garnement », de « maquereau ». Ceux-là même qu'on répute les plus vertueux sont prêts à garantir la pureté des mœurs de Dubois, au risque des sifflets publics.

En 1720, le ministre des débauches du Régent est promu archevêque de Cambrai. Massillon, évêque de Clermont, Tressan, évêque de Nantes, ont attesté au pape, comme l'exigeaient les formalités ecclésiastiques, que Dubois méritait cette haute dignité.

Mais l'abbé Dorsanne nota dans son *Journal* que beaucoup « se croyaient en droit de conclure que les plus célèbres prédicateurs, et les évêques même, regardaient les vérités de la religion comme un jeu ».

A ce premier scandale, un autre succéda, encore plus éclatant. Le 9 juin, Dubois se fait sacrer au Val-de-Grâce, avec une pompe digne d'un pape. Le cardinal de Rohan se charge de l'opération; mais il a pour assistants Massillon et Tressan, les mêmes qui ont répondu devant Dieu et devant les hommes de la sainteté de la vie de l'abbé.

Étaient présents à *l'auguste* cérémonie : le Régent, les princes, les seigneurs de la cour, la magistrature, les ambassadeurs étrangers, les prostituées du Palais-Royal.

Quel triomphe pour la sainte Église, d'avoir élevé au pinacle un tel apôtre! Dans la personne de Dubois, elle a sacré l'opprobre et les crimes de Philippe d'Orléans, devenu son homme-lige.

« Seulement le nouveau prélat, ne sachant un mot de la messe, eut assez de peine à s'y faire. Il s'exerçait. Il en faisait, au Palais-Royal, de bouffonnes répétitions, où son étourderie, ses *lapsus*, ses fureurs, ses jurons parmi les prières, amusaient le Régent. L'assistance riait à mourir. » (Michelet.)

Comme bouquet à ce feu d'artifice, on apprit le lendemain qu'une femme, des enfants depuis longtemps abandonnés, croupissaient quelque part dans la misère. L'archevêque avait oublié d'expliquer qu'il était marié. Mais la farce était jouée.

Dubois n'en décroche pas moins, l'année suivante, ce fameux chapeau de cardinal, objet de tant d'intrigues si basses et si coûteuses. Pour être prince de l'Église, il a dépensé l'équivalent de trente millions de notre monnaie actuelle à acheter toute la cour et la basse-cour papale.

« Les agents de Dubois jetèrent l'argent. Ils cherchèrent, ils trouvèrent toute sorte de petites influences qui servaient peu ou point, d'obligeantes inutilités. Ils ne dédaignaient rien, ils fouillaient au plus bas. Point de passage ignoble, de porte de derrière qu'ils ne tentassent pour arriver vite au but.

« Toute la canaille intime de chaque palais, valets de confiance, favoris et petits abbés, fainéants et piliers d'antichambre, tout ce monde râpé put se refaire des chausses.

« Il n'y eut pas jusqu'à une ex-courtisane, la Marinaccia, vieux meuble du Sacré-Collége, qui ne se fît payer, qui ne rentrât en guerre pour Dubois au nouveau conclave. Elle avait influence, au moins de souvenir, près du vieillard ventru sur qui tomba le Saint-Esprit (Conti, Innocent XIII).

« Il est honteux, ridicule, incroyable, et pourtant très certain que cette belle affaire de coiffer de rouge un coquin, domina souverainement toutes les grandes affaires de l'Europe pendant l'année 1721. » (Michelet.)

Je le crois bien! Les dirigeants de France, Orléans à leur tête, donnaient au monde une sale et grotesque comédie. Un moment, Dubois occupe toute la place. Grande parade à Paris, le jour où il revêt solennellement la pourpre romaine. Il reçoit les hommages des plus hauts personnages de l'État, le roi l'appelle « mon cousin », et Madame écrit :

« Nous sommes tous ici en grand habit, car j'ai une cérémonie préparée à trois heures, la réception de ce maudit cardinal Dubois auquel le pape a envoyé la barrette; il faut que je le salue, que je le fasse asseoir, que je m'entretienne un moment avec lui. »

Enfin le voilà premier ministre. Ivre de joie, il s'ingénie pour témoigner sa reconnaissance à son ignoble patron. Il tâchera de procurer quelque agrément au Régent, que rien n'amuse plus à quarante-huit ans.

Dubois s'adresse à la Tencin, sa maîtresse, dont il connaît l'imagination féconde. La dame, frottée d'érudition, ouvre l'histoire ecclésiastique et tombe sur les étranges pénitences des *Flagellants.*

Justement, voilà l'affaire! Orléans, ses familiers mâles et femelles ne manqueront pas de goûter ces vifs exercices. A cette idée, le cardinal-ministre bat des mains, le Régent s'éveille de son ivresse. On décide que la fête aura lieu au château de Saint-Cloud, résidence de Madame.

Un soir, vers onze heures, les invités, hommes et femmes, arrivent au rendez-vous. Costume uniforme pour tous, même le Régent et Dubois, prince de l'Église : — celui d'Adam et Ève avant la feuille de figuier.

Au signal donné, la danse commence, enragée, mais sans autre musique que le martinet claquant sur les fesses.

A cette saturnale manquait l'abbé Larivière, espion de Dubois, qui « commençait toutes ses lettres par demander à genoux, au cardinal, sa sainte bénédiction ». (Lemontey.)

La régence est toute à l'Église maintenant. Dubois, au faîte des dignités ecclésiastiques, préside les assemblées de l'épiscopat français, a le pas sur les plus grands seigneurs, gouverne au nom d'Orléans. Union étroite avec la catholique Espagne, qui brûle chaque année de nombreux hérétiques, et dont les princes vont épouser deux filles du Régent.

Ce serait le bon moment, semble-t-il, d'achever l'extinction de la branche aînée, d'élever enfin au trône la branche cadette. Dubois n'est point pour y répugner, lui, l'âme damnée d'Orléans, le confident certain des empoisonnements d'autrefois.

Eh bien, non ! les deux scélérats ont renoncé à cette idée. Les obstacles qui, dès le début de la régence, se sont opposés au suprême attentat, n'ont fait que grandir. En cette année, 1721, ils sont devenus à jamais insurmontables.

Ce n'est plus seulement la vigilance infatigable de Villeroi, celle de l'entourage de Louis XV. Il y a maintenant contre Orléans un tel débordement de haine, qu'il périrait sûrement à tenter de consommer le crime.

« La régence de mon fils, écrit Élisabeth-Charlotte, ne me donne que soucis et inquiétudes, car je suis toujours dans les transes qu'on ne l'assassine, par suite de la haine effroyable qu'on lui porte... Il n'y a pas de semaine que je ne reçoive par la poste des lettres remplies d'affreuses menaces, où mon fils est traité comme le plus scélérat des tyrans. »

Ailleurs, Madame dit que son fils est haï de toute la France.

En outre, le duc de Bourbon, l'héritier de la puissante maison des Condé, ne s'était vendu au Régent que pour partager les bénéfices du pouvoir. Il a remplacé le duc du Maine comme surintendant de l'éducation du petit roi, n'a rien à gagner à l'avènement d'Orléans. Nul doute qu'il refuse d'être complice, et le coup est impossible sans lui.

Et puis, il y a la duchesse d'Orléans, qui surveille son mari empoisonneur; Madame aussi, presque septuagénaire, a l'œil et l'oreille ouverts. Elle veut finir tranquille, et jette les hauts cris au moindre soupçon qu'il ne songe à la plus redoutable des aventures.

Enfin le Régent, tombé dans un incurable ennui, épuisé de corps et d'esprit, est impuissant désormais au plaisir, l'unique but à sa vie. Les yeux à demi éteints, la tête appesantie, en proie à une soif de volupté âcre, inextinguible, et dont un amer dégoût empoisonne l'ardeur sans la calmer, il ne se sent plus la force de vivre. On le surprend soupirant après le repos suprême, celui des tombeaux, et il fait tout pour hâter l'heure fatale.

D'ailleurs, au profit de qui essaierait-il de porter la main sur la couronne? Il n'a qu'un héritier, Louis, duc de Chartres, actuellement âgé de dix-huit ans.

Mais le jeune prince déteste son père, qui le regarde comme un imbécile.

Élevé sous les yeux de sa mère qui l'aime tendrement, confié par elle à d'excellents maîtres, il annonçait d'heureuses dispositions. Élisabeth-Charlotte lui rendait ce témoignage en 1718 : « Le duc de Chartres est bon et honnête ; il a des moyens et il n'a aucun vice. Il est bien élevé. »

Un honnête homme grandissant dans sa famille, cela ne pouvait que déplaire souverainement à Orléans. Pour lui, un tel fils « n'était bon à rien ! » (*Mémoires de Hénault.*) Dès lors, il ne pensa plus qu'à le pervertir.

N'étant point à même ici d'opérer en personne, comme il avait fait pour ses filles, il livre aux courtisanes cet adolescent de seize ans, car c'était en 1719, au risque de tuer ce frêle garçon dont la santé chétive inspirait tant d'inquiétude à Madame, l'année précédente.

« Le Régent, disent les *Mémoires de Maurepas,* voulut donner à son fils l'amour des plaisirs et chargea de son éducation en libertinage plusieurs femmes très connues. »

Élisabeth-Charlotte confirme nettement l'infâme accusation.

« Le duc de Chartres, mon petit-fils, écrit-elle (1719), est tombé dans les mains des filles de l'Opéra ; vous pouvez facilement imaginer ce qu'elles lui ont appris ; il est maintenant comme un animal échappé.

« Lorsque sa mère s'en plaint à son père, *il rit à s'en rendre malade.* Ce garçon, qui est délicat, se tuera le corps et l'âme... Il y a d'autres choses qui ne valent pas mieux, mais qui ne peuvent s'écrire... Le sous-gouverneur de mon petit-fils, qui est un homme fort vertueux, est tellement affecté que je crains qu'il n'en perde la vie. »

L'effet ne se fit pas attendre. Le jeune duc, si doux et l'esprit si ouvert jusque-là, change brusquement; son caractère devient sauvage. Dès lors, dans le beau monde qui vit au cloaque de son père, on commence à répéter que ses facultés s'oblitèrent, que des éclairs de folie traversent son cerveau.

Voilà comment on définit les remords, le désespoir de ce garçon qu'on s'efforce de dépraver.

« La plus célèbre de ces demoiselles du Palais-Royal, disent les *Mémoires de Maurepas,* ne put jamais parvenir à lui donner aucune sorte d'intelligence (l'intelligence de la débauche crapuleuse, évidemment!) Mais elle en eut un enfant. »

Le *Journal de Barbier*, avocat au Parlement, ajoute (janvier 1722) : « Le duc de Chartres a dix-neuf ans, et a déjà eu plusieurs galanteries, dont les fruits l'ont rendu très malade. Il a maintenant une maîtresse en forme, la petite Quinault. Ce prince n'est point aimé; il a l'esprit petit et mauvais. »

Voyez-vous ça? — C'est un mot d'ordre parmi les familiers du Régent. Le fils a tort de répugner, malgré tout, à la fange où se vautre le père.

Une autre cause, certainement, a contribué à aigrir jusqu'à la misanthropie cette nature heureusement douée. Somme toute, en dépit de ses travers, la duchesse d'Orléans, sa mère, s'était gardée des vices abominables dont Philippe avait souillé sa maison. Pour prémunir son fils, elle dut, de bonne heure, lui faire de terribles confidences. Le duc de Chartres n'ignora donc ni les empoisonnements ni les incestes. De là une aversion invincible pour son père et pour les infâmes collaborateurs de celui-ci.

Aussi, lorsqu'en mars 1723 le Régent veut obliger le jeune prince à travailler chez Dubois, Louis refuse avec hauteur; menacé d'exil, il répond froidement qu'il est prêt, ajoutant ces mots inquiétants : « — Mais j'aurai quelque chose à faire avant de partir. »

Le Régent, furieux, court se plaindre à la mère. « — Je ne sais, dit-il, à qui en a votre fils. Il a aussi peu d'esprit que M. le Duc, il est aussi brutal que le comte de Charolais (qui tirait à la cible sur les ouvriers) et aussi fou que le prince de Conti. » (*Journal de Barbier.*)

Comment s'étonner, après cela, qu'Orléans ne se sente aucunement le goût de conquérir le trône au profit d'un tel héritier? Désormais, il ne pense plus qu'à s'assurer tranquillement les dernières et faciles délices de la toute-puissance, laissant à Dubois, cardinal-ministre, le fardeau du gouvernement.

Élisabeth-Charlotte, sa mère, qui l'adorait, mais le gênait encore de temps à autre, ne le gênera plus à terminer l'orgie de la régence : Madame est morte le 8 décembre 1722. Philippe n'a pas même pris la peine d'assister au service funèbre, à la basilique de Saint-Denis.

Ainsi le fils de l'apothicaire de Brive-la-Gaillarde, l'immonde entremetteur, l'ignoble bouffon, « voleur à voler dans les poches », exerce la plénitude de l'autorité royale. Sacré par l'Église, il a reçu l'investiture de la fonction suprême par la volonté d'Orléans, premier prince du sang en vertu du droit divin. Pape et Régent crachent cette pourriture sur la France, au nom du Dieu catholique.

« Un Dieu si résigné, dit Michelet, on fut curieux de voir ce qu'on pouvait lui faire impunément... Au fond du faubourg Saint-Antoine, des fous, indignés de la patience du Christ, le font rôtir entre deux maquereaux, châtiment symbolique, entre Dubois et le Régent. »

Et le Peuple chante à gorge déployée ces couplets satiriques :

>Pour avilir l'éclat de la pourpre romaine,
>Et lui faire porter l'opprobre de la croix,
>Le Saint-Père n'a vu de route plus certaine
>Que de l'enchâsser dans du bois.

>Que chacun se réjouisse,
>Admirons Sa Sainteté,
>Qui transforme en écrevisse
>Un vilain crapaud crotté.

Cependant la fin soudaine de Dubois dérangea les calculs d'Orléans. Pour singer en tout le cardinal de

Richelieu, le vieux coquin voulut passer à cheval une revue des troupes, en août 1723.

Cette vanité le tua en faisant crever un abcès qu'il avait dans la vessie. Une opération, devenue nécessaire, l'emporta. Il mourut, grinçant et blasphémant, comme quand il massacrait la messe, mais il esquiva l'hostie dont il n'avait plus que faire. L'affreux drôle laissait une fortune énorme.

Son maître ne lui survécut pas longtemps.

Un soir de décembre de la même année, le Régent s'amusait chez lui avec la duchesse de Falari, une jeune dame fort jolie qu'il voyait depuis peu. Tout à coup, il s'affaisse sur elle, se raidit et meurt.

L'apoplexie l'avait foudroyé aux genoux de son confesseur ordinaire, dirent les mauvaises langues.

Les médecins ayant extrait le cœur de Philippe pour le Val-de-Grâce, un chien danois sauta dessus et le dévora presque entier. (*Journal de Barbier.*)

Ici se termine historiquement la première période de l'orléanisme, ce fléau déchaîné sur la France depuis plus de deux siècles, et dont nous ne sommes point encore totalement désinfectés.

Après avoir couvé sourdement avec le fils et le petit-fils sous le règne de Louis XV, le mal éclate plus virulent que jamais.

Au début de la Révolution, Philippe Égalité ouvre une nouvelle série, plus funeste et plus infâme, s'il est possible, que la précédente.

Louis-Philippe, le roi de Juillet, fera couronner dans sa personne toutes les abjections, toutes les scélératesses des Orléans ses prédécesseurs. Il complète la tradition de la branche cadette, que la famille recueillera religieusement avec les centaines de millions escroqués à la Nation.

CHAPITRE IX

LE FILS DU COCHER LEFRANC

Par la mort du Régent, son fils unique, Louis, devient duc d'Orléans et chef de la branche cadette.

Ces titres seuls suffisaient pour qu'il succédât à Philippe comme premier ministre, bien qu'ayant vingt ans seulement. Dans les lignées de sang royal, la capacité n'attend point l'âge. N'a-t-on pas vu, à notre époque, M. d'Aumale, élevé au grade de général, alors qu'on eût été embarrassé d'en faire un maigre lieutenant, s'il n'eût été prince? Et plus tard, l'Académie française n'a-t-elle pas incrusté dans ses rangs le même personnage, sous prétexte qu'étant fils de roi il est nécessairement lettré, bien que son père n'ait jamais pu apprendre l'orthographe?

Mais le nouveau duc d'Orléans fut supplanté par le duc de Bourbon, héritier des Condé.

L'année suivante, il épousa la princesse allemande, Jeanne de Bade; au bout de dix mois, sa femme lui donne un fils, Philippe-Louis. Elle meurt en 1726, ayant augmenté la famille d'un second enfant, — une fille.

Le prince regretta vivement sa compagne. Pendant les seize années qui suivirent, il vécut dans une sorte d'isolement farouche, refusant de convoler à de secondes noces, plongé dans l'étude de la géographie, de l'histoire naturelle, du grec et même de l'hébreu. Des infâmes attentats dont il avait été victime, il lui restait une sombre et incurable mélancolie, une santé détruite.

Intelligence lucide, cœur honnête malgré tout, il n'eut qu'une infirmité d'esprit : la bigoterie. Pris, sans doute, d'un irrésistible dégoût en voyant les mœurs effroyables de la régence continuées sous Louis XV, il essaya d'échapper à cette atmosphère pestilentielle en se réfugiant dans le monde surnaturel de la fiction religieuse.

Mais, quoique sa mère, la duchesse veuve du Régent, ne le troublât guère, il voulut s'enfermer dans une retraite plus étroite. En 1742, il s'installe à l'abbaye Sainte-Geneviève. Sage s'il en fût, n'eût été sa dévotion, car il consacre toutes ses journées à l'étude et aux œuvres de bienfaisance, au lieu de les dépenser au vol, à la crapule, comme ses prédécesseurs et ses hoirs. Exception miraculeuse dans cette abominable famille.

En dix ans, le solitaire de Sainte-Geneviève forme un admirable cabinet d'histoire naturelle, qu'il léguera à son ami, le naturaliste Guétard. De plus, il s'occupe avec succès de traductions grecques et hébraïques, comme aussi de recherches géographiques.

Une telle existence n'est pas d'un fou, assurément. Néanmoins, les courtisans traitèrent de démence la conduite hautaine de ce duc d'Orléans, qui se permettait de condamner ainsi leurs débauches, leur fainéantise. A la fin, ce fut un mot d'ordre. On paya pour mentir, en répétant l'imbécile accusation. Bientôt j'expliquerai dans quel but on tenta de dérouter l'histoire.

En 1743, à dix-huit ans, le fils du prince, Philippe-Louis d'Orléans, se marie avec Louise-Henriette de Bourbon-Conti, issue d'une bâtarde de Louis XIV; double croisement, cette fois, de la race illégitime du grand roi; elle mâtine les deux branches collatérales de la maison de Bourbon.

Les nouveaux époux s'aiment éperdument. Aux premiers temps, avec fureur, à la cour, à la ville, à la campagne, de jour et de nuit, jusque dans le lit de leurs amis. Mais leur passion, qui semblait inépuisable, s'éteignit soudain, et promptement, dans un immense dégoût l'un de l'autre.

Philippe-Louis, lourd déjà et surchargé de graisse, met certain mystère à ses infidélités. Bouffon, un peu bêta, il se piquait de quelque décence.

Mais Louise-Henriette, sa jeune femme, se livre publiquement à toute la fougue de son tempérament. Elle passe d'abord une revue lubrique de toute la hiérarchie galante, depuis le prince du sang jusqu'au gros bourgeois et au petit abbé.

Elle ouvre ensuite une seconde série, couche successivement avec toute la domesticité du Palais-Royal, et appelle enfin dans son lit le cocher Lefranc.

De cet accouplement cynique naquit Louis-Philippe-Joseph, connu dans l'histoire sous le nom d'*Égalité,* et futur chef de la branche cadette (1747).

Ici, les témoignages abondent. De nombreux Mémoires, dont les auteurs avaient vu et entendu, affirment que Philippe Égalité eut pour père le laquais Lefranc, un mâle robuste, choisi exprès par Louise-Henriette pour faire souche d'Orléans, le mari se refusant à cet office. Tous attestent que la chose était de notoriété publique.

Du reste, Philippe Égalité lui-même confirme le fait par trois fois pendant la Révolution. Un jour notamment, à la tribune des Jacobins et coiffé du bonnet rouge, il se déclara fils du cocher, protestant n'avoir dans les veines d'autre sang noble que celui de sa mère, dont il dévoilait sans vergogne la turpitude.

Autre preuve, et celle-là décisive entre toutes.

Le duc Louis d'Orléans, beau-père de Louise-Henriette, refusa énergiquement de reconnaître le nouveau-né pour son petit-fils. Convaincu que l'enfant était le fruit de l'adultère, il rompit toutes relations avec son fils Philippe-Louis, qui, par faiblesse, avait reculé devant le scandale d'un procès en désaveu de paternité; — il est vrai que le roi n'aurait probablement pas permis d'étaler devant un tribunal ces hontes d'une race de sang royal.

Et lorsque ensuite Louise-Henriette accouche d'une fille, le duc Louis renouvelle contre sa bru l'accusation formelle d'avoir fraudé le contrat conjugal. De là, redoublement d'irritation contre son fils, qui acceptait tout avec une sérénité plus qu'olympienne.

A la vérité, Philippe-Louis procréait à part. Il faisait à Mme de Villemonble une fille et deux garçons. Mais ce gros homme, maintenant d'une fabuleuse corpulence, tenait surtout à jouir en paix de ses plaisirs modestes. Peu importaient les frasques de sa femme, pourvu qu'on le laissât tranquille. Et puis, c'était la règle, dans les trois branches de la famille de Bourbon. L'état civil couvrait tout. Que fallait-il de plus, aux yeux du vulgaire?

En 1749, la duchesse, veuve du Régent, touche à sa fin. Elle appelle à son lit de mort le duc Louis d'Orléans, son fils, et Philippe-Louis, son petit-fils, pour les réconcilier. Le duc Louis n'était pas homme à mentir à sa conscience. Afin de ne pas trop contrister l'agonisante, il eut de vagues paroles qui ne disaient ni oui ni non. Mais Orléans garda inébranlables ses convictions sur l'illégitimité des enfants de Louise-Henriette.

Il le démontra éloquemment lorsqu'il mourut lui-même, trois ans plus tard. Vainement son confesseur, soufflé par la famille, lui refuse le viatique à moins qu'il ne reconnaisse ses petits-enfants. Il résiste malgré sa grande piété. Il avait l'esprit trop droit, trop lucide encore, pour croire que Dieu lui imposait le mensonge.

De sorte que ce prince dévot expira sans sacrements, tant il était sûr que Louis-Philippe-Joseph et sa sœur n'avaient pas une goutte de son sang dans les veines.

Le coup était terrible pour la branche cadette. Le chef de la famille, la première en France après la maison régnante, avait persisté pendant cinq ans à nier que Louis-Philippe-Joseph appartînt à sa race. A l'heure suprême, rien, pas même les menaces de son confesseur, n'avait pu le déterminer au désaveu de ses affirmations précédentes. Ce n'était ni entêtement de vieillard, ni affaiblissement sénile du cerveau; il n'avait que quarante-neuf ans.

Qu'était-ce donc, sinon certitude absolue du fait, résultant d'une enquête approfondie, de témoignages sévèrement contrôlés? Il avait souci de l'honneur de son nom, mais de l'honneur intégral, qui ne se résigne point au masque d'un état civil frauduleux.

Voilà la vérité.

Pour infirmer cette formidable déposition, les intéressés se hâtèrent de créer une légende : celle de la folie ou de l'imbécillité du duc Louis d'Orléans.

Tant que dura la monarchie, c'est-à-dire jusqu'en 1789, il était facile de la répandre, d'étouffer les dires contraires, et même, dans certaine mesure, de supprimer à prix d'or, à l'étranger, les écrits indiscrets. On n'y manqua pas.

Mais quand éclata la Révolution, il existait encore nombre de contemporains de l'événement. Ils parlèrent, consignant dans les *Mémoires* et dans les livres ce qu'ils avaient vu et entendu.

Bien plus, l'homme dont on contestait l'origine première, Louis-Philippe-Joseph Égalité, lui-même, déclare que son aïeul prétendu, le duc Louis d'Orléans, était en droit de le répudier comme son descendant. Il avoue hautement pour père le cocher Lefranc, un des amants de sa mère.

Inutile, je crois, d'insister davantage.

Après avoir introduit dans la branche cadette une nouvelle génération d'aventure, Louise-Henriette, blasée sur le personnel du Palais-Royal, descend aux jardins pour y raccrocher des amants anonymes.

Selon le comte de Melfort, à portée d'être bien renseigné, cette bacchante princière en vint à faire pâlir Messaline. On put dire d'elle, comme de la prostituée impériale romaine : *Lassata viris, necdum satiata recessit* (Lassée des hommes... jamais assouvie); elle regretta même un jour de ne pouvoir descendre au-dessous de l'humanité, pire en cela que la Messaline antique. Je n'ose citer le propos recueilli de la propre bouche de la duchesse par le grand seigneur anglais, un intime du Palais-Royal.

Cette femme aux passions monstrueuses mourut en 1759. Son mari, Philippe-Louis, ne s'en émut guère, naturellement. Duc d'Orléans depuis la mort du solitaire de Sainte-Geneviève, il filait paisiblement sa vie avec une maîtresse posée, mangeait de gros appétit, se tenant en joyeuse humeur, bouffonnant à son château de Bagnolet où il avait monté un théâtre et jouait lui-même sur la scène. Il réussissait surtout le rôle du meunier Michau.

Son père, le duc Louis, avait essayé pourtant d'en faire un homme, non un ridicule comédien. Ce misanthrope l'avait aimé au point de gagner la petite vérole à le soigner. Puis il lui avait fait entreprendre des voyages instructifs pour l'arracher aux corruptions de la cour.

Malheureusement l'étoffe manquait. Le prince fut un inutile, dévorant le revenu d'une immense fortune, n'étant propre à autre chose.

Louise-Henriette lui ayant fait un héritier avec le cocher Lefranc, il continua de dormir philosophiquement sur les deux oreilles, ne s'occupant ni de la Messaline ni de l'enfant. A celui-ci, baptisé Orléans par la fiction légale, il estima ne devoir qu'une chose : lui transmettre ses biens en mourant, avec son titre, mais le plus tard possible, bien entendu.

Louis-Philippe-Joseph, titré provisoirement duc de Chartres, comme ses prédécesseurs, fut élevé à la diable, n'ayant du reste aucun goût à s'instruire.

Bientôt, en grandissant, il s'acoquine à quelques débauchés, employés près de sa personne. Nature précoce, de la théorie que lui enseignaient ses corrupteurs, il passe vite à la pratique. A seize ans, il a pour maîtresse la Deschamps, puis la Duthé, et autres courtisanes en renom.

Ce noviciat terminé, il se lance à pleine volée, fréquente toutes les maisons de prostitution établies autour du Palais-Royal au temps de la régence, et achève ainsi son éducation.

A vingt ans, le jeune duc de Chartres était un beau cavalier. Si son teint déjà rouge et couperosé accuse l'âcreté impure du sang de la duchesse sa mère, sa taille élevée, les robustes proportions de son corps, la vive expression de sa physionomie révèlent le sang plus riche du cocher Lefranc, son père.

Il excelle dans tous les exercices gymnastiques, aime la chasse, les courses, les jeux violents. Habile écuyer, il singe les Anglais, copie leurs habits, leurs ridicules, se grise avec eux. Il remplit ses écuries de chevaux anglais, provoque les jeunes seigneurs à des paris insensés.

Néanmoins, ce prince de contrebande sait admirablement calculer. Le duc de Bourbon-Penthièvre, issu du comte de Toulouse, un bâtard de Louis XIV et frère de sa bisaïeule, la femme du Régent, possède une colossale fortune. Il a un fils, le prince de Lamballe; une fille très belle, Louise-Marie-Adélaïde.

Le duc de Chartres songe à une alliance matrimoniale avec cette maison puissante, riche pour le moins autant que la sienne. Il a une idée infernale : supprimer le frère, afin que la sœur soit seule à recueillir l'héritage. Moyen d'action : l'empoisonnement par la débauche. Ce sera plus neuf que la chimie de famille.

Ce plan arrêté, Louis-Philippe-Joseph s'empare du jeune prince de Lamballe, qui venait d'épouser une princesse de Savoie-Carignan. Il entraîne ce novice, sous prétexte de le mettre à la mode. En six mois, il lui fait connaître toutes les impures de Paris. Le malheureux déserte à peu près le foyer conjugal. S'il y reparaît un jour, c'est pour infecter la pauvre princesse du virus qui déjà le ravage et le jettera bientôt à la tombe, pourri littéralement jusqu'aux os.

D'autre part, le duc de Chartres courtise assidument Mlle de Penthièvre, qui s'éprend avec ardeur du beau prétendant, déclare qu'elle n'épousera jamais un autre que lui. Devant cette passion irrésistible, le père, faible pour celle qui est désormais son unique enfant, cède à regret. Le mariage se fait.

Louis-Philippe-Joseph n'en continue pas moins les fins soupers, les orgies nocturnes. Quatre ans s'écoulent. Sa face rouge commence à se piquer de ces bourgeons saignants, stigmate du vice, qui s'élargiront encore par la suite. Une fille, morte peu après sa naissance, tel est le seul fruit de cette union.

Malgré tout, la jeune duchesse est encore folle de son mari. Elle le craint aussi sans doute, car il est despote, très violent, et elle sait que le duc d'Orléans, le père putatif, a peur de ce fils de raccroc, le jugeant capable de tous les attentats.

Mais le duc de Penthièvre s'émeut de voir sa fille et son gendre sans héritier. Veuf, n'ayant pas cinquante ans, il parle de se remarier, afin que ses biens, de par la loi féodale, n'aillent point à des collatéraux.

Le duc de Chartres s'alarme. Sa femme est enceinte de nouveau. Toutefois, redoutant quelque mécompte et voulant à tout prix un enfant mâle, robuste, apte à perpétuer la lignée, à hériter surtout, il emmène Marie-Louise-Adélaïde en Italie. La duchesse, esclave de toutes ses volontés, se fera complice, le cas échéant, de la machination ourdie par lui.

Le couple princier s'arrête à Modigliana, en Toscane, sous les noms de comte et comtesse de Joinville. La comtesse accouche. C'est encore une fille, très frêle et qui peut-être ne vivra pas.

Mais Louis-Philippe-Joseph a pris ses mesures. La femme de Lorenzo Chiappini, geôlier de la prison prétoriale de Modigliana, est accouchée d'un garçon vigoureux.

En semant l'or à pleines mains, le duc achète la substitution. Sa fille est remise aux époux Chiappini, qui la font enregistrer comme leur sous les noms de Maria-Stella-Petronilla.

En échange, le duc et la duchesse de Chartres emportent en France le fils du geôlier, qui sera Louis-Philippe d'Orléans, le roi de Juillet. — Je résume, avant de les discuter brièvement, les Mémoires écrits à ce sujet.

La partie avait été jouée magistralement, le secret religieusement gardé de part et d'autre. Sous la Restauration seulement, la fille substituée, devenue d'abord comtesse de Newborough, puis baronne de Sternberg, fut informée : des révélations faites au lit de mort par son prétendu père, le geôlier Lorenzo Chiappini, dévoilèrent la substitution.

Aussitôt, elle accourt en Italie, recueille les indices, les témoignages. Les langues se délient. Après une longue et minutieuse enquête, il reste prouvé irréfutablement que Lorenzo Chiappini mourant n'a pas menti; d'ailleurs, à cette heure suprême où l'on dit généralement la vérité, il n'avait aucun motif d'intérêt ou autre de tromper en matière si grave; il déchargeait sa conscience, voilà tout, car il recommandait instamment, dans une lettre à la baronne de Sternberg, de ne donner aucune suite à cette confidence. Vu le temps écoulé, toute tentative de la part de la victime pour faire reconnaître sa filiation réelle ne saurait aboutir à un résultat utile quelconque. Telle était du moins l'opinion de Chiappini.

Il est donc absolument certain que Lorenzo Chiappini ne céda qu'à un remords tardif, à la dernière heure de sa vie; sa famille avait à perdre, non à gagner, à ses aveux. Par son premier mariage avec lord Newborough, Maria-Stella avait acquis une situation opulente. Quelques pertes subies par le fait de son second mariage avec le baron russe de Sternberg, lui laissaient encore la jouissance d'une fortune considérable. En diverses circonstances, elle avait aidé généreusement de sa bourse et de son crédit les fils du geôlier.

Celui-ci, en livrant le mystère de la substitution, avait donc à craindre plutôt le ressentiment et la haine de la baronne.

Ajoutons qu'il s'était trouvé tout à coup dans une grande aisance, après le passage à Modigliana du comte et de la comtesse de Joinville, sans qu'on pût assigner dans le pays la cause de ce changement soudain.

Grâce à cela, Lorenzo Chiappini et sa femme Vincenza Diligenti avaient fait donner une éducation brillante, non seulement à Maria-Stella, mais encore à leurs propres enfants.

Enfin lady Newborough, baronne de Sternberg, possède de nombreux documents, très précis et revêtus d'imposants témoignages. Le comte Carlo Bandini, bien d'autres personnages d'irréprochable probité, ne doutent pas que Maria-Stella ne soit la fille des deux étrangers venus à Modigliana, en 1773, sous les noms de comte et de comtesse de Joinville.

Le mari et la femme étaient Français, on le sait; des renseignements certains permettent d'établir, en outre, qu'ils voyageaient sous un nom d'emprunt. Le comte, un instant suspecté, à raison sans doute de ses allures mystérieuses, avait été emprisonné dans la forteresse de Brisighella. Mais on l'avait relâché sur l'intervention du duc de Modène.

Restait à connaître le vrai nom du comte et de la comtesse de Joinville.

Maria-Stella part pour la France. Bientôt elle apprend que Joinville est un apanage de la famille d'Orléans, et que Philippe Égalité, étant duc de Chartres, voyageait ordinairement sous le nom de comte de Joinville.

Naturellement, la baronne conclut que le comte et la comtesse de Joinville, venus en 1773 à Modigliana, n'étaient autres que le duc de Chartres et sa femme. Elle s'assure que nul autre gentilhomme français, à cette époque, n'a pris ce titre dans ses excursions à l'étranger.

D'autre part, l'intervention du duc de Modène en faveur du prisonnier de Brisighella confirme l'hypothèse, achève de faire la lumière, ce prince étant le très proche parent de Louise-Marie-Adélaïde.

Le fils du geôlier Chiappini, l'enfant qu'on lui a substitué, ne peut donc être que Louis-Philippe, l'héritier d'Égalité, et aujourd'hui duc d'Orléans.

Maria-Stella se procure les portraits de Louis-Philippe et de sa sœur, Mlle Adélaïde.

Le duc d'Orléans lui apparaît avec cette figure en forme de poire dont les caricaturistes s'amusèrent si fort, sous la royauté-citoyenne; le front haut, surmonté d'un énorme toupet postiche, les joues développées, les lèvres minces du fesse-mathieu, le nez busqué à l'italienne, l'œil trouble, un peu hagard; l'air rusé, goguenard, du charlatan.

On dit à la baronne que le personnage est grand, la taille bien prise, le teint brun, mais de tournure vulgaire.

C'était la ressemblance frappante du geôlier Lorenzo Chiappini!

Quant à Mlle Adélaïde, ses traits n'ont rien, absolument rien, de Louis-Philippe. En revanche, sa physionomie rappelle vivement celle de Maria-Stella.

La baronne n'hésite plus. Elle demande audience au duc d'Orléans.

Informé du but de sa présence à Paris, Louis-Philippe ne répond pas. Cependant il lui envoie quelqu'un, le vieil abbé de Saint-Phar, frère naturel d'Égalité.

Dans une longue conférence, Maria-Stella explique au prêtre la nature des documents dont elle est munie, réfutant les objections et se déclarant résolue à poursuivre sa revendication par tous les moyens possibles.

L'abbé de Saint-Phar se retire. Le duc d'Orléans, très occupé, appelle Dupin, déjà le plus retors des jurisconsultes. Ils rédigent ensemble un projet de Mémoire, et discutent les moyens de fermer la bouche à la baronne, d'étouffer le scandale.

La chose était délicate. Le fils aîné du premier mariage de Maria-Stella, lord Newborough, est pair d'Angleterre ; son second mari, le baron de Sternberg, occupe un rang distingué à la cour de Saint-Pétersbourg. Elle a donc le droit de compter sur la puissante protection des ambassadeurs de deux nations.

Par malheur, Maria-Stella s'était adressée à quelques hommes d'affaires malhonnêtes... Ils lui dérobèrent des pièces très importantes. De son côté,

Louis-Philippe lui suscita mille vexations. Et puis, on lui fit observer que c'était bien tard. Comment réagir contre une possession d'état, longue de cinquante ans? Comment surtout s'attaquer avec chance de succès à un personnage tel que Louis-Philippe, à cette époque premier prince du sang et jouissant d'une immense fortune?

Cependant la baronne ne se rebuta pas à l'entreprise. Elle retourna en Italie, recueillir de nouvelles preuves.

Après un supplément d'enquête, le tribunal ecclésiastique de Faenza, auquel ressortissait Modigliana, rend en avril 1824 une sentence solennelle qui constate la substitution. Confirmation de l'arrêt en juin de la même année, avec ordre de rectifier l'acte de naissance de Maria-Stella-Petronilla aux registres de la paroisse de Modigliana.

Ce qui fut fait. En vertu de cet acte judiciaire, on inscrivit Maria-Stella-Petronilla comme étant née, en 1773, du comte et de la comtesse de Joinville, de nationalité française.

Lady Newborough de Sternberg ne revint à Paris qu'en 1829, décidée à pousser l'affaire jusqu'au bout. On n'achètera pas son silence à prix d'or, car elle est riche. Quoique Philippe Égalité soit mille fois plus infâme que le geôlier Chiappini, qui a vendu sa fille, elle réclame cette paternité, convaincue que tel est son devoir autant que son droit.

Louis-Philippe, très alarmé, songe à faire intervenir le roi Charles X et la Chambre des pairs, dont il est membre, au nom de ce qu'il appelle son honneur.

Dupin l'engage à la prudence. Le duc d'Orléans peut être tranquille : les juges n'instruiront pas ; on y mettra bon ordre, si Maria-Stella s'obstine à engager l'affaire. Agir d'autorité, serait avouer qu'on redoute la revendication.

La baronne persiste. Tout en faisant imprimer un Mémoire, elle saisit la justice ; par requête, elle demande qu'il plaise au tribunal de rendre exécutoire en France la sentence de Faenza. Le comte Carlo Bandini et autres témoins des plus respectables interviennent au procès.

Le tribunal rejette la requête en déclarant que l'arrêt d'une cour étrangère n'a aucune valeur en France. Pour achever d'éteindre cette affaire scabreuse, le roi met la police à la disposition de Louis-Philippe.

Maria-Stella reste à Paris, où elle a fait distribuer son Mémoire à grand nombre d'exemplaires. Conseillé par Dupin, le duc d'Orléans fait semblant de hausser les épaules. Ne pouvant traiter la baronne d'aventurière et d'intrigante, il commence à faire répandre qu'elle a le cerveau fêlé.

L'attention publique, un instant éveillée, ne tarde pas à s'endormir. Voyant que le duc ne daigne même publier une réfutation, elle estime qu'il n'attache aucune importance aux allégations de la demanderesse. En tout cas, à pareille distance de l'événement, la chose paraît pleine d'obscurités impossibles à débrouiller, après tant d'années.

Néanmoins, dès que l'héritier d'Égalité a escamoté le trône en août 1830, il s'empresse d'ordonner l'expulsion de la baronne. Mais il se heurte aux ambassades, qui prennent sous leur protection Maria-Stella. A plat ventre devant l'Angleterre, tremblant devant le tzar Nicolas, Louis-Philippe recule. Il se contente de supprimer le Mémoire de la baronne et de la faire surveiller par la police.

Enfin, ses émissaires répètent partout que Maria-Stella est une pauvre folle, à laquelle il ne prête aucune attention; la preuve, c'est qu'il la laisse tranquillement à Paris, débiter ses rêveries insensées.

C'était la meilleure tactique. Aussi, en voyant l'indifférence apparente de ce roi dont on niait l'origine princière, l'idée prévalut, en dehors du petit cercle d'amis qui connaissaient la ferme intelligence de la baronne, que cette femme était timbrée, décidément.

Dès lors, on ne s'occupa plus de Maria-Stella, qui mourut à Paris en 1844, regardant Louis-Philippe comme un scélérat et ne craignant pas de le dire tout haut.

Toutefois, en Italie, au pays où s'était accomplie la substitution, tous ceux qui avaient étudié sérieusement les pièces demeurèrent convaincus de la légitimité des revendications de la baronne de Sternberg.

En France, de graves écrivains, et, de plus, ardents royalistes, ont été si frappés du fait qu'ils n'ont pu s'empêcher de le noter. Le risque de ternir la mémoire de la femme d'Égalité, « la vertueuse fille du duc de Penthièvre, » ne les a point arrêtés. Pourtant, la substitution avérée, Louise-Marie-Adélaïde eût été complice du crime.

A propos d'un secret gardé dans la maison de Condé, un de ces auteurs dit : « *Ce secret ne se rapporterait-il pas plutôt à la naissance de Louis-Philippe, dont la légitimité est au moins douteuse aux yeux des hommes les plus considérables de l'Italie?* » (Alexandre de Lassalle : *Histoire et politique de la famille d'Orléans.*)

Un autre écrivain royaliste, après avoir énuméré les bienfaits dont la branche aînée avait comblé l'héritier d'Égalité, estime comme le plus grand de tous l'intervention de Charles X en faveur de Louis-Philippe, contre la baronne de Sternberg.

« Qu'ajouterons-nous de plus? écrit-il. Est-il besoin de rappeler l'empressement avec lequel le roi fit arrêter les Mémoires de Maria-Stella, dirigés contre la « *légitimité de la filiation du duc d'Orléans?* » (A. Nettement : *Vie de Louis-Philippe.*)

Évidemment, l'auteur cité, dont l'autorité était considérable dans le parti légitimiste, tenait pour très graves le jugement de Faenza et les documents produits par la baronne.

Un dernier fait, — non le moins étrange, — relativement à cette affaire. Ce fut à douze ans seulement qu'on baptisa Louis-Philippe, et qu'on l'inscrivit par conséquent aux registres servant alors d'état civil.

C'était en 1785, au lendemain de la mort de son aïeul Philippe-Louis.

Ce retard extraordinaire me semble bien difficile à expliquer, à moins d'admettre l'une ou l'autre des deux hypothèses suivantes :

Ou Philippe-Louis, père putatif d'Égalité, devenu plus pointilleux qu'il ne l'avait été lorsque sa femme avait versé dans la famille le fruit de ses amours avec le cocher Lefranc, s'était refusé à reconnaitre la légitimité de Louis-Philippe ;

Ou bien Égalité, ayant eu depuis le coup de Modigliana deux fils authentiques, avait espéré, jusque-là, qu'un accident heureux le délivrerait de l'intrus.

Mais, soit que les circonstances ne se fussent point prêtées à l'élimination, soit que les deux enfants mâles, morts jeunes de consomption, parussent déjà promis à une fin prématurée, il se serait résigné à fixer la situation de l'aîné de contrebande.

Dans les deux cas, c'est la confirmation éclatante du bien fondé de la revendication de Maria-Stella.

Quoi qu'il en soit, on verra bientôt que les relations entre Marie-Louise-Adélaïde et Louis-Philippe n'auraient pu être pires, si la princesse avait eu affaire à un fils de raccroc.

Je n'insiste pas sur cette curieuse histoire de Modigliana, qui offre quelques difficultés de détail, dont la solution était donnée certainement par les pièces dérobées à Maria-Stella.

J'ai exposé l'affaire. Au lecteur de prononcer.

Mais que les Orléans actuels descendent du geôlier Chiappini, du cocher Lefranc, de l'amant inconnu d'une grossière Allemande ou du cardinal Mazarin; que la fraude soit unique ou multiple dans le jeu de leurs générations, qu'importe? Il suffit qu'un anneau de la chaîne généalogique soit rompu, — et il y en a plus d'un, sans nul doute, — pour qu'ils ne puissent prétendre au nom royal de Bourbon.

Et fussent-ils Bourbons aussi sûrement qu'ils sont princes de bric-à-brac, cela n'empêcherait que leurs ancêtres ne forment une jolie collection de coquins et de scélérats, mâles et femelles. Corrompus et corrupteurs, gens de sac et de corde, se relayant pour exploiter, piller, assassiner la France, voilà leur histoire.

Revenons à Louis-Philippe-Joseph, un des coqs de la famille.

Le duc d'Orléans, son père putatif, l'avait imité en contractant mariage aussi, — mais avec la Montesson, sa maîtresse. Affaire de cœur. Ce bouffon, bourré de graisse, avait cru trouver son idéal dans cette fine mouche. Ayant toutes les gourmandises, même celle de la poésie, il voulait respirer tranquillement le parfum de cette fleur en la plantant dans son ménage; il craignait, dit-on, que le duc de Chartres ne la lui volât. Il en était bien capable.

Celui-ci, sans interrompre ses plaisirs habituels, déploie une activité conjugale extraordinaire. Coup sur coup, il fait à sa femme deux fils, l'un titré duc de Montpensier, l'autre duc de Beaujolais, enfants chétifs et malingres qui ne font regretter ni au père ni à la mère leur expédition d'Italie. La jeune famille bat son plein en 1777 par la naissance d'une fille, Adélaïde d'Orléans, qui vieillira dans la *virginité princière*, pour s'associer aux brigandages du roi Louis-Philippe.

Louis XVI a succédé à Louis XV. Le gouvernement français s'allie aux Américains insurgés contre l'Angleterre. Le duc de Chartres aspire à s'illustrer sur mer et monte à bord d'un navire de la flotte. Au sortir du port de Brest, nos vaisseaux se heurtent à ceux de l'amiral Keppel. On donne le signal du combat, à la hauteur de l'île d'Ouessant.

Selon les uns, Louis-Philippe-Joseph n'aurait pas manqué de bravoure. Selon les autres, il se serait blotti tout bonnement à fond de cale, pendant l'action. Pour concilier les deux versions, mettons que, n'étant pas sûr de maîtriser son courage, il s'est dérobé, crainte de nuire à ses bons amis les Anglais.

D'ailleurs, un document très grave et d'irrécusable authenticité nous renseignera plus loin sur le degré exact de l'intrépidité du prince.

Qu'il ait vu le feu ou non, il rentre précipitamment à Paris. A Versailles, les dames de la cour le sifflent, répétant qu'il s'entend mieux en *signalements* qu'en *signaux*.

Contesté sur mer, le prince tente de prendre sa revanche dans les premiers essais de navigation aérienne. Il monte à Saint-Cloud un aérostat. Le léger navire s'élève rapidement, mais descend plus vite encore, et dépose l'illustre voyageur dans un bourbier. Saisi par le froid là-haut, Louis-Philippe-Joseph avait refusé de continuer l'expérience; et l'aéronaute tardant à faire jouer la soupape, il avait crevé le ballon. Histoire de se divertir. Nouveaux sifflets naturellement, car le public, d'ordinaire, entend mal certaines explications. Alors comme aujourd'hui, personne n'ignorait qu'un prince peut avoir peur tout comme un autre.

Dégoûté de ces aventures pour lesquelles il n'est point taillé, le duc de Chartres revient aux prouesses qui lui sont familières.

La nuit, à sa villa de Monceau, il réalise ce tour de force : faire plus grand que le Régent.

Là, on amène, les yeux bandés, l'écume des gourgandines de Paris, par troupeau de cent cinquante quelquefois. Au seuil de ce temple de la crapule, un étrange maître de cérémonies exige que ces filles se réduisent au costume d'Ève avant le péché. La toilette terminée, ou défaite si l'on veut, il les introduit dans la salle à manger, où, sous les yeux du maître et de ses amis, elles s'assoient à un repas splendide.

Lorsque les mets épicés, les vins capiteux, les liqueurs fortes ont mis en fougue les nouvelles bacchantes, le prince ordonne qu'elles soient livrées à ses laquais.

Souvent ses compagnons et lui deviennent acteurs dans cette sale mêlée de valetaille et de gueuses de lupanar, au dire de Voyer, ami intime de Louis-Philippe-Joseph.

« Un jour, raconte-t-il dans un écrit, je me trouvais à une de ces parties infâmes. Nous étions tous entièrement nus comme notre chef, et nous n'en fîmes pas moins d'honneur au repas. Lorsqu'il fut terminé, le prince donna le signal pour que chacun prît ses plaisirs à sa guise. Tabourets, fauteuils, bergères, tout fut occupé...

« Et Monseigneur se promenait de long en large, gémissant ironiquement sur les faiblesses de la pauvre humanité. »

A ces fêtes, le duc de Chartres invitait indistinctement hommes et femmes, pêle-mêle avec les plus expérimentées des courtisanes. Et il arriva souvent, disent les Mémoires, que les plus renommées se trouvèrent novices, étrangères même aux immondes pratiques de ces réunions.

Ces exercices ne suffisant pas à la lubricité du prince, il fit placer dans un appartement secret du Palais-Royal des figures nues, reproduisant mécaniquement toutes les obscénités de l'Arétin.

Parfois, le duc de Chartres étale publiquement ses turpitudes. Un soir, il parie de se rendre à cheval, tout nu, des écuries d'Orléans au Palais-Royal. Il gagne le pari.

Enfin, selon plusieurs auteurs, Philippe-Joseph se rua une nuit sur une femme qui agonisait, pour connaître quelle quantité de volupté recélait la débauche aux frontières de la mort.

En 1785, la mort de Philippe-Louis, son père, le fait duc d'Orléans et premier prince du sang. La Révolution approche. Le chef de la branche cadette va donner toute sa mesure.

En attendant, il soigne à sa façon l'éducation de ses enfants. L'aîné, Louis-Philippe, importé d'Italie et maintenant duc de Chartres, annonce déjà la fourberie qui le distinguera plus tard. Les autres, la fille exceptée, ne promettent que de pâles avortons.

Toujours original, le nouveau duc d'Orléans confie sa progéniture à Stéphanie Ducrest, nièce de la Montesson, sa belle-mère de la main gauche.

C'est une vieille maîtresse, frisant aujourd'hui la quarantaine, mais assez belle encore et capable de le distraire à ses moments perdus.

Elle lui a donné une fille, Paméla, qui commence à s'instruire à Londres.

La dame s'est rangée depuis, en épousant le comte de Genlis que Philippe-Joseph a fait son capitaine des gardes, pour ne point gêner ce charmant ménage.

La comtesse de Genlis, bas-bleu de première volée, s'est peinte au vif dans le trait suivant. Un jour, à Anet, devant le monument de Diane de Poitiers, maîtresse successive de François Ier et d'Henri II, elle dit à ses élèves en fixant le duc de Chartres, joli garçon déjà :

« — Qu'elle fut heureuse d'avoir été la maîtresse du père et du fils ! »

Pour monter la famille au ton patriarcal, l'éminente institutrice rappelle de Londres la jeune Paméla; — une séduisante fillette, qui fera bientôt honneur à papa et à maman, en grandissant sous leurs ailes au Palais-Royal.

Les jeunes Orléans, pêle-mêle avec Paméla, étaient donc en bonnes mains. La Genlis, leur *gouverneur*, comme on l'appelait ironiquement, saura les initier à la science plénière de la vie. Aux princes elle apprendra le métier de leurs ancêtres; à la princesse, les joies de la virginité dans le grand monde; à Paméla à jouer de la prunelle pour pêcher quelque jour un mari dans la haute aristocratie anglaise.

Il est certain que la Genlis, amante authentique d'Égalité, corrompit ses élèves, initia Louis-Philippe au libertinage.

Un auteur va plus loin, affirmant l'inceste entre le futur roi des Français et sa sœur. Il invoque pour preuve des documents décisifs, interrogés aux Archives nationales.

Morte seulement en 1830, la dame jouira longuement de son œuvre; elle verra notamment quel profit Louis-Philippe et Adélaïde, couple auguste, auront tiré de ses doctes leçons. Seulement à son grand regret, elle n'aura plus à se plaindre que le premier ne cesse de l'obséder en se fourrant sous ses jupes.

Les débauches du duc d'Orléans engloutissant des sommes prodigieuses, malgré son énorme revenu,

— environ seize millions d'aujourd'hui, Philippe-Joseph se trouva gêné.

Pour se remettre à flot, il recourt à une spéculation ingénieuse; sur le terrain situé entre le bâtiment principal du Palais-Royal et les galeries de pierre encore inachevées, il fait construire deux galeries en bois avec de nombreuses boutiques. Bientôt il y eut là une foire permanente qui rapporta de gros bénéfices au propriétaire. Le prince du sang s'était révélé industriel de premier ordre. Le cocher Lefranc n'eût pas mieux réussi dans le maquignonnage et les avoines.

CHAPITRE X

VOLEUR ET ASSASSIN

Le duc d'Orléans en est là au commencement de l'année 1787. Il entre alors en relations intimes avec le chevalier Chauderlos de Laclos, officier d'artillerie très distingué.

Louis Blanc trace ainsi le portrait du personnage : « Esprit actif et enflammé sous les dehors du calme, fatal génie qui, par le roman des « *Liaisons dangereuses*, le plus profond des livres impurs, avait fait violence à la renommée et s'était assuré une place entre l'étonnement et le mépris, entre l'admiration et l'horreur. »

Mais Laclos n'est point au Palais-Royal pour servir de vulgaires débauches princières. Doué d'une rare sagacité, il entrevoit une bien autre destinée à travers les premières lueurs de la Révolution. Déjà la crise apparaît imminente. Perdue dans un abîme de dettes, dans un désordre toujours croissant, la monarchie appelle les notables, qui ne peuvent remédier à rien. L'opinion publique réclame impérieusement la convocation des États-Généraux.

Devinant quel terrible bouleversement se prépare, Laclos conçoit l'idée de pousser au trône Philippe-Joseph, qui l'a fait son secrétaire des commandements. Toutefois, s'il rêve l'élévation d'Orléans, c'est uniquement pour partager le pouvoir avec lui, ou plutôt pour gouverner sous son nom, car il méprise profondément ce prince de raccroc. Il compte simplement jouer de ses vices, de sa scélératesse, pour atteindre le but.

Ici, je n'ai point à invoquer le témoignage de tel ou tel écrivain. J'ai sous les yeux le plan machiavélique de Laclos, consigné dans une lettre écrite par lui-même en juin 1790 au duc d'Orléans, son patron, alors à Londres comme ambassadeur.

Le manuscrit original est aux *Archives Nationales*, où chacun peut vérifier. Donc, point de doute sur la rigoureuse authenticité de cette pièce, dont on verra bientôt l'immense portée.

Pareillement, impossible de nier que tout ne soit *vrai*, dans la lettre de Laclos, *absolument vrai*, depuis la première ligne jusqu'à la dernière, en ce qui concerne Philippe Égalité. A la suite d'une rupture survenue récemment entre les deux amis, Laclos répondait à une lettre de reproches, à lui adressée d'Angleterre par le duc d'Orléans.

Le document est terrible, écrasant. Il éclaire d'une lumière complète le rôle joué par Philippe Égalité durant la période révolutionnaire. Il le montre infâme et scélérat plus encore qu'on n'oserait l'imaginer.

Là où les plus éminents historiens de la Révolution, Louis Blanc et Michelet, par exemple, ont hésité, douté, et même nié, faute de preuves suffisantes pour dénoncer le crime, la redoutable lettre précise, affirme avec une invincible autorité.

Comment, demandera-t-on, une pièce semblable a-t-elle pu échapper si longtemps aux investigations des historiographes?

La réponse est facile. Fouiller dans les innombrables manuscrits formant notre collection nationale des Archives est une œuvre des plus laborieuses. Bien peu, même parmi les savants, sont aptes à cette opération ardue. Et encore faut-il compter sur le hasard.

C'est ainsi que la lettre de Laclos a été déterrée, de notre temps. Généralement, ces découvertes-là font peu de bruit. Quelques écrivains pourtant l'ont mentionnée, entre autres l'auteur de l'ouvrage intitulé : *Histoire et politique de la famille d'Orléans;* — un livre fort rare, qu'on ne trouve plus, je crois, en librairie, et pour cause.

Avant cette importante découverte, royalistes et cléricaux flétrissaient à l'envi les glorieuses journées de la Révolution, imputant à la férocité du Peuple les odieux excès qui les avaient accompagnées. Et les esprits impartiaux étaient réduits à plaider les circonstances atténuantes.

Aujourd'hui, la lettre de Laclos fait justice de ces accusations. Elle décharge le Peuple, le vrai Peuple, celui qui travaille, qui sait combattre et mourir pour la liberté, mais n'assassine pas. Les crimes qui ont traversé ces luttes immortelles, la lettre de Laclos déclare formellement qu'ils sont l'œuvre du duc d'Orléans et de sa faction.

Cet aveu formidable est tellement décisif, qu'un auteur royaliste, mais de grande sincérité, n'a pu s'empêcher de dire que la Révolution « est bien plus innocente qu'on ne pense de tous les crimes dont on l'a chargée. »

Je crois même pouvoir ajouter que telle était la conviction du comte de Chambord, dernier représentant de la branche aînée; bon nombre de ses amis pensaient comme lui.

Une dernière explication avant d'aborder le récit des faits qui conduisirent le chef de la branche cadette, non au trône, mais à l'échafaud.

Non content d'avoir introduit dans sa maison, comme gouvernante de ses enfants, la comtesse de Genlis, qui ne lui refusait rien à lui-même, le duc d'Orléans avait installé une seconde maîtresse au Palais-Royal : la dame Agnès de Buffon, veuve d'un fils de l'illustre naturaliste.

Toute mignonne et charmante, elle avait ensorcelé Philippe-Joseph. Elle exerçait sur lui une influence considérable. Avec l'impudeur et l'effronterie qui le caractérisaient, le prince trouvait tout naturel de faire vivre sa femme avec ces deux poulettes de sa basse-cour.

A la vérité, on ne dit pas que la duchesse, si vertueuse que la dépeignent certains clichés, se soit effarouchée de ces sales promiscuités ; sans doute, un peu plus tard, il y aura brouille dans le ménage, mais non parce que sa complaisance stupéfiante était épuisée ; il y avait un autre motif, qui sera noté en son lieu.

Maintenant, voyons comment se déroule le plan de Laclos, pour transférer au duc d'Orléans la couronne de Louis XVI.

Le trésor de l'État est à sec. Le 19 novembre 1787, le roi annonce brusquement une séance royale au Parlement, où les princes du sang, les pairs, la plupart des ministres siégeront avec les magistrats, car ils ont voix délibérative.

Louis XVI ordonne l'enregistrement d'un édit par lequel il crée de nouveaux et lourds impôts.

Résistance de l'Assemblée, dont la majorité réclame la prompte convocation des États-Généraux.

Le monarque passe outre, et intime au greffier d'écrire. Tout à coup, le duc d'Orléans se lève, il proteste contre l'illégalité de la séance, demandant qu'il soit ajouté à la mention de l'enregistrement : « Fait du très exprès commandement de Sa Majesté. »

Louis XVI, un instant troublé, persiste. A la sortie du Palais, le Peuple escorte Philippe-Joseph en triomphe jusqu'à son carrosse, avec des applaudissements enthousiastes. Le roi exile le prince au Raincy.

La lettre de Laclos nous donne l'explication de ce premier acte d'audace politique, de la part du duc d'Orléans. Cette pièce est datée du 17 juin 1790.

L'original est renfermé dans un portefeuille aux Archives nationales, sous le n° 613, avec cette suscription :

RAPPORTS, OPINIONS ET ÉCRITS DIVERS
PUBLIÉS DEPUIS 1789

(BOURBONS-ORLÉANS)

La lettre, je l'ai dit, répond à une lettre de reproches adressée de Londres à Laclos par Philippe-Joseph. Je la découperai par tranches, mais sans intervertir ni un paragraphe, ni une ligne. Méthode indispensable pour donner aux événements, dont le récit détaillé l'encadrera, leur sens exact et les mettre en pleine clarté.

Voici le début :

« Monseigneur,

« Sous quelle malheureuse étoile suis-je donc né, pour qu'on ait pu me calomnier dans votre esprit et vous persuader que si tous vos projets n'ont pas réussi, je suis seul coupable de leur mauvais succès?

« En vérité, Monseigneur, et j'en jure par tout ce qu'il y a de plus sacré, je n'aurais pu être plus fidèle à mon légitime souverain que je ne l'ai été à votre égard. Le simple récit des faits vous convaincra de cette vérité et me justifiera sûrement à vos yeux. J'espère ne plus entendre de votre bouche ces reproches accablants qui ne manqueraient pas, j'en conviens, de me détacher d'un parti qui ne récompenserait mes peines que par des injures.

« Daignez, Monseigneur, vous reporter à l'époque où, pour la première fois, vous m'honorâtes de votre confiance intime. Rappelez-vous, je vous en conjure, vos propres paroles :

« — Je suis, me disiez-vous, *taré absolument dans le public et à la cour. Mes débauches m'ont en partie ruiné, ma lésinerie me soutient*, et j'espère que *mes escroqueries me relèveront tout à fait ;* mais *mon honneur est perdu sans ressources.* »

« Tels étaient vos discours, je les ai encore tous présents à la mémoire. Moi qui, comme tant d'autres, avais calculé sur la fermentation qui régnait dans le peuple, et qui prévoyais que l'incendie ne tarderait pas à éclater, je vous conseillai d'en profiter : et vous me permîtes de vous tracer la conduite que vous deviez tenir.

« Vous conviendrez que mon plan n'était pas mauvais. Un acte de vigueur fait en plein parlement (séance royale du 19 novembre 1787); ces imbéciles de robins, devenus vos dupes, croyaient de bonne foi que vous travailliez pour eux, tandis qu'au fait, vous n'agissiez que pour supplanter votre cousin (Louis XVI).

« Le petit exil du Raincy nous avait servi au delà de nos vœux. Le peuple vous regardait comme son plus ferme soutien, et les véritables aristocrates comme leur coryphée. Il faut l'avouer, les circonstances semblaient naître pour nous. Excusez, Monseigneur, si j'ose ainsi parler toujours au pluriel. Vous savez que vous-même m'attribuez tout le mérite du plan dont vos plaisirs, dites-vous, et votre vie licencieuse vous eussent empêché de concevoir l'idée.

« C'est alors qu'on parla pour la première fois d'États-Généraux. Nous saisîmes vite cette occasion. Le peuple commençait à se montrer. Nous profitâmes de ses dispositions pour l'échauffer de plus en plus, et nos batteries furent dressées de ce côté-là avec une adresse qui eût fait honneur au Mazarin. »

On sait que le roi, à bout d'expédients, fut contraint, dès le 8 août 1788, de convoquer les États-Généraux pour le 5 mai de l'année 1789.

Laclos continue avec sa franchise brutale et son ironie sauvage :

« L'argent nous manquait. Nous empruntâmes aux plus gros intérêts. Nous achetâmes les blés à bon compte, nous les fîmes sortir de France et déposer dans les îles de Jersey et Guernesey, pour ne les en faire revenir qu'au moment où ils vous rapporteraient *des monceaux d'or*. On ne peut, je crois, voir une partie mieux liée; et sûrement l'auteur d'un pareil projet méritait plutôt une couronne que des reproches de votre part.

« Pendant que notre petit commerce nous valait *un Pérou*, nous rejetions sur les aristocrates toute la haine du peuple; et c'est là, je l'avoue, que nos écrivains ont fait des merveilles.

« Simon lui-même (un marquis, le même qui émigra plus tard et fut le rédacteur du fameux manifeste du duc de Brunswick), Simon lui-même, dans cette occasion, nous a rendu de grands services. *Vous voliez au peuple plusieurs millions pour un mois* par vos accaparements; mais ceci était secret : ostensiblement vous donniez jusqu'à *cent mille écus* dans la capitale *en plusieurs mois*, et tous les folliculaires, les écrivailleurs, les prônes même des paroisses faisaient retentir les éloges donnés à votre bienfaisance.

« Jusqu'ici, je le crois, Monseigneur, votre pauvre

Laclos s'était conduit comme un héros : tout était gain de tous côtés. Machiavel lui-même n'eût pas mieux réussi à travailler un peuple qui, n'étant pas encore sorti de l'esclavage, n'entrevoyait que l'aurore de la liberté.

« J'oubliais à cette époque un fait bien important. N'est-ce pas moi qui, dans vos instructions pour les États-Généraux, répandues avec tant de profusion dans tout le royaume, ai inséré ce fameux article du divorce ? J'avais bien mes raisons alors. Permettez-moi de vous les remettre sous les yeux :

« La première, et je conviens qu'elle était la plus forte, c'est que je m'acquérais une reconnaissance éternelle de Mme de Buffon qui vous conduisait alors comme un enfant à la lisière. Je la flattais, par ce moyen, de pouvoir un jour coucher publiquement et légitimement avec son amant ; et par là je m'ancrais dans son esprit, tant et si bien, que rien au monde ne pourrait m'en arracher.

« La seconde raison que vous goûtâtes aussi parfaitement, Monseigneur, c'est qu'un pareil principe rangeait sous vos drapeaux tous les débauchés, tous les gens perdus de dettes, qui auraient espéré rétablir leurs affaires par un autre mariage, et vous savez que dans de pareilles circonstances, il faut faire flèche de tout bois. »

Le duc d'Orléans se portait candidat aux États-Généraux. Dans ses Instructions aux électeurs dont il sollicitait les suffrages, il demandait garantie de la liberté individuelle, liberté indéfinie de la presse,... établissement du divorce, responsabilité de quelqu'un, en cas d'infraction aux lois du royaume. (V. Louis Blanc.)

Laclos vient d'expliquer quelle comédie jouait ici le prince, et dans quel but. Je lui rends la parole :

« Jusque-là, j'avais, on ne peut mieux, conduit la barque : les États-Généraux s'assemblent (5 mai 1789). Au lieu de paraître avec les princes à la procession publique qui précéda leur ouverture, vous vous mêlez, comme simple député, avec les autres. Convenez que c'est une idée à moi qui me fit grand honneur. Ce qui doit vous en faire à vous, Monseigneur, c'est la manière affable et populaire avec laquelle vous accueillites jusqu'au plus petit jockey. »

Quelle ironie acérée, et quel mépris! Comme il connaissait son homme, ce Laclos! Mais comme il éclaire les faits d'une vive lumière, et jusqu'aux moindres incidents.

De longs applaudissements, disent toutes les histoires, saluèrent le duc d'Orléans dans cette procession, parce qu'il affectait de se tenir à distance de la noblesse et se mêlait aux derniers rangs du tiers-état. La reine Marie-Antoinette entendit, en pâlissant, retentir à ses oreilles le cri : *Orléans à jamais!* Elle saisit dans les yeux de la duchesse d'Orléans l'éclair du triomphe, ajoute Montgaillard, un écrivain royaliste, mais souvent impartial et bien informé. On le voit : il n'avait pas trop bonne opinion de la « vertueuse fille du duc de Penthièvre. »

Évidemment la popularité soudaine d'un prince si décrié, avouant lui-même naguère être « *absolument taré dans le public* », ne pouvait résulter que d'une habile mise en scène. Le machiniste était là sûrement, soufflant son personnel.

On n'ignore pas combien fut laborieuse la constitution des États-Généraux en Assemblée nationale. Cour, noblesse, clergé voulaient les délibérations et le vote par ordre, ce qui eût annulé complétement le tiers-état.

Un jour, pendant que le duc d'Orléans proposait timidement la réunion, dans la Chambre des gentilshommes, le marquis de Montrevel, étouffant de chaleur, se mit crier :

— Ouvrez les fenêtres !

Philippe-Joseph, croyant entendre : — « Jetez-le par les fenêtres ! » prit peur et s'évanouit. En ouvrant ses vêtements, on s'aperçut qu'il était plastronné de plusieurs gilets, dont l'un en peau de renne *(Mémoires de Ferrières*, etc.)

Laclos va nous prouver que ces récits ne calomnient point la bravoure du chef de la branche cadette, et à quel point il est difficile d'admettre qu'il se comporta décemment au combat naval d'Ouessant.

« De là (de la procession) au 12 juillet, poursuit la lettre, nos machines en bon état et jouant au parfait. nous n'eûmes qu'à entretenir cette chaleur du peuple que nous avions fomentée ; et d'ailleurs vous vous rappelez que, dans le moment où Mme de Buffon laissait à votre corps et à votre esprit quelque repos, j'eus l'honneur de vous faire part de mes démarches et de leurs effets.

« Quoique vous m'opposassiez souvent, sans détour, *votre lâcheté et votre poltronnerie,* je croyais que l'aspect d'une couronne suspendue sur votre tête vous ferait sortir enfin de ce caractère pusillanime. »

Il y avait alors à Montrouge, racontent divers historiens, un conciliabule qui rassemblait les familiers du duc d'Orléans. Là figuraient Latouche, le comte de Genlis, marquis de Sillery, dont la femme gouvernait la famille de Philippe-Joseph.

« Là dominait sourdement Chauderlos de Laclos. » (Louis Blanc.)

Ces conspirateurs ténébreux s'employaient avec une sombre impatience à frayer au prince le chemin du trône. Ils avaient des intelligences à la cour, les informant en détail de ce qui s'y passait. Pendant que la royauté s'entourait à Versailles de soldats mercenaires, épiant l'occasion de faire un coup contre l'Assemblée et contre le Peuple, eux guettaient l'heure de frapper la branche aînée au profit de la branche cadette. Rien de plus précis que la lettre de Laclos. C'est un procès-verbal.

« M. Necker, M. de Montmorin, dit l'ami d'Orléans, étaient aimés du peuple. On a la maladresse de les renvoyer dans un moment de fermentation et de placer à la tête du gouvernement des imbéciles ou des monstres qui devaient s'attendre à être lapidés. Notre partie est aussitôt formée. Nos créatures, dans votre palais même, annoncent au peuple que vous pouvez nous gouverner d'une manière digne de nous. Nos gens soldés font leur devoir à ravir...

« Enfin, une vingtaine de louis jetés bien à propos, je fais prendre chez Curtius votre buste que j'y avais fait placer tout exprès; je le fais promener par tout Paris; et comme Necker, puisqu'il était absent, n'était plus à craindre (par sa popularité), je permis aussi que, pour la forme, il fût fait mention de lui. »

Le Peuple, sachant que le roi voulait en appeler à la force pour étouffer la Révolution à son aurore, se soulevait de lui-même, se préparait fiévreusement à l'insurrection. Laclos prétendait faire sortir du formidable conflit la royauté de son patron; seulement il fallait qu'Orléans prît la direction du mouvement. L'abandonner à d'autres, c'était courir péril de perdre la partie. Là était la difficulté. Le tempérament du prince ne se prêtait guère à pareille audace. Conspirer dans l'ombre, bassement, à la bonne heure. Mais affronter la bataille, même pour le trône, sa nature de lièvre s'y refusait. Un an après, Laclos est encore furieux de l'avoir trouvé si vil, de s'être fait, à ce moment, un reste d'illusion sur son compte.

« Tout allait au mieux, continue-t-il. Nos brigands de Montmartre faisaient merveille; *ils brûlaient les barrières, ils pillaient*, et dans nos convictions, c'était là-dessus que leur paiement était principalement fondé. »

Cependant les Mémoires du temps nous apprennent que les brigands de l'orléanisme ne firent pas tous impunément leur besogne scélérate ; quelques-uns, surpris à voler, furent pendus par de braves ouvriers, qui ne soupçonnèrent pas, il est vrai, qui les avait embauchés.

Laclos ajoute :

« Je vous envoie, Monseigneur, daignez vous le rappeler, je vous envoie Latouche à Versailles, où vous étiez caché, pour vous engager à venir à Paris (13 juillet, veille de la prise de la Bastille).

« Je ne pouvais croire que, tout borné *qu'il est*, il ne fût pas assez éloquent pour vous persuader dans un moment si important.

« Enfin, ne vous voyant pas, je dépêchai Limon qui, malgré toute sa jactance, ne réussit pas mieux que l'autre. »

La Bastille tomba sous les coups du Peuple, sans que le duc d'Orléans eût encouragé, même d'une parole envoyée de Versailles, la lutte héroïque. S'il se fût montré, à cette heure psychologique indiquée par Laclos avec tant de sagacité, il est probable que l'enthousiasme populaire lui eût décerné la couronne de Louis XVI. Bien peu de citoyens encore songeaient à la République. Aussi, quels regrets poignants exprimés dans la lettre !

« Je ne vous retrace ces circonstances, Monseigneur, que pour me disculper auprès de vous des accusations intentées contre moi. Cette occasion qui ne se retrouvera jamais, dans laquelle, sans tirer l'épée, vous eussiez conquis Paris, et par lui la France entière, cette occasion enfin échappa, et je mis mon esprit à la torture pour en faire renaître une autre de laquelle nous pussions mieux profiter.

« Pour cela, *je lâchai encore les brigands que nous avions rassemblés à Montmartre.* Berthier et Fou*** furent les premières victimes que je sacrifiai, tant p*** assouvir la soif de mes agents que pour accoutum*** peuple de Paris à un spectacle que je prétendais m*** donner souvent, jusqu'à ce que tous ceux qui nous gênaient ou qui eussent pu trop jaser, eussent subi le même sort.

« C'est malheureusement à cette maudite époque que les bons citoyens, du moins ceux qui se vantent d'être encore fidèles à la loi et au roi, nommèrent ce Lafayette pour être commandant de la garde nationale. J'étudiai notre homme, et je m'aperçus du premier coup d'œil, que de tous ceux qu'on pouvait porter là, il était positivement celui que j'en eusse écarté avec le plus grand empressement.

« Cependant, vous le savez, Monseigneur, mon courage n'en fut point abattu : je n'en acquis au contraire que plus de force en trouvant un adversaire digne de moi.

« Le peuple commençait à obéir à son général. Une ruse que le diable seul pouvait rendre vaine fut employée. Le pain manqua. Tout à coup, *j'empêchai les moulins de tourner, les boulangers de cuire, et je fis jeter dans la rivière le peu de pain qui se fabriquait.* »

Tous les historiens de la Révolution signalent le fait, accusant au hasard, sans parvenir à dégager la vérité. Aucun ne paraît soupçonner que le mystère était au Palais-Royal.

« Si jamais on peut s'y prendre mieux, Monseigneur, poursuit Laclos, je ne suis plus digne de votre confiance. Vous le savez, et vous-même, en me consolant du chagrin que me faisait ressentir le peu de réussite de mon projet, daignâtes me donner des noms et des consolations bien faites pour dédommager et encourager un homme tel que moi.

« Au mois d'août, l'argent nous fit défaut, et dans ces moments-là, *point d'argent, point d'assassins.*

« Quel héroïsme, Monseigneur, ne montrai-je pas alors, pour remettre en vos mains ce fameux portefeuille où un particulier tenait renfermée la fortune de tant de familles considérables; à quels périls ne m'exposai-je pas dans cette démarche, qui, heureusement pour moi, n'est pas encore bien connue? »

Il s'agit de l'assassinat de l'agent de change Pinel et d'un vol de cinquante à soixante millions, au profit du duc d'Orléans. La plupart des historiens n'osaient se prononcer sur les auteurs de ce crime monstrueux. La question est résolue, désormais. — J'y reviendrai.

« Ce que j'en dis n'est pas, Monseigneur, pour vous reprocher les services que je vous ai rendus, mais pour chasser de votre esprit les soupçons qu'on y a semés sur mon compte.

« Enfin, ce qui devait vous mettre sur le trône et m'y placer, comme vous dites, à côté de vous (termes tirés de la lettre même d'Orléans à Laclos), cette fameuse journée du 5 octobre arrive. Quels mouvements! quelles inquiétudes n'ai-je pas eues à dévorer pour exécuter un plan dont l'invention n'était due qu'à moi! »

Le 5 octobre 1789, une multitude de femmes de Paris, suivies bientôt de milliers d'hommes, s'étaient portées sur Versailles. La famine sévissait dans la ville. On allait réclamer du roi les mesures nécessaires pour l'approvisionnement public. Nombre d'écrivains ont pensé qu'Orléans était prêt à profiter du mouvement.

Mais la plupart hésitent à l'accuser formellement de l'avoir provoqué, soit par lui-même, soit par ses agents.

Laclos lève tous les voiles. En quelques lignes, il dissipe toutes les obscurités qui enveloppaient cette journée célèbre où la demeure royale fut envahie. Sa lettre révèle à qui l'histoire doit imputer le sang versé, comme aussi la responsabilité des attentats prémédités et non consommés.

Ici encore, les assassins n'appartenaient pas au peuple, mais au Palais-Royal, — une caverne de bandits.

« *Je fais mourir de faim le peuple des faubourgs*, poursuit Laclos, je lâche mes émissaires, je redouble les appointements de mes écrivains, je fais forger des piques, je les distribue ; je style nos brigands aux rôles qu'ils devaient jouer ; mes victimes étaient marquées et désignées : *la reine devait être assassinée* dans sa chambre. »

Il est certain que le roi était résolu à violer la représentation nationale ; mais il n'est pas moins certain que si la faction d'Orléans conspirait contre

Louis XVI, ce n'était ni patriotisme ni souci de l'Assemblée constituante. Elle avait comploté, nous le savons maintenant par Laclos, de faire place au trône à Philippe-Joseph par l'assassinat de toute la famille royale.

Cette fois, Orléans était là, encourageant au crime.

Les deux dépositions de Duval de Nampty et de Lasserre, publiées dans la *Procédure criminelle du Châtelet*, affirment que le prince, debout sur le second palier du grand escalier du château, et vêtu d'un frac rayé, montrait du geste aux assaillants l'appartement de la reine.

D'autres témoignages, plus nombreux et également concordants, déclarent qu'on le vit venir de la place d'Armes, au milieu de la foule, qui le saluait de ses cris, agitant une badine et le sourire aux lèvres.

De la déposition de Jean Diot, d'Amiens, consignée au même document, il résulte que le 5 octobre, à sept heures et demie du soir, ce témoin, passant près d'une baraque située à l'entrée de l'avenue de Paris, il entendit trois personnes comploter l'invasion du château et l'assassinat de la reine.

Louis de Massé, capitaine commandant au régiment de Flandre, dénonça aux magistrats du Châtelet le soldat Bel-Œillet comme ayant fait à ses camarades d'abondantes distributions d'argent.

Et Montgaillard, dans son *Histoire de France*, note que la compagnie d'artillerie de ce même régiment de Flandre, était commandée par Chauderlos Laclos.

Mais ce qu'on ignorait généralement, c'est que le coup avait été supérieurement machiné. Les agents de l'orléanisme étaient partout, jusqu'au milieu des troupes appelées à garder le palais du roi.

Je laisse Laclos rappeler quelle œuvre infernale il méditait d'accomplir, ce jour-là, de concert avec le duc d'Orléans.

« Les gardes du corps (ceux de la reine) ne devaient guère me gêner, je les faisais fusiller ; et *un coup bien préparé* devait, au milieu de la mousqueterie, percer le roi, comme s'il n'eût succombé que sous le coup du hasard (une balle d'un soldat complice, évidemment).

« *Lui mort*, nous eussions commencé par pleurer, par chercher l'assassin et le faire écarteler. Non, non, je me trompe : nous vous faisions donner, Monseigneur, la tutelle du Dauphin. Monsieur (frère de Louis XVI et depuis Louis XVIII), nous le faisions passer pour incapable, et, d'ailleurs, une *attaque d'apoplexie* nous en eût débarrassés.

« M. d'Artois (second frère de Louis XVI, depuis Charles X), nous l'avions chassé de France, nous le tenions en Italie, et s'il eût voulu remuer, *trente coupe-jarrets* l'eussent bientôt *envoyé rejoindre ses aïeux*.

« Il ne nous restait donc plus que le Dauphin ; *mais un enfant est sujet à tant d'accidents*, que cet obstacle n'aurait bientôt plus été pour nous un obstacle vivant.

« Enfin, Monseigneur, vous arriviez au trône, sans plus craindre de concurrent, et c'est à moi seul alors que vous en eussiez été redevable.

« Mais non, l'enfer, dans toute sa fureur, n'a jamais vomi un monstre plus intrépide que ce maudit Lafayette : il ne nous soupçonnait pas encore, tant notre jeu était bien caché; mais il sait que nous sommes partis pour exécuter nos projets; il arrive avec une armée bien complète (la garde nationale de Paris), bien endoctrinée par lui, et ne nous laisse pas même le temps de nous reconnaître. Il dissipe nos agents et nous chasse, accablés de la honte d'avoir tenté vainement de *ces crimes dont la réussite même ne peut diminuer l'atrocité.*

« Rappelez-vous, Monseigneur, que le courage ne me manqua jamais, que je ne désespérai pas encore.

« Mais, oserai-je bien vous le répéter? oui, je l'oserai, puisque ma justification en dépend : vous ne montrâtes pas le courage de Cromwell, quoique vous fussiez bien, comme lui, rongé par l'envie de régner.

« Vous fîtes alors des démarches auxquelles, comme vous ne l'ignorez pas, je m'opposai de toutes mes forces; vous fûtes jouer devant Lafayette le rôle de Thersite, et, à force de *bassesse* et de *lâcheté*, après avoir allumé contre vous tout le courroux de son âme héroïque, vous parvîntes à ne plus lui inspirer que le plus profond mépris.

« Vous partîtes alors pour l'ambassade de Londres (exil à peine déguisé), abandonnant à la vengeance d'un roi à qui vous aviez voulu ravir le trône et la vie, un peuple que vous aviez voulu faire passer pour régicide aux yeux de l'Europe, une femme, des enfants innocents et des amis qui avaient tout sacrifié pour vous. »

L'Assemblée nationale avait investi le tribunal criminel du Châtelet d'une juridiction extraordinaire, pour tous les faits qui avaient la Révolution pour cause.

Il fut chargé d'instruire relativement aux journées

des 5 et 6 octobre. Le duc d'Orléans, fortement soupçonné, prit peur comme toujours. Menacé par Lafayette et par la cour, il se résigna à partir pour Londres avec le titre d'ambassadeur.

« Quant à moi, Monseigneur, poursuit Laclos, je tins ferme comme un roc : *ma conscience est accoutumée depuis longtemps à ne plus me faire souffrir*, et je voulus encore vous porter sur un trône que vous sembliez fuir, parce que Lafayette était au pied pour vous empêcher d'y monter. Je pris alors d'autres mesures. Je cabalai, je payai et je fis choix dans l'Assemblée nationale de ceux que je crus dignes de devenir nôtres. »

Laclos rappelle comment il tenta de faire brûler le Châtelet pour anéantir, dit-il, cette « affreuse procédure, intentée contre nos bons amis qui avaient si bien travaillé pour nous, les 5 et 6 octobre. »

Il échoue. Alors, il manœuvre, sans plus de succès, pour placer un complice à la mairie de Paris.

Il ne réussit pas davantage à faire remplacer Lafayette au commandement général de la garde nationale.

« Ce coup manqué, ajoute-t-il, *j'ai fait pendre par nos brigands quelques malheureux*, sous le prétexte de punir les voleurs ; mais au fait, pour ramener ces beaux jours où l'on faisait *pendre et traîner dans les ruisseaux* les gens dont on voulait se débarrasser.

« Mais Lafayette est encore là qui nous arrête tout court, et sauve de nos mains, par le coup le plus hardi, une victime que nous allions juguler.

« Non, non, vous n'avez pas d'ennemi plus terrible que cet homme-là.

« Louis XVI sera roi, et Mᵐᵉ de Buffon n'aura jamais le plaisir de jouer le rôle de la Montespan. »

Néanmoins, Laclos ne se rebute pas encore. La royauté d'Orléans reste possible, pourvu qu'on ne laisse pas oublier Philippe.

« Je fais crier, ajoute la lettre, parce qu'il ne faut pas rester en arrière, et un parti qui se tait est ordinairement plus qu'à demi battu. Voilà, Monseigneur, l'état actuel de nos affaires : permettez-moi de vous recommander de veiller exactement à ce que les finances ne manquent pas, comme je vous jure de veiller avec le plus grand soin à la distribution.

« Ne vous désespérez pas cependant, Monseigneur: je fais proclamer de temps en temps votre retour ici, afin qu'on s'accoutume à entendre prononcer votre nom et voir quelle impression il fait dans le public. Mais au fait je ne vous conseillerais pas d'oser paraître, car je ne répondrais pas que, sans égard pour votre qualité, on ne se croie en droit d'établir votre domicile dans quelque prison.

« Ce dernier avis, Monseigneur, doit vous prouver combien je vous suis attaché, et une justification dont la base ne roule que sur des *faits qui vous sont si bien connus, puisque vous en avez vous-même commandé l'exécution, ne laissera,* je l'espère, aucun doute dans votre esprit.

« J'attends vos ordres avec respect, et je ne manquerai pas de vous faire part des événements qui vous intéresseront.

« J'ai l'honneur d'être, Monseigneur (ah! que ne

puis-je dire, Sire, de Votre Majesté), le très humble et dévoué serviteur,

« LACLOS.

« Paris, ce 17 juin 1790. »

A la suite d'un tel document, tout commentaire devient superflu. Je dois revenir cependant sur le passage où Laclos rappelle à son patron au prix de quels périls il s'empara, pour le lui remettre, de « ce fameux portefeuille, où un particulier tenait renfermée la fortune de tant de familles considérables. »

Bien qu'il ne le nomme pas, Laclos désigne clairement ici l'agent de change Pinel, dont les historiens de la Révolution fixent à cette époque la sanglante aventure.

Une après-midi, au commencement d'août, des passants trouvèrent Pinel, grièvement blessé, à l'entrée du bois du Vésinet. Transporté à Paris dans un état désespéré, il expira trois jours plus tard, après avoir déclaré qu'on l'avait assassiné pour lui voler un portefeuille rouge, bourré de valeurs, — cinquante à soixante millions, la fortune de quinze cents familles.

Le procès-verbal des déclarations de Pinel ne fut pas produit; le portefeuille rouge ne fut jamais représenté. A force de suppositions, on s'arrêta à cette idée : — Pinel était le caissier des accapareurs. Offrant de gros intérêts, que les énormes bénéfices de l'opération permettaient de payer exactement, il trouvait sans peine de nombreux prêteurs.

« Jamais on n'en a su davantage, dit Louis Blanc. Mais le nombre des coupables, leur rang, leur crédit, leurs richesses empêchèrent la vérité d'éclater. »

Quoique l'illustre historien ne nomme pas le duc d'Orléans, il doit l'avoir soupçonné. Il avait lu les *Mémoires* de Bertrand de Molleville, ancien ministre de Louis XVI. Mais, ignorant la lettre de Laclos, le témoignage de cet ultra-royaliste lui aura paru suspect.

Aujourd'hui, les aveux terribles de Laclos donnent pleine autorité au récit de Bertrand de Molleville. Il a su certainement beaucoup de détails, qui s'accordent entièrement avec le passage de la lettre, et dont voici le résumé.

Le portefeuille de Pinel contenait plus de cinquante millions dont cet agent de change avait emprunté la plus grande partie à très gros intérêts, et qu'il faisait valoir on ne sait comment, car il n'était jamais en retard vis-à-vis de ses créanciers.

Alarmé à l'époque de la prise de la Bastille, il confia son portefeuille au duc de Penthièvre, beau-père d'Orléans ; peu après, le duc partant pour la campagne, Pinel déposa le portefeuille entre les mains de Philippe-Joseph, sur l'offre que le prince lui avait faite de le mettre en sûreté à son château du Raincy.

Mais l'agent de change le réclama presque aussitôt. Ayant pris jour, il se rendit au Raincy, dans une voiture publique. Le duc d'Orléans lui restitua le portefeuille. Il lui donna une de ses voitures pour le ramener, avec postillon et laquais à sa livrée.

Pinel arriva à Paris, mais volé et blessé mortellement. L'agent de change répéta trois ou quatre fois : « Mon portefeuille !... Mon portefeuille !... Les scélérats ! » et mourut sans pouvoir s'expliquer davantage.

Les gens de Philippe-Joseph, interrogés par un magistrat, prétendirent que l'agent de change avait été attaqué et assassiné par une troupe de voleurs.

Des soupçons planèrent sur le duc d'Orléans. Mais on n'avait point de preuves. Au bout de deux ans seulement, quelques-uns des principaux créanciers découvrirent un valet de chambre récemment congédié par le prince, et qui était à son service lors de la mort de Pinel.

Ils finirent par obtenir des confidences à prix d'or. Mais le valet refusa de déposer en justice, par crainte, disait-il, que le d'Orléans ne le fît assassiner ou empoisonner. Pour échapper à de nouvelles instances, il disparut tout à coup, sans laisser de trace.

Telle est en substance le récit de Bertrand de Molleville, confirmant et expliquant la lettre de Laclos.

Conclusion : Philippe Égalité fut un chef de bandits, un voleur et un assassin.

CHAPITRE XI

BANQUEROUTE FRAUDULEUSE ET HAUTE TRAHISON

A seize ans, l'aîné des fils du duc d'Orléans, Louis-Philippe, futur roi des Français, se montrait impatient de suivre les exemples de son père et de prouver combien il profitait à l'école de la comtesse de Genlis.

Au 5 octobre, un peu avant l'arrivée des femmes à l'Assemblée, il était assis dans une tribune publique avec son frère Montpensier. Une violente discussion passionnait les députés. Soudain, le comte de Barbantane, debout près des jeunes princes, crie à la partie aristocratique de l'Assemblée :

— On voit bien que ces Messieurs veulent encore des lanternes; eh bien, ils en auront.

— Oui, oui, il faut encore des lanternes! répète Louis-Philippe.

C'était aux réverbères ou lanternes que les bandits de Laclos et d'Orléans pendaient leurs victimes.

Les paroles de l'effronté *ducaillon* produisirent un mouvement d'indignation, quand de vagues rumeurs pénétrèrent dans l'Assemblée : il était question d'une révolte à Paris.

On appela au dehors le blanc-bec impudent, qui, rentrant un instant après, s'entretint à voix basse avec son frère. Ils sortirent et ne revinrent plus. Sans doute, ils avaient places réservées pour assister à l'œuvre d'assassinat qui se préparait afin de hisser au trône leur père infâme.

Une fois lâché, le bruyant écolier de la Genlis (mauvais Italien) ne connaîtra plus ni frein, ni décence, ni morale. Il entre dans la peau de Tartufe à faire jaloux le plus roué des cafards.

L'année suivante, tous les citoyens de Paris prêtent le serment civique et le signent. Louis-Philippe se présente au district du Palais-Royal, biffe au régistre avec ostentation ses titres et dignités inscrits à l'avance, met à la place le mot citoyen, et signe *Chartres* tout sec.

Le duc d'Orléans, alors en Angleterre, rivalise d'hypocrisie avec son fils. Il envoie de là son serment dans une lettre renfermant force flagorneries à l'adresse du roi qu'il a tenté de faire assassiner lâchement, il y a peu de mois. Acte où la peur se mêle à l'abjection.

Le 19 juin suivant, l'Assemblée, quoique monarchique, rend ce décret-loi, — qui revit de plein droit aujourd'hui, dans la République :

« L'Assemblée Nationale décrète que la noblesse héréditaire est pour toujours abolie en France;

« Qu'en conséquence les titres de marquis, chevalier, écuyer, comte, vicomte, messire, prince, baron, vidame, noble, duc et tous autres titres semblables ne pourront être pris par qui que ce soit, ni donnés à personne; qu'aucun citoyen ne pourra porter que le vrai nom de sa famille;

« Que personne ne pourra faire porter une livrée à ses domestiques ni avoir des armoiries. »

A la première nouvelle, Louis-Philippe appelle sa maison, fait lecture du décret, y donne sa sanction domestique, défend qu'on l'appelle monseigneur ou monsieur le duc, supprime sa livrée, déshabille enfin de la tête aux pieds cochers, laquais et coureurs.

Au moment même où le citoyen Louis-Philippe Chartres, un roi en herbe pourtant, déployait cette ferveur égalitaire, Orléans, son *auguste* père, recevait à Londres la lettre cruelle de Laclos.

Il semble que la recommandation finale si méprisante de ne bouger d'Angleterre pour éviter en France certains désagréments, produisit sur le prince l'effet d'un coup de fouet. En tout cas, soit que l'impitoyable cinglement eût réveillé en lui un reste de virilité, soit qu'il fût saoul des avanies dont on l'abreuvait sans cesse dans la haute société anglaise qui ne pouvait s'accoutumer à son opprobre, il résolut brusquement de retourner à Paris.

Mais vil comme il était, il n'omit pas d'assaisonner ce coup de tête d'une prudence excessive, encadrée dans une nouvelle bassesse. La lettre où il annonçait au roi sa détermination soudaine finissait par cette hypocrite platitude : « Je me féliciterai surtout de me trouver à ce jour mémorable (la Fédération des gardes nationales départementales au Champ-de-Mars) où la France viendra offrir à Votre Majesté le tribut de respect et d'amour qui lui est dû à tant de titres, et de pouvoir joindre mon hommage et mes vœux particuliers aux vœux et aux hommages universels de la nation la plus reconnaissante pour le meilleur et le plus grand des rois. »

Le meilleur et le plus grand des rois! Philippe-Joseph avait tenté de le faire massacrer par ses brigands au mois d'octobre précédent.

Plus tard, son fils aîné le copiera servilement, dans une situation à peu près identique, mais avec le machiavélisme plus matois d'un argousin d'Italie. Ce sera la même musique, seulement Louis-Philippe la jouera mieux : Il raffinera la scélératesse héréditaire.

Grâce aux agents de Laclos, réconcilié avec son ignoble patron, celui-ci fut bien accueilli de l'Assemblée et du peuple de Paris trompé. Mais la cour trembla, bien que Mirabeau, en train de se vendre, lui eût dit :

« Le duc est méprisé dans les provinces... Paris connaît son immoralité. Que craindre d'un tel homme?

Toutefois, on n'épargna ni les affronts ni les outrages à Orléans, lorsqu'il se présenta aux Tuileries, où le roi résidait depuis les journées d'octobre. *Prenez garde aux plats!* murmura-t-on autour de lui ; et quand il descendit, on lui cracha sur la tête, du haut de l'escalier.

Louis XVI, sa femme Antoinette et leurs amis haïssaient le Peuple, sans doute, qui secouait enfin le joug de la vieille tyrannie. Mais combien plus encore ils abhorraient ce prince de sang royal, qui épousait la Révolution, non par conviction, mais pour voler la couronne.

Cependant Orléans et ses complices durent suspendre momentanément leurs complots.

Mirabeau dominait l'Assemblée, définitivement rallié à la cour. Lafayette les surveillait, maître de la garde nationale; Bailly, son ami, était, comme maire, à la tête de la puissante municipalité de Paris; enfin Marat, le formidable publiciste, avec sa perspicacité sans égale, commençait à se défier de Philippe-Joseph.

D'un autre côté, les sources où puisait le prince, pour alimenter la conspiration, tarissaient de jour en jour; l'or des accaparements, les millions de Pinel avaient fondu en pure perte.

Pour comble de déveine, la loi du 21 décembre 1790 supprima les apanages, dotations faites par les rois, aux dépens de la France, à leurs fils ou parents. La loi supprima sans exception tous ceux qui existaient alors, ordonnant leur retour immédiat au domaine de l'État. A chacun des anciens apanagistes elle accorda pourtant un million de rentes annuelles, sous le nom de rentes apanagées.

Or, les apanages constituaient le plus loin de la

fortune du duc d'Orléans. De ce chef, ses revenus montaient à quatre millions cent mille livres (environ douze millions d'aujourd'hui). C'était pour lui une perte sèche des quatre cinquièmes au moins de sa fortune.

En outre, cette loi malencontreuse réduisait à rien l'héritage éventuel de la duchesse, sa femme, les richesses colossales du duc de Penthièvre provenant également d'apanages.

Désespéré de ce coup terrible, Philippe-Joseph essaya un tour de coquin pour rattraper quelques millions.

En 1722, le Régent avait marié Louise-Élisabeth, une de ses filles, à Louis, héritier présomptif du trône d'Espagne.

Pour doter la princesse, il avait volé au trésor de l'État quatre millions cent cinquante-neuf mille livres (douze à treize millions de notre monnaie actuelle), à la condition qu'elle renoncerait à sa part dans la succession de la famille, laquelle resterait à l'aîné.

Le prince Louis, devenu roi d'Espagne en 1724, mourut la même année. Sa veuve, fille du Régent, rentra en France et toucha jusqu'à sa mort (1742) le revenu de la dot escroquée à la Nation. Elle n'avait pas d'enfants.

Eh bien, ce capital volé, dont il aurait dû restituer les intérêts servis pendant vingt années, Orléans eut l'impudence d'en réclamer le paiement à l'Assemblée nationale. Elle écarta cette audacieuse requête le 11 janvier 1791.

Pendant qu'on plumait le père, le fils aîné, — futur roi des Français, — jeune coq dressé par la Genlis, s'exerçait à chanter aux Jacobins.

Le Club immortel, qui devait exercer une si glorieuse influence sur la Révolution, siégeait maintenant à l'église des moines dont il emprunta le nom, sombre enceinte dont le Marché-Saint-Honoré occupe aujourd'hui l'emplacement. Il rayonnait déjà sur la France entière, comptant cent quarante villes affiliées.

Reçu membre de la Société le 2 novembre 1790, sous le nom de *Chartres,* Louis-Philippe témoigna sa reconnaissance avec ce bagout de Gaudissart en quête de dupes qui le distingua toute sa vie.

Élu censeur, il fait ajourner l'admission d'un candidat qu'il trouve trop « aristocrate. » En revanche, il insiste pour qu'on accepte son frère, dont il garantit l'éducation démocratique.

Malgré tout, la faction d'Orléans, qui se sentait du plomb dans l'aile, dut faire une pause de quelques mois. Elle se réveille à la fuite de la famille royale, ne doutant pas que l'Assemblée ne prononce la déchéance de la branche aînée en faveur de la branche cadette.

L'événement trompe ses espérances. Louis XVI est arrêté à Varennes.

Pendant qu'on le ramène à Paris, les familiers du duc d'Orléans se mettent à parler régence. A Vendôme, Louis-Philippe étant intervenu en pacificateur dans une petite bagarre, on le porte aux nues. « Le fils se montre digne du père », s'écrient les agents de la faction. Où trouver pareille famille?

Mais sur cet enthousiasme, un journaliste verse une douche glacée. « Bon jeune homme, dit-il au pétulant écolier de la Genlis, la couronne civique vous est due. Vous êtes trop ami du Peuple pour qu'on vous en souhaite une autre. » (*La Feuille Villageoise.*)

Craignant d'être compromis par l'ambition des siens, trop prompts à réclamer la peau de l'ours, Orléans fit insérer ces lignes dans les journaux révolutionnaires :

«... S'il est question de régence, je renonce dans ce moment, et pour toujours, aux droits que la Constitution m'y donne. »

D'ailleurs, Laclos préparait une nouvelle machine, qui ferait place nette, espérait-il, et livrerait le trône à son patron, au lieu d'une simple régence.

Mais il fallait se hâter. L'idée de la République surgissait tout à coup. Marat rugissait dans son journal fameux : « Les sept péchés capitaux sont la pâte ou la boue dont le génie du mal a pétri l'animal-roi, mâle ou femelle. »

Danton tonnait aux Jacobins : « L'individu royal ne saurait continuer d'être roi dès qu'il est imbécile. Pas de régent non plus; mais un conseil à l'interdiction nommé par les départements. »

Condorcet, Brissot, bien d'autres encore, concluaient ouvertement à la République. Plusieurs évoquaient même déjà l'échafaud de Charles Ier pour Louis XVI.

Quant à l'Assemblée nationale, elle voulait le maintien de Louis XVI, comme roi constitutionnel, — un soliveau abritant le règne de la haute bourgeoisie. Après trois semaines d'hésitation, elle mit le roi hors de cause, pour la fuite de Varennes, mais renvoya les complices devant la haute cour d'Orléans.

C'était déclarer une chose absurde : qu'il n'y avait pas de principal coupable.

A cette nouvelle, il y eut dans le peuple un soulèvement d'indignation, dont l'ouape, le soir, se fit l'interprète aux Jacobins.

Aussitôt, Laclos propose de présenter à l'Assemblée une pétition, au nom de tous les bons citoyens, hommes, femmes et enfants. « On classera, dit-il, les trois ordres de signatures, et elle en aura dix millions. Alors on verra si ceux qui veulent la déchéance sont des factieux. » (*Journal des débats de la Société*, etc.)

Danton, ne soupçonnant aucun piège, appuie vivement la motion.

Robespierre, avec sa merveilleuse sagacité politique, devine le jeu de la faction d'Orléans. « L'Assemblée, dit-il, doit expliquer ce qu'elle entend par *complices*, quand elle ne reconnaît pas de *principal coupable*. » Puis il pose à Laclos cette question embarrassante : « Pourquoi faire signer les femmes, les mineurs? »

En ce moment, près de quatre mille personnes se précipitent dans la salle, déclarant qu'elles entendaient aller dès le lendemain, au Champs-de-Mars, pour y jurer de ne plus reconnaître la royauté de Louis XVI.

Selon le témoignage de Mme Roland, qui était présente, cette foule venait du Palais-Royal. Une scène arrangée d'avance par Laclos, évidemment; elle lui fournissait motif d'appuyer sa proposition sur « une démarche du Peuple ». Il n'y manqua pas. (*Journal des débats de la Société.*)

Aussi le projet fut-il voté séance tenante. On nomma Laclos et Brissot membres de la commission chargée de rédiger la pétition.

Le rusé lieutenant de Philippe-Joseph, alléguant la fatigue, pria Brissot de prendre la plume. Par là, il évitait de compromettre ses desseins secrets en montrant trop d'empressement. Et puis, la reconnaissance liait son collègue à Orléans. Brissot, un brouillon de passé louche, avait été tiré autrefois de la Bastille par le crédit du prince; après avoir épousé une femme de chambre de la duchesse, il était entré à la chancellerie du Palais-Royal avec appointements de mille écus.

Laclos avait donc raison de compter sur Brissot, malgré les tendances républicaines que celui-ci affichait bruyamment. Il se borne à demander négligemment une toute petite chose, formulée dans un bout de phrase : — Que la pétition exprimât, en même temps que le vœu de la déchéance de Louis XVI, celui de son *remplacement par les moyens constitutionnels.*

Ce n'était rien en apparence, et c'était tout. La Constitution étant monarchique, ces mots excluaient l'idée de République. Louis XVI déchu, on ne pouvait le *remplacer* que par un autre roi. La porte restait grande ouverte à Orléans.

Brissot se conforme sans objection aux indications de Laclos.

Il écrivit :

« Les Français soussignés, c... »

Suivaient les considérants, énonçant les griefs contre Louis XVI. La pétition se terminait par ces trois paragraphes :

« Demandent formellement et spécialement que l'Assemblée nationale ait à recevoir, au nom de la Nation, l'abdication faite le 21 juin par Louis XVI (du fait de sa fuite) et à pourvoir à son *remplacement par tous les moyens constitutionnels;*

« Déclarent les soussignés qu'ils ne reconnaîtront jamais Louis XVI pour leur roi, à moins que la Nation n'émette un vœu contraire à celui de la présente pétition. »

Quand les commissaires parurent aux Jacobins, un violent tumulte s'éleva dans la salle à la lecture du passage : *remplacement de Louis XVI par tous les moyens constitutionnels*. Il fallut effacer la phrase orléaniste.

Mais, dans ces conditions, la République pouvait surgir fatalement, si la démarche des pétitionnaires réussissait, du moment qu'il n'était plus question que de la déchéance de la royauté actuelle, sans mentionner son *remplacement*.

A la perspective d'une telle éventualité, qui eût ruiné les espérances de la faction d'Orléans, Laclos s'écria : « Voulez-vous, oui ou non, renoncer au plus beau de vos titres, celui d'Amis de la Constitution (c'était encore le titre officiel des Jacobins)? Voyez M. Brissot, tout républicain qu'il est, il a reconnu qu'il ne fallait rien brusquer. »

Ce langage émut les Jacobins. Mais, décidés à ne point provoquer l'Assemblée à faire usage de la force, en sortant imprudemment de la légalité, ils rejetèrent en bloc la pétition.

Néanmoins, dans la matinée du lendemain, des agents mystérieux, lancés par Laclos, certainement, poussèrent le Peuple à la signer le jour même, au Champ-de-Mars, sur l'autel de la patrie.

Pendant cette manœuvre, un fait tragique s'accomplissait au Champ-de-Mars, au lever du soleil. Quelques-uns des brigands, sans doute, soudoyés par la faction d'Orléans, saisirent deux hommes cachés sous la vaste estrade qui portait l'autel. Ils les entraînèrent au Gros-Caillou et les égorgèrent.

Ensuite, les bandits, plantant les têtes de ces malheureux au bout des piques, coururent les promener dans Paris, criant que c'étaient deux gardes nationaux victimes de leur zèle au Champ-de-Mars, où ils avaient réclamé l'exécution de la loi. Ils se gardaient, bien entendu, de se déclarer les auteurs de l'assassinat.

Cette comédie sinistre et sanglante avait pour but d'exciter les colères de la haute bourgeoisie, de provoquer un conflit terrible, car en ce moment le Peuple se portait en foule au Champ-de-Mars, à la signature de la pétition. Or, dans les termes où elle était rédigée, elle devenait illégale, en vertu d'un décret perfide rendu la veille par l'Assemblée.

Les autorités publiques ordonnent une prise d'armes pour empêcher la signature. Lafayette dirige des trou_es sur le Champ-de-Mars. Lui même arrive à midi au Gros-Caillou.

Un inconnu l'ajuste à bout portant. Le fusil rate, l'homme disparaît.

La loi martiale est proclamée.

Je n'ai point à tracer ici l'histoire de cette affreuse journée, faite de la faiblesse des uns, parmi les dirigeants, et de la complicité des autres. Elle se termina par le massacre de plusieurs milliers de citoyens, paisibles et inoffensifs. Soldats et gardes nationaux, abusés par d'atroces récits, frappèrent avec une rage aveugle.

Aucun historien n'a réussi à débrouiller les causes de l'épouvantable boucherie, à déterminer les responsabilités. Au lendemain même de l'événement, les versions se contredisent.

Mais, après la découverte de la lettre de Laclos, il est impossible de résister à cette impression : — Le massacre du Champ-de-Mars fut l'œuvre de la faction d'Orléans. Les brigands qui tuent, le matin, au Gros-Caillou, qui promènent dans Paris les têtes coupées, sont les brigands de Laclos ; celui qui tente, à midi, d'assassiner Lafayette, est un homme à la solde du prince, dont le général était le plus redoutable adversaire.

Le but poursuivi apparaît clairement. Laclos, voyant manquer le coup de la pétition, a dû employer ce moyen désespéré pour précipiter la chute de Louis XVI.

Calcul d'une horrible justesse. Louis Blanc, sans soupçonner la main de l'orléanisme dans la tuerie, constate qu'elle eut ce résultat de faire « fermenter dans l'âme du Peuple un impérissable levain de haine et de vengeance. D'avance, ajoute-t-il, elle donnait aux journées du 20 juin et du 10 août (dirigées en 1792 contre la royauté de Louis XVI) le caractère d'une revanche. La portée de l'événement fut incalculable, elle fut terrible. »

Seulement, le but visé par Laclos fut dépassé. La royauté s'écroula dans la République, et Philippe Égalité n'eut d'autre trône que l'échafaud.

Que Laclos ait organisé le crime de concert avec Orléans, on ne saurait donc le nier. Au retour de Philippe, d'Angleterre, les deux scélérats s'étaient réconciliés, mais secrètement, pour mieux cacher leur jeu. La plupart des familiers du Palais-Royal l'ignoraient. Le comte de Genlis, marquis de Sillery, le mari de la gouvernante, n'était pas lui-même dans la confidence. Afin de prévenir tout soupçon contre Orléans, il se hâta de dénoncer Laclos à l'Assemblée, comme ayant colporté la pétition du Champ-de-Mars.

Il déclara hautement que le prince avait retiré sa confiance à cet homme, lequel ne fréquentait même plus le Palais-Royal.

Mais Philippe-Joseph protesta immédiatement que Laclos conservait toute son estime et ses bonnes grâces. L'affaire n'alla pas plus loin.

Cependant l'activité de la faction paraît cesser brusquement. Les circonstances se prêtent mal à de nouveaux attentats. L'Assemblée législative succède à la Constituante, composée en majorité de députés jeunes, ardents, rêvant la plupart une République athénienne.

Orléans n'a aucune des qualités propres à séduire ces brillants esprits. Il ne peut plus même essayer de les acheter : sa fortune s'écroule, et il est aux prises avec trois mille créanciers.

Il a contre lui maintenant sa femme elle-même, longtemps si docile, jusqu'à l'ignominie, et probablement complice de ses ambitions.

Au Palais-Royal, la duchesse s'était résignée à cette chose monstrueuse, le ménage à quatre, souffrant au lit de son mari la Genlis-Sillery, gouvernante, et la Buffon, maîtresse en titre.

On m'accusera peut-être de noircir systématiquement les femmes de tous ces Orléans. Eh bien, non! je les prends simplement dans l'histoire, qui les a peintes au naturel. Si je les note sévèrement, on me rendra cette justice d'avouer que je fournis toujours la preuve irrécusable de leur infamie.

Quant à l'épouse de Philippe-Joseph, je n'invoquerai que son propre témoignage, — une lettre écrite par elle vers la fin de 1790.

Quelques mots d'explication, auparavant.

Avec le temps, la duchesse d'Orléans en était venue à une sourde hostilité contre la Genlis-Sillery, non par rivalité conjugale, mais par orgueil aristocratique, mêlé à quelques scrupules de morale.

Offusquée de voir Louis-Philippe, l'aîné de la famille, se livrer à de ridicules gamineries, bonnet rouge en tête, elle imputait ces écarts à l'influence de la gouvernante.

Il lui déplaisait surtout que la dame exagérât Diane de Poitiers, car elle tenait sous sa coupe trois adolescents, dont deux certainement du même père, sans compter Mlle Adélaïde et la superbe Paméla, très éprises l'une et l'autre de ses leçons ponctuées par l'exemple, — leçons d'inceste!

De là cette lettre de la duchesse à son mari, dont je détache les principaux passages :

« Mon ami, les torts que je reproche à Mme de Sillery existent.

« C'est moi qui ai *vu et entendu* tout ce qui m'a déplu... Elle ne peut pas se justifier, mais elle peut réparer; et si je vois que sa manière d'être et celle de *ses enfants* (les jeunes Orléans!) est telle que j'ai droit de l'attendre et de l'exiger, je suis juste, et je serai bien aise d'oublier...

« Il me reste encore à vous parler sur un objet bien intéressant...

« Vous devinez que c'est Mme de Buffon... Je lui

ai reconnu un attachement si vrai pour vous, et je sais qu'elle est si parfaite pour moi que je ne puis pas ne pas m'intéresser à elle. Il est impossible que quelqu'un qui vous aime véritablement n'ait des droits sur moi, aussi en a-t-elle de véritables, et vous pouvez sur ce point être *sans gêne avec moi.* »

Mais si « la vertueuse fille du duc de Penthièvre » faisait si bon marché de la dignité, de l'honneur conjugal, elle n'entendait pas raison avec cet adorable entrain sur les questions d'argent. Du sentiment tant qu'on voudra ; on en revendrait, au besoin, dans la famille. Mais quand il s'agit de vider la bourse, on se rebiffe d'instinct.

La duchesse occupait les loisirs que lui faisait son mari à vérifier la caisse de la maison. Elle avait apporté en dot six millions cent mille livres (environ dix-huit millions d'aujourd'hui), plus une rente perpétuelle de cinquante mille livres. Dans un moment d'inattention, elle a tout engagé pour cautionner Philippe.

Tout à coup, elle constate avec terreur que le passif du duc s'élève à soixante-quinze millions, tandis que l'actif n'est que de soixante-sept. Carte à payer : vingt-quatre millions de notre monnaie actuelle.

La duchesse refuse de se dépouiller pour rembourser les malheureux que la banqueroute inévitable du chef de la branche cadette va mettre sur la paille. Le 5 avril 1791, jour anniversaire de son mariage, elle se retire chez son père, au château d'Eu. Elle réclame la séparation de biens, restitution de sa dot, et ses enfants par-dessus le marché.

Philippe-Joseph répond en sommant par huissier la fugitive de réintégrer le domicile conjugal. Quant aux enfants, il expédia sa fille Adélaïde en Angleterre avec la Genlis et Paméla.

La duchesse intente un procès par devant le tribunal de Paris. D'opposition en opposition, d'appel en appel, l'affaire traînera dix-huit mois, au bout desquels la justice révolutionnaire donnera gain de cause à la demanderesse.

Au cours de l'année 1794, Orléans, assailli par trois mille créanciers, passe avec eux un concordat par lequel il leur abandonne tous ses biens, se réservant seulement résidence au Palais-Royal jusqu'à liquidation définitive.

Le public eut la bonté de trouver cela honnête, surtout de la part d'un prince. En effet, on ne voit là qu'une simple faillite, un de ces malheurs ou accidents dont le citoyen le plus probe peut être victime.

Malheureusement il y a bien autre chose. Le chef de la branche cadette a fait banqueroute frauduleuse, comme un coquin vulgaire. Si la chose était connue, il irait tout droit aux galères.

Orléans a volé une partie du gage de ses créanciers, — cinquante ou soixante millions placés par lui secrètement en Angleterre, et dont il se garde bien de souffler mot.

Voici les preuves. Je défie les héritiers actuels,

Messieurs les Orléans, de les contester, à moins de renier la signature de leur père, Louis-Philippe Ier, roi des Français.

Après la trahison de Dumouriez, dont il avait été le principal complice, le joli jaseur du club des Jacobins s'était réfugié en Suisse où il apprit la mort de son père, guillotiné à Paris. Il écrivit de Coire à M. d'Ivernois, le 27 janvier 1794 :

« Il ne nous reste d'autres ressources que les *fonds transportés par mon père en pays étrangers*. J'ai su par lui-même qu'il en avait de *considérables* en Angleterre; mais il ne m'a jamais instruit avec détail du genre de placement qu'il avait fait, ni des hommes à qui il avait confié la direction de sa *fortune*.

« Le seul fait sur lequel je sois éclairé d'une *manière positive* est celui du dépôt qu'il a fait entre les mains de M. Boyd d'une *grande partie* de ses diamants dont on vous a fait passer un état, et que mon père m'a déclaré n'être qu'à sa disposition ou à la mienne. Le dit M. Boyd n'est assurément pas homme à contester ce dépôt dont *la preuve m'est acquise*.

« Louis-Philippe. »

A la nouvelle de l'exécution de Philippe Égalité, le général de Montesquiou avait écrit au même M. d'Ivernois :

« Toute sa fortune n'était pas en France. Depuis *dix ans, il plaçait sans cesse en Angleterre*, et l'on croit qu'il y possédait une *somme considérable*.

« Il est très certain qu'il y a, de plus, mis *tous ses diamants* en sûreté. » (*Mémoires de Mallet-Dupan.*)

Est-ce assez précis et explicite?

Il n'est pas douteux que ce vol, ajouté à tant d'autres, n'ait été la base de la reconstitution, par Louis-Philippe, de la fortune colossale des Orléans. — Je traiterai la question dans un autre chapitre.

Il est facile de le comprendre, Philippe-Joseph n'avait plus la tête aux conspirations, dans son désastre financier. Les événements politiques, d'autre part, éteignaient successivement ses dernières espérances.

La Révolution précipitait sa marche. La guerre éclate, qui fera bientôt la République si formidable à tous les rois de l'Europe. L'ennemi se rue à nos frontières désarmées. Louis XVI et sa femme Antoinette l'appellent à restaurer la tyrannie.

Les trahisons de la royauté ne seront pas longtemps impunies.

Au 10 août, le Peuple attaque les Tuileries, jette bas le trône, et la famille royale à la prison du Temple.

L'Assemblée législative, issue de la Constitution monarchique, convoque les citoyens à élire une Convention nationale. Prussiens et Autrichiens ont franchi la frontière. La patrie est en danger. Dumouriez, général en chef, emmène avec lui Louis-Philippe. Le bavard des Jacobins parade à l'armée, déguisé en lieutenant général. Mais l'écolier de la

Genlis ne doute de rien. Colonel de dragons à douze ans, pourquoi ne serait-il pas grand capitaine à dix-neuf?

D'ailleurs, Dumouriez, un ami de sa famille, a promis de le faire mousser. Seulement, l'habile homme de guerre, railleur autant que cynique, fera égale mesure de gloire, dans ses bulletins, à son valet de chambre Baptiste Renard et au jeune Orléans. Égalité démocratique pleine d'ironie, dont Louis-Philippe aurait tort de se plaindre, car Baptiste se battra mieux que lui.

Chauderlos-Laclos, découragé de son triste patron, rentre au service avec le titre de général de brigade. Lui, du moins, sait son métier. On le nomme gouverneur des Établissements français de l'Inde. Mais il ne part pas, flairant sans doute, dans la terrible convulsion qui secoue la France, quelque nouveau coup à tenter.

Conseillé par lui, vraisemblablement, Orléans se prépare à solliciter les suffrages des électeurs de Paris. Pour faire oublier son origine princière, il demande un nouveau baptême à la Commune. Il reçoit le nom d'Égalité, avec l'autorisation ironique de faire rectifier son état-civil et les actes publics où s'étale son ancien nom d'Orléans.

Philippe est élu le dernier à la Convention nationale, qui, dès sa première séance, décrète par acclamation l'abolition de la royauté.

La veille, le canon de Valmy avait annoncé aux tyrans de l'Europe la première victoire de la République. Désormais, plus de race royale en France.

Dumouriez accourt à Paris, recueillir les applaudissements. Il paraît aux Jacobins, à l'Opéra, dans les salons girondins. De rudes avis retentissent à ses oreilles. Marat, qui voit déjà percer le traître sous le général triomphant, l'inquiète de ses soupçons et déclare qu'il n'a pas confiance en lui.

Le soldat intrigant et altier s'éloigne avec la certitude que, dans ce nouveau régime, il n'y a pas place pour la dictature du sabre. Aujourd'hui, on le ménage encore, parce que beaucoup le croient nécessaire; demain on peut demander des comptes embarrassants au tripoteur, au concussionnaire éhonté.

Avant de partir, il avait conféré secrètement avec Philippe Égalité, avec les tenants de l'orléanisme. Laclos est toujours là, à l'affût. Il est plus que probable que l'idée de trahison germa dans ces entretiens mystérieux. On attendrait les événements pour régler le complot.

La Convention poursuit son œuvre. Louis XVI sera jugé par elle. Le jour où elle rend le décret, nouveau triomphe des soldats de la République à Jemmapes. A entendre Dumouriez, l'écolier fanfaron de la Genlis a fait bonne part de la besogne, doublé, toutefois, comme à Valmy, du fameux valet de chambre Baptiste Renard.

Ces compliments à son héritier remontent Philippe Égalité. Un attentat de prétoriens lui vaudra peut-être ce qu'il n'a point obtenu par les scélératesses de Laclos.

La Convention prend de jour en jour une attitude plus menaçante. Aux rois qui conjurent la ruine de la République, elle répond en proclamant la solidarité de toutes les nations.

Au monde, elle montre « le Peuple français debout contre les tyrans »; aux traîtres, l'échafaud.

Après ce défi terrible, elle entame le procès de Louis XVI. Elle le déclare convaincu du crime de haute trahison. Les preuves abondent, évidentes, car la plupart portent la signature de l'accusé. Philippe Égalité siège parmi les juges. Sa situation précédente, sa parenté avec le coupable lui font un devoir de se récuser. Et nul, parmi ses collègues, si austères qu'ils soient, ne lui en saurait mauvais gré.

Orléans ne comprend pas. Ou plutôt, obéissant à de viles espérances mêlées aux lâchetés de la peur, il condamne celui qu'il appelait naguère *le meilleur et le plus grand des rois*.

Avec la majorité de la Convention, mais au milieu des murmures d'horreur ou de mépris, il prononce contre Louis la peine de mort.

Le 21 janvier, jour du supplice, il assiste à l'exécution sur la place de la Révolution. Ayant vu de ses yeux la branche aînée décapitée dans la personne de son chef, il remonte dans son cabriolet qui l'attend, et court écrire à l'écolier de la Genlis :

« *Ce matin, on a saigné le gros cochon.* »

Dumouriez passe à Paris une partie de ce mois de janvier. Il est devenu arrogant, presque insolent. Se flattant de transformer à son gré les soldats de la

République en prétoriens, il dédaigne les ministres, fréquente Orléans, intrigaille et prétend imposer ses conseils. Lui, homme de guerre, il veut jouer le rôle de pacificateur.

Il faut qu'il puisse rester au foyer même de la Révolution, pour mieux guetter l'heure de l'égorger. Il s'efforce de prouver que la France est hors d'état de lutter contre l'Europe coalisée.

Mais après avoir rompu héroïquement les ponts derrière elle, en jetant aux rois la tête de leur confrère de France, la Convention déploie une résolution, une grandeur incomparables. Le 1er février, elle déclare la guerre au roi d'Angleterre et au stathouder de Hollande. Elle appelle la Nation tout entière sous les armes, décrète que les représentants du Peuple marcheront à l'avant-garde des légions républicaines. Investis de sa puissance souveraine, ils vivront dans les camps, chargeront à la tête des bataillons; ils ont mission de surveiller les généraux, de les livrer à la hache révolutionnaire au moindre indice de trahison.

Dumouriez retourne à son camp, décidé au crime.

Quoique siégeant au sommet de la montagne, Philippe Égalité se sent gravement menacé. Vainement il multiplie les bassesses, flagornant à la fois Jacobins et Girondins; il ne récolte que le mépris des uns, la défiance des autres.

Outre la guerre étrangère et le grave soulèvement de la Vendée, la Convention est enveloppée à Paris par de redoutables complots royalistes. Certaines intrigues, conduites jusqu'en Angleterre sous l'inspiration de Dumouriez et d'Orléans, commencent à percer. Déjà on réclame avec insistance le bannissement de Philippe Égalité.

L'ex-prince s'éloignerait volontiers, sans doute. Il est las de ces alertes continuelles, de tant de déceptions; en outre, usé jusqu'à la corde. Mais il sait que la trahison s'ourdit au camp de Dumouriez. Le général ne fait plus mystère de ses projets. Il prétend renverser la République avec la Convention, relever le trône pour y asseoir la branche cadette.

Mais avant de marcher sur Paris, il faut une nouvelle victoire à Dumouriez. Il combat à Nerwinden. C'est la défaite!

Considérablement diminué par là dans son prestige, le vaincu n'en continue pas moins à braver la Convention. Louis-Philippe, un des confidents et complices du crime qui se prépare, écrit à son père que la Convention livre la Nation à l'ennemi, qu'elle perd l'armée, etc. Et il s'écrie : « Dans quel abîme elle a précipité la France! » En un mot, il annonce qu'il faut en finir, prouvant par ces épanchements que Philippe s'est associé pleinement à l'infâme conjuration. Qui en douterait, connaissant les antécédents d'Orléans, sa scélératesse, sa position actuelle si menacée?

Et puis, Laclos est toujours à ses côtés.

Le jeune coq a chanté imprudemment. Sa lettre est saisie.

Cette nouvelle affole l'écolier de la Genlis. — Seconde missive à son père. Il va demander que la Convention l'autorise à quitter la France.

Philippe Égalité répond sèchement : « Cette idée n'a pas de sens ».

En effet, quelle impression désastreuse cette fuite produirait-elle, au moment où tout s'organise pour l'attentat qui peut faire roi le chef de la branche cadette? Le fanfaron de vingt ans, le ridicule général est forcé de rester à l'armée, suant la peur.

Le dénoûment est proche. Cinq commissaires se présentent le 2 avril à Dumouriez, le sommant d'avoir à comparaître à la barre de la Convention. Sur son refus, ils le déclarent en état d'arrestation.

Dumouriez achève de lever le masque, retient prisonniers les commissaires, les livre aux Autrichiens et appelle l'armée à la révolte.

Mais les soldats de la République courent sus au traître, qui s'échappe à grand'peine avec Louis-Philippe et quelques autres coquins de son état-major.

Le 7 avril, la Convention ordonne l'arrestation de Philippe Égalité. On le conduit à la prison de l'Abbaye, pleurant lâchement durant le trajet. Bientôt on le transfère à Marseille, au fort Saint-Jean, où il restera détenu jusqu'à la fin d'octobre de la même année.

Chauderlos-Laclos, destitué, est enfermé à la maison d'arrêt de Picpus. On le relâche au bout de quelques mois, pour essayer à Meudon et à la Fère des projectiles de son invention. Malgré le succès de ses expériences, on l'arrête de nouveau. Libéré après le 9 Thermidor, il rentrera dans l'armée pour mourir à Tarente en 1805, au service de Bonaparte.

Le 6 novembre 1793, Philippe Égalité, écroué depuis quelques jours à la Conciergerie, à Paris, comparait devant le tribunal révolutionnaire. Il est condamné à mort comme complice de la conjuration contre l'unité et l'indivisibilité de la République.

Il s'attendait presque à un acquittement, dit-on.

Néanmoins, il parait avoir fait bonne mine à mauvais jeu, cette fois. Il aurait trouvé un peu de courage pour mourir.

On le mena au supplice en compagnie du général Coustard et de trois individus obscurs, parmi lesquels le serrurier Labrousse, ardent royaliste. Celui-ci, durant le trajet, ne cessa de se lamenter qu'on l'eût envoyé à l'échafaud « en si mauvaise compagnie ».

Philippe Égalité eut un instant d'émotion en passant devant son palais, à la façade duquel on avait peint cette inscription : *Propriété nationale*. La Buffon, sa maîtresse, était dans le pavillon formant le coin de la rue des Bons-Enfants, penchée à une des croisées.

La tête du chef de la branche cadette tomba, place de la Révolution, sur le même échafaud où, peu de mois auparavant, il avait eu tant de plaisir à voir trancher celle du chef de la branche aînée.

Voilà comment finit le personnage dont Louis-Philippe, son héritier, disait en 1830 : « *C'était un bien honnête homme, je n'ai jamais connu d'homme plus respectable.* »

On sait que, dans les bagnes, les pires forçats ont l'habitude de se traiter entre eux d'honnêtes gens.

Mais un écrivain célèbre, Jules Janin, qui n'avait pas les mêmes raisons que Louis-Philippe de classer Philippe Égalité parmi les justes, atteste que je n'ai point chargé le portrait du *grand-père* des Orléans actuels.

Et Jules Janin a d'autant plus de mérite d'avoir respecté les dépositions de l'histoire, qu'il était bien connu par son dévouement à la famille. Choyé par elle, rédacteur du *Journal des Débats* pendant la monarchie de Juillet, il avait été décoré de la main même de Louis-Philippe.

Pourtant, voici ce qu'il dit, au sujet de Philippe Égalité, dans la préface de *Barnave :*

« Pour figurer le crime, je l'ai pris dans un palais, comme effrayant contraste; j'ai choisi (et cette préférence lui était due) ce prince qui descendit tous les degrés de l'échelle sociale pour se faire peuple (non le peuple qui travaille et se bat un jour pour reconquérir ses droits ou pour les défendre), mais le peuple rouge de sang et de vin, qui égorge pour égorger, et rentre à la maison, tranquille comme un bourreau qui a fini sa tâche.

« Si ce prince, ce peuple, ce bourreau se sont rencontrés dans un seul homme, pouvais-je laisser cette figure si franchement scélérate? pouvais-je trouver quelque part un exemple plus frappant de folie et de méchanceté? »

Ne croirait-on pas que Jules Janin a lu la lettre de Laclos? Qu'il ait connu ou non le terrible document, le critique renommé, l'académicien orléaniste prouve que je n'ai rien exagéré.

CHAPITRE XII

LE COQ DE LA TRIBU

Après la déroute de Nerwinden, la veille de sa fuite honteuse, dans la ville d'Ath, en Belgique, Dumouriez avait réglé avec le colonel autrichien, Mack, les détails de l'infâme trahison.

Louis-Philippe et le général Valence, gendre de la Genlis, assistaient à cette dernière conférence où fut décidé l'acte qui devait renverser la République et relever le trône au profit des Orléans.

Là, on conclut un traité secret, avec la participation du jeune freluquet qui signait naguère : « *prince français pour mon malheur et Jacobin jusqu'au bout des ongles.* » Voici en substance à quoi s'engageaient les contractants :

Pendant que Dumouriez, accompagné de Louis-Philippe et des autres chefs conjurés, marcherait avec ses troupes sur Paris, pour détruire la Constitution, les Autrichiens s'avanceraient en auxiliaires sur le sol français et prendraient en gage la ville de Condé.

Au moins, quand le premier Bonarparte exécuta

son crime au Dix-huit Brumaire, la France était victorieuse, et l'ennemi ne fut point appelé au guet-apens.

« Mais, dit à bon droit un écrivain célèbre, livrer l'armée de la France, ouvrir ses places fortes à l'Autriche, guider soi-même contre son pays les légions ennemies que sa patrie l'avait chargé de combattre, imposer, à l'aide de l'étranger, un gouvernement à son pays, c'était dépasser mille fois le tort des émigrés; car les émigrés n'étaient que des transfuges : les confédérés d'Ath étaient des traîtres! » *(Lamartine.)*

Louis-Philippe était jeune alors, dira-t-on, étourdi, fanfaron; soit! Son père était menacé à Paris. Sa sœur trop aimée, Adélaïde, sous le coup de la loi contre les émigrés, parce que la Genlis l'avait retenue en Angleterre, courait danger à remettre le pied sur le territoire français; et la demoiselle lui était si *chère* qu'il l'avait amenée secrètement de Belgique, avec sa gouvernante, au camp de Saint-Amand.

Tout cela devait l'indisposer contre la République, soit encore!

Mais la République, c'était la Nation elle-même aux prises avec ses ennemis les plus acharnés. Et puis, s'il est admissible, à la rigueur, qu'on change ainsi brusquement d'opinion à vingt ans, cela ne saurait atténuer, même au moindre degré, l'horreur de la trahison.

D'ailleurs, que Louis-Philippe, dans son exaltation républicaine, dans ses serments répétés et signés à la cause du Peuple, n'ait joué qu'une ignoble comédie, sa vie tout entière le démontrera. Ame de boue, il entre dans le crime comme l'âne au moulin, prêt à toutes les bassesses, à toutes les fourberies, à tous les forfaits, pour conquérir fortune et trône.

Le traître a passé à l'ennemi avec Dumouriez et les autres misérables de l'état-major, vendus à la conspiration. Il est à Mons, au milieu des Autrichiens.

Mais, le coup manqué, il n'est plus bon à rien. L'étranger le méprise. A ce Jacobin renégat, si gonflé hier et si vil aujourd'hui, on ne fait pas même la politesse de l'admettre à combattre contre son pays. On rit de ce grade de général dont la flatterie l'a affublé; on estime à néant ses prétendues capacités militaires.

Les émigrés se défient de ce jeune drôle qui, récemment, applaudissait à tous les actes de la Révolution, ne demandait qu'à se battre contre les princes de l'Europe et l'armée royale de Condé. Ils se souviennent que Philippe Égalité, son père, a voté la mort du cousin Louis XVI, lui, le seul qui eût dû se récuser, a déclaré Robespierre. Ils savent, de plus, que le père et le fils sont entrés dans la trahison de Dumouriez uniquement pour escroquer la couronne tombée de la tête de la branche aînée.

N'ayant que des avanies à récolter, sans l'ombre de bénéfice, Louis-Philipppe se décide à se réfugier en Suisse. Il y reste quelques mois encore après la mort de Philippe Égalité, à l'affût des événements.

Mais la République triomphe. Les rois tremblent devant ses formidables légions. Louis-Philippe a recueilli les sommes volées aux créanciers de la branche cadette. Ne voyant pas moyen, pour le moment, de pêcher en eau trouble, il entreprend un voyage dans le Nord de l'Europe, loin de la guerre et du danger.

Cependant, il continue à correspondre avec Dumouriez qui le patronne. Le général infâme a noué de nouvelles intrigues. Il tente de faire accepter pour chef aux royalistes de Vendée, encore menaçants, cet Orléans de raccroc, dont il vante sans rire, le vieux cynique, les talents militaires. Les chefs vendéens, si peu scrupuleux pourtant, refusent de descendre à cette ignominie.

Louis-Philippe s'embarque pour l'Amérique, où il réside plusieurs années. Admis dans une riche famille, il y rencontre une belle et candide jeune fille, qui croit aux paroles d'amour du jeune coquin. Déjà, on parle de mariage.

C'était l'époque où Jérôme Bonaparte, ne songeant pas que son frère le consul voudrait bientôt l'apparenter aux rois, faisait des enfants à Miss Patterson en légitime mariage. Le duc de Berry, fils du futur Charles X, allait agir de même, en non moins légitime mariage, avec Miss Brown.

Louis-Philippe ne devait point avoir la peine, comme le Bonaparte et le Bourbon, de faire rompre la mésalliance pour épouser ailleurs, — toujours légitimement, la loi civile ou religieuse n'étant pas pour les princes.

Tout en courtisant la jolie Américaine, il courait un autre lièvre. Le frère aîné de Louis XVI, comte de Provence, son neveu Louis XVII étant mort au Temple, s'était déclaré chef de la branche aînée, sous le nom de Louis XVIII. Réfugié au château d'Hartwell, en Angleterre, il recevait de gros subsides du gouvernement britannique, pour lui et ses amis.

Affriandé par l'espérance d'obtenir riche part du gâteau, Louis-Philippe s'empresse d'ouvrir des négociations. Ses agents font observer en son nom qu'il a jeté au vent depuis longtemps déjà la cocarde tricolore. Il la remplacera quand on voudra par la couleur des rois coalisés; il jouera de l'épée partout où l'on conjure la ruine de la France. Duc d'Orléans, et non plus Jacobin, il sera le premier sujet de Louis XVIII, jurant de dépenser au service du monarque *in partibus* des trésors de fidélité.

Mais ces nouveaux serments ne suffisent pas à effacer le soupçon, la tache de la révolte. On exige une abjuration éclatante de tout ce qu'il a dit et fait durant les diverses périodes de la Révolution.

C'était dur pour un homme qui eût gardé quelque résidu d'honnêteté. Aussi crut-on indispensable de lui dorer la pilule avec la promesse d'une pension annuelle de cinquante mille francs, prélevée sur la subvention anglaise. D'ailleurs, on était trop heuceux, au fond, de rallier ce transfuge. — J'expliquerai pourquoi.

C'était en 1803. Bonaparte n'avait plus qu'un pas à faire pour monter à l'empire. Il venait d'adresser à Louis XVIII cette fameuse lettre où il demandait au prince d'abdiquer ses prétentions au trône.

Louis-Philippe n'était pas de trempe à manquer une bonne affaire par mesquine considération d'honneur ou de morale. Du coup, son enthousiasme s'allume, égal à ses âpres convoitises. Il lâche sa fiancée américaine et court à Hartwell, avec le même entrain qu'autrefois au club des Jacobins.

Là, en présence des gentilshommes de la cour ambulante de Louis XVIII, il signe la déclaration suivante, avec la même conviction qui l'animait en signant son serment civique de 1791 :

« Nous, prince soussigné, neveu et cousin de Sa Majesté Louis XVIII, roi de France et de Navarre ;

« Pénétré des mêmes sentiments dont notre souverain seigneur et roi se montre si glorieusement animé dans sa noble réponse à la proposition qui lui a été faite de renoncer au trône de France et d'exiger de tous les princes de sa maison une renonciation à leurs droits imprescriptibles de succession à ce même trône, déclarons :

« Que notre attachement à nos devoirs et à notre honneur ne pouvant jamais nous permettre de transiger sur nos droits, nous adhérons de cœur et d'âme à la réponse de notre roi ;

« Qu'à son illustre exemple, nous ne nous prêterons jamais à la moindre démarche qui pût avilir la maison de Bourbon, ni lui faire manquer à ce qu'elle se doit à elle-même, à ses ancêtres;

« Et que si l'injuste emploi d'une force majeure parvenait (ce qu'à Dieu ne plaise) à placer de fait et jamais de droit sur le trône de France, tout autre que le roi légitime, nous déclarons que nous suivrions avec autant de confiance que de fidélité la voix de l'honneur, qui nous prescrit d'en appeler, jusqu'à notre dernier soupir, à Dieu, aux Français et à notre épée.

« Wasted-House, le 23 mai 1803. »

« LOUIS-PHILIPPE D'ORLÉANS. » (A. Nettement, *Histoire de Louis-Philippe*.)

Grâce à ces lâches génuflexions, qui le mettent plus bas, s'il est possible, qu'Égalité, Louis-Philippe rentre au giron de la royauté légitime, et, ce qui lui importe bien davantage, il touche régulièrement le subside anglais.

Cependant la fortune de Bonaparte continue de grandir. Empereur, il dicte la loi à l'Europe. En 1808, son pouvoir paraît inébranlable. Vainement la Grande-Bretagne verse l'or à flots pour soudoyer les armées de la coalition, la France reste victorieuse.

Louis-Philippe s'afflige profondément que les rois ne réussissent point à écraser sa patrie. Il souhaite passionnément s'employer en personne à cette œuvre.

Dans ce but infâme, il mendie le patronage de Canning, pour coller à son chapeau la cocarde anglaise et combattre contre son pays. Voyant qu'on se fie peu, à Londres, à ses aptitudes militaires, il sollicite un poste de préfet anglais, aux Iles Ioniennes, d'où il pourra nuire puissamment à la France, espère-t-il.

Tout en présentant cette honteuse requête, qui grossirait sans doute sa pension de quantité de gros sous, il bavarde sur les affaires de l'Europe; « il entend dire que le prince Eugène a été battu par l'archiduc Jean, et il s'en réjouit; on lui parle des succès d'un général anglais en Espagne contre les troupes françaises, et il ne se sent plus de joie. » (*Histoire et politique de la famille d'Orléans.*)

Le même auteur ajoute, avec un dégoût bien légitime : « On ne peut lire cette détestable correspondance sans se sentir monter au front le rouge de la honte et de l'indignation. Tous les traîtres connus sont des héros de patriotisme à côté de ce prince. »

Mais il faut citer ces lettres. Les originaux existent, et j'ai sous les yeux les copies autographiées d'où je vais extraire divers passages. Ces pièces, restées inconnues jusqu'à la chute du roi de Juillet, au 24 Février 1848, ont été publiées d'abord par M. de Lourdoueix. Il est donc impossible de contester leur authenticité.

Du reste, l'homme s'y peint au naturel. Il écrit, comme il parle, la langue verbeuse du charlatan.

Là où son fils, M. d'Aumale, aurait enfilé laborieusement ce qu'on appelle de jolis mots de salon, lui s'abandonne, exubérant, à sa nature de Gaudissart. Il n'a pas même souci de se faire corriger ses fautes d'orthographe.

Il est vrai qu'il ne visait, en composant ces épitres, ni à la publicité du livre ni à l'Académie.

En avril 1808, il est en Sicile, où les Bourbons de Naples, chassés par Bonaparte de leurs États de terre ferme, s'étaient retirés sous la protection de la flotte britannique, maîtresse des mers.

Louis-Philippe flairait là une nouvelle aubaine, qui fixerait, croyait-il, sa fortune et son rang. Dans cette famille royale, promise à l'immortalité de l'infamie, il reçut bon accueil.

Le roi Ferdinand, grossier comme un lazzarone, bête, rouge de visage, une vraie face de boucher, comptait comme zéro. Sa femme, la reine Caroline, gouvernait. Sœur de Marie-Antoinette, elle avait été plus belle que sa sœur en sa jeunesse. Aujourd'hui, à cinquante ans, elle est hideuse, la taille épaisse, le cou bourré de graisse, les joues pendantes et d'un pourpre sanguinolent, le nez fort et arqué, à allure d'épervier, les yeux durs et lubriques.

Cette femelle, dont le portrait terrifie encore le visiteur, au musée de Naples, avait fait tuer ses sujets, quelques années auparavant, aux lieux mêmes où Néron avait fait tuer sa mère.

« Des potences alignées furent dressées un jour sur la plage souriante de Chiaja; à chaque potence balançait le corps d'un patriote. A l'une, une robe de femme se balançait ainsi qu'une bannière : c'était l'héroïque Rosalba, peintre et poète, qui saignante encore de son enfant nouveau-né, mourait pour la liberté. Cependant, sur deux navires pavoisés de fleurs, Nelson (l'amiral anglais), au bras de sa concubine (Lady Hamilton), et Caroline, souriant à son robuste favori (Acton), jugeaient en connaisseurs l'effet du spectacle. » (*Louise Colet.*)

Devant cette reine suant le crime et la débauche, qui avait vécu dans une intimité monstrueuse avec l'immonde maîtresse de Nelson, l'héritier d'Égalité fut à plat ventre. Dans cette atmosphère obscène, il se trouve comme poisson dans l'eau. Rien ne lui répugne : il admire tout dans l'atroce Messaline, sa politique et ses œuvres. D'ailleurs, c'était en raccourci l'histoire des Orléans depuis un siècle et demi, qui se répétait dans ce bordel royal.

Le jaseur intarissable, le fin matois, plut à Caroline.

Certes il n'avait rien d'héroïque, nulle distinction; mais il était jeune encore, très souple, rompu aux flagorneries, sans rival pour la bassesse; comme Laclos, *sa conscience ne le faisait plus souffrir.*

Or, à la cour de Palerme, il y avait une fille à marier, la princesse Marie-Amélie, point laide, âgée de vingt-sept ans.

Louis-Philippe était venu mendier une alliance qui lui redonnerait du lustre, des écus aussi, par surcroît.

Ayant attaqué la mère adroitement, bientôt il peut espérer avoir la fille. Caroline comprit d'emblée qu'il y avait de grosses espérances à fonder sur un tel gaillard. Premier prince du sang, doué d'une ruse de renard, il était bien capable de se frayer route un jour au trône de France.

Toutefois, avant d'en faire son gendre, elle souhaite qu'il soit quelque chose de plus. Piqué par elle, il adresse une longue lettre, datée de Palerme, 17 avril 1808, à un de ses bons amis d'Angleterre, et écrite dans ce style d'apothicaire dont il avait le secret.

Je détache les principaux passages.

« ...Je n'aime pas plus que vous le métier d'émigré et j'enrage doublement de me voir condamné à l'humiliation de l'inutilité et de la végétation, quand je sens, quand je vois, quand je touche au doigt et à l'œil tout ce que je pourrais faire si on s'entendait avec moi, et si on n'avait pas l'air de vouloir me tenir sous clef à Hampton-Court et à Twickenham...

« Je suis prince et Français, et cependant JE SUIS ANGLAIS d'abord par besoin, parce que nul ne sait plus que moi que l'Angleterre est la seule puissance qui veuille et qui puisse me protéger. Je le suis par *principe*, par *opinion* et par *toutes mes habitudes*...

« Je ne suis ici qu'en passant, mon cher comte; cependant je me flatte que mes conversations avec la reine auront produit quelque bien. Je crois que s'il entrait dans mes arrangements d'y être d'une manière plus stable, je pourrais y faire un effet bien plus durable.

« La reine s'occupe sans cesse avec moi d'établir plus de cordialité entre elle et l'Angleterre. Elle en sent l'avantage, le besoin, la nécessité. Elle me dit qu'elle manque de bons intermédiaires...

« Nous allons beaucoup plus loin... et c'est par ces conversations qu'elle me témoigne le regret que je ne puisse pas entreprendre d'exécuter ce dont je lui ai fait sentir la nécessité; mais je lui dis que mon curricle m'attend sur la route de Hampton-Court, et que je dois y être rassis au mois de juin! parce que sans cela je perds, au mois de juin, et mon traitement et la protection de l'Angleterre...

« Cependant, mon cher comte, vous pensez bien que si la guerre qui s'allume en Italie m'offre quelque chance de m'y fourrer, le curricle attendra. On a daigné me dire ici à cet égard les choses les plus flatteuses; malgré cela je veux aller en Sardaigne... parce que le Nord de l'Italie est un bien plus grand théâtre que le Sud... Si cela ne me réussit pas, alors nous verrons le parti qu'on pourra tirer de ce côté-ci...

« Ici il y a une armée anglaise à laquelle cependant il pourrait ne pas être inutile que je fusse Napolitain; mais pour que ma coopération lui soit utile,... il faut que le gouvernement s'explique, il faut au moins qu'il daigne m'approuver et qu'on sache d'une manière catégorique si je leur conviens ou non.

« Vous me *feriés* plaisir, vous me *rendriés* un bien grand service de faire sentir cela à M. Canning, et en tout de le mettre au fait de la position où je me trouve, et de lui faire sentir que je peux probablement leur être bon à quelque chose et que c'est le plus *sincère* et le plus *ardent* de mes désirs... »

De tout ce qui précède, il résulte que l'Angleterre avait une pauvre opinion du savoir militaire de l'élève de la Genlis, et surtout qu'il avait une peur folle de perdre son subside de cinquante mille francs, sans être sûr de gagner le double ailleurs.

Après avoir jaboté ensuite sur le remaniement de la carte d'Europe, projeté par les coalisés, il ajoute :

« Mais ce qui est bizarre, il reste un petit État à donner, et personne n'en veut : cela est curieux! La reine m'a dit : « — La place est vide, mettez-vous-y »; et je lui ai dit : « — Je m'y mettrais bien, mais il faut que l'on veuille m'y laisser mettre. »

Ce petit État, ce sont les *Sept-Isles* (ioniennes)... Si l'Angleterre me croit un personnage convenable pour ces *Isles*, je suis prêt et j'en serai enchanté. Je vous réponds que j'y aurai bientôt un noyau de troupes avec lesquelles je ferai du tapage. »

En un mot, il se fait fort « *d'arracher les Sept-Isles aux Français* »

Enfin, posant en grand général, — une infirmité de M. d'Aumale aussi, — il trace au pied levé des plans de campagne; si on l'écoute, les alliés reconquerront vite Gênes et le Piémont. Et il ajoute :

« J'espère que la retraite des troupes françaises d'Italie se trouvera absolument interceptée.

« On nous parle beaucoup ici de soulèvement et de mouvements anti-conscriptionnels dans le Midi de la France... Mais il est au moins probable que la conquête de Gênes et du Piémont serait une lame à deux tranchants qui, d'un côté, affranchirait l'Italie, et de l'autre soulèverait le Midi de la France. »

Ainsi, ce n'est pas assez de la guerre étrangère, ce « profond scélérat », comme sa mère l'appellera plus tard, rêve encore la guerre civile pour son pays.

Nous savons donc, par son propre aveu, que Louis-Philippe était *Anglais* du fond du cœur dès 1808. Dès lors, on peut deviner en lui l'homme qui, accroupi sur le trône de Juillet, fera voter une indemnité à l'apothicaire Pritchard, pour s'être diverti à insulter le pavillon de la France.

Le 29 mai 1809, Louis-Philippe est à Cagliari, en Sardaigne, où il est allé après avoir touché, sans doute, son traitement en Angleterre. Bonaparte prélude à la terrible campagne qu'il devait terminer par le coup de foudre qui lui ouvrit les portes de Vienne et mit l'Autriche à sa merci.

Mais les débuts sont favorables aux coalisés. L'héritier d'Égalité, étouffant de joie, écrit à son ami d'Angleterre :

« Quels événements que ceux qui se préparent ! Le déploiement de l'Autriche est superbe, et me fait *anticiper* des résultats brillants...

« L'archiduc Jean a battu Beauharnais à Fontana Fredda. Beauharnais avait 45,000 hommes. L'archiduc est arrivé par la droite de Piede avant les Français, et s'il les culbute dans Venise, ils y seront bloqués et affamés. Jean a fait sept mille prisonniers. L'Istrie est conquise en totalité. Le neuvième régiment de ligne a été cerné et pris. Pola a été assiégée et prise. Un corps d'armée va attaquer Marmont et la Dalmatie, mais là il faudra de l'assistance anglaise... Le Tyrol est conquis...

« L'archiduc Charles avance en Bavière avec 130,000 hommes, poursuivant Masséna et Davoust qui se retirent devant lui avec 80,000 hommes...

« Nos nouvelles d'Espagne sont déjà meilleures, et j'espère que Buonaparte nous prouvera encore mieux qu'il est moins difficile de faire des conquêtes que de les garder.

« Les Français ont emmené toutes leurs troupes de Catalogne et n'ont laissé que des garnisons à Barcelone et à Figuières. Ils y sont si pressés qu'ils ont risqué une partie de la flotte de Toulon pour les ravitailler, et *malheureusement* ils ont réussi; mais ce n'est que pour un temps.

« Il paraît que Soult se trouve dans une situation très fâcheuse, et qu'il est pressé par la Romana et le général Cradock. *J'espère qu'ils vont être écrasés* en Espagne.

« Mais quelque importantes que soient ces considérations, il en est d'autres non moins importantes, dont il me semble qu'il est grand temps de s'occuper.

« Le mécontentement est si grand en France... que je ne *désespère pas* que la campagne malheureuse à laquelle Buonaparte semble enfin destiné, ne renverse son *Impératorerie*.

« Encore une fois, il me semble grand temps d'en préparer les moyens et de se tenir prêt à profiter des événements. »

Ensuite, avec son incorrigible bagout, il se lâche de nouveau à tirer des plans. A l'entendre, si on le laissait faire, il avalerait d'une bouchée non des sabres, mais Bonaparte et son *Impératorerie*, comme il dit dans son jargon.

Il termine en revenant au vieux jeu de la trahison, appris à l'école de Dumouriez : corrompre les généraux français, souffler la sédition dans les armées, les mettre aux prises les unes avec les autres, allumer la rébellion dans les provinces, et livrer ainsi la France, déchirée par les mains de ses propres enfants, à la fureur de ses ennemis.

Le misérable conclut en ces termes :

« Perché sur le rocher de Cagliari, ignorant si on désire que je fasse quelque chose, ignorant encore plus ce qu'on voudrait que je fisse, je suis là comme Tantale et affamé comme lui, quoique ce soit d'autre chose. »

Est-il assez infâme, ce futur roi roi des Français! Si ces lettres écrites de sa main eussent été connues en 1830, nul doute que la colère du Peuple n'eût jeté ce triple scélérat à l'échafaud, sous le couperet qui avait tranché la tête d'Égalité.

Et c'eût été justice ! Les dupes ou les coquins qui le hissèrent au trône, n'eussent pu tromper la France en prônant le prétendu patriote de Valmy et de Jemmapes.

Le 29 novembre de cette même année, Louis-Philippe épouse la princesse Marie-Amélie, dans la cathédrale de Palerme.

Voilà le *Jacobin jusqu'au bout des ongles*, le citoyen Chartres qui réclamait si fort autrefois des lanternes pour les aristocrates, apparenté aux rois, plus monseigneur et plus prince que jamais.

Pour comble de bonheur, on l'invite enfin à combattre contre la France. Le 4 mars 1810, le Conseil suprême de Régence d'Espagne lui écrit :

« Sérénissime Seigneur,

« Votre Altesse a exprimé le désir de combattre dans les rangs des armées espagnoles et de défendre la cause de votre auguste famille. Des circonstances impérieuses ont entravé jusqu'à présent ce généreux désir : mais aujourd'hui tous les obstacles étant heureusement levés, le suprême conseil de Régence offre à Votre Altesse le commandement d'une armée en Catalogne. »

Le duc d'Orléans répond le 7 mai suivant :

« Seigneurs,

« Le cri que la nation espagnole a jeté contre

l'odieuse agression de Bayonne, en jurant de conserver son indépendance et sa fidélité à son roi légitime, le seigneur don Ferdinand VII, n'a jamais cessé de retentir dans mon cœur : et depuis cette époque, le premier de mes vœux a été d'obtenir l'honneur que vous me faites aujourd'hui, en me permettant d'aller combattre avec les armées de Sa Majesté.

« C'est le 5 de ce mois que j'ai reçu la lettre en date du 4 mars, par laquelle vous avez bien voulu m'appeler au commandement d'une armée en Catalogne. Avec le consentement du roi des Deux-Siciles, mon beau-père, je quitte le commandement de mon armée,... les plans dont nous nous occupions pour la défense même de la Sicile ; je marche, après six mois bien courts de bonheur, et j'accepte cette honorable invitation avec le plus grand empressement et la plus profonde reconnaissance....

Signé : L.-P. D'Orléans.

Il part, pour cette belle expédition qui devait réaliser le plus cher de ses désirs : combattre contre les Français, reprendre l'œuvre de haute trahison, manquée jadis avec Dumouriez.

Marie-Amélie, sa jeune femme, partage toutes ses abominables convoitises. Enceinte de l'enfant qui fut le père de Monsieur de Paris, elle écrit à Louis-Philippe, le 10 juillet 1810, une lettre d'où j'extrais ces lignes significatives :

« Tout le monde calcule que ton fils sera l'héritier présomptif du trône de France...

« Tes aînés (Louis XVIII et son frère), se sont bien éveillés; mais comme ils vont être furieux en voyant que, malgré toutes leurs intrigues, ils ne réussissent à rien, tandis que les Espagnols, sur ta bonne renommée, t'ont appelé et t'ont reçu si brillamment. »

Évidemment « la vertueuse princesse » trahit ici le secret d'odieuses espérances. Autant que son mari, elle hait les Bourbons aînés. Dès les premiers mois, elle est prête à s'associer à l'hypocrite comédie que l'héritier d'Égalité va jouer pendant plus de vingt ans pour voler d'abord une colossale fortune, puis une couronne.

Ainsi pourvu d'un commandement de haute importance, Louis-Philippe fait directement la guerre à sa patrie. Mais ce ne sont point ses ridicules vanteries qui ébranleront la puissance de Bonaparte.

Il joue mieux de la langue que de l'épée.

Pourtant il a l'air de se mettre en quatre. Il écrit autant qu'il bavarde.

« Parmi les manuscrits trouvés aux Tuileries le 24 Février, figure un rapport de plan de campagne entièrement tracé par lui. Il y donne des conseils, il y consigne des observations. Cet écrit, que nous avons sous les yeux en ce moment, n'a été conservé qu'à l'état de fragment; il n'en subsiste que quelques feuillets épars. »

(*Histoire et politique de la famille d'Orléans.*)

L'écrit publié dans l'ouvrage cité prouve clairement, si mutilé qu'il soit, la coopération très active de Louis-Philippe avec les ennemis de la France. Ce qui lui manqua pour réussir, ce fut la capacité du général unie au courage, et non le vouloir de mal faire.

L'Angleterre ne tarda pas à faire renvoyer d'Espagne ce foudre de guerre... en paroles et en écritures. Louis-Philippe retourne à Palerme, jaser avec Caroline et achever l'éducation de sa femme. Les bons exemples que Marie-Amélie avait eus sous les yeux dans sa famille, depuis son enfance, l'avaient préparée aux leçons de l'héritier d'Égalité. Et le mari était bien plus fort que papa et maman : chacun des royaux conjoints n'avait qu'une spécialité ; lui, était un homme universel.

Louis-Philippe reste en Sicile jusqu'à nos désastres de 1814.

Dumouriez, l'idéal du traître avant Bazaine, l'avait seriné cette fois encore. Aussi, avec quelle aigreur il reprocha au général anglais, lord Wellington, d'avoir enlevé son commandement au duc d'Orléans, qui, disait-il « *était en position de faire tant de mal à la France !* »

CHAPITRE XIII

LA CURÉE

En 1814, la France est envahie. Bonaparte déchu expie le crime de Brumaire.

A la suite de l'ennemi victorieux, les Bourbons se présentent, Louis-Philippe en queue.

Au retour de l'exil, le duc d'Orléans, pas plus que ses fils en 1871, n'a souci de la Nation sanglante, mutilée, mise à sac. Dès longtemps, il n'est plus Jacobin, ni même citoyen. Il est aujourd'hui premier prince du sang.

« *Anglais par besoin, par principe, par toutes ses habitudes* » — c'est-à-dire marchand à voler dans les poches.

C'est un Judas autrement complet que le patron de ses pareils. Ce n'est pas lui qui se contenterait de trente deniers. Il exige qu'on le paie royalement de ses vingt ans de trahison, de toutes ses infamies.

A la solde des ennemis les plus acharnés de sa patrie, il a reçu de toutes mains, l'or anglais, l'or napolitain, l'or d'Espagne. N'importe! il accourt à la curée; il réclame la plus large part du butin.

A peine Louis XVIII est-il installé aux Tuileries, Louis-Philippe demande, le verbe haut, restitution immédiate de tous les biens de sa famille, y compris les apanages.

La loi de 1790, il est vrai, les a supprimés tous, ces apanages, qui ont été réunis au domaine de l'État. Et cette loi reste en pleine vigueur, même sous la nouvelle royauté des Bourbons.

Quant aux autres biens des Orléans, ils sont devenus pareillement, d'une façon non moins légitime, la propriété de l'État, qui les a rachetés pour désintéresser les créanciers, lors de la banqueroute de 1792. De sorte que la succession de Philippe Égalité se compose uniquement des dettes nombreuses qui n'ont pu être acquittées, soit faute d'acquéreurs pour certaines propriétés, soit parce que le prince banqueroutier a détourné en Angleterre quantité de millions.

La situation étant telle, il faut nécessairement que le roi vole à l'État les biens réclamés, pour les restituer au duc d'Orléans.

Mais Louis XVIII est vieux, faible, peu gêné de scrupules. Il craint ce parent si proche du trône, d'appétits féroces, à lui connu pour être capable de tout.

En outre, il tremble que Louis-Philippe n'aille fouiller dans son passé pour en exhumer d'odieux secrets. Le chef actuel de la branche aînée a conspiré lâchement contre son frère Louis XVI. Quelques-uns savaient alors, ce qui est démontré historiquement aujourd'hui, qu'il a tenté autrefois de monter au trône par le fratricide. (Voir Louis Blanc, etc.)

Voilà qui explique bien des choses longtemps obscures. La confraternité du crime force à d'étranges indulgences, à d'effroyables compromis.

Louis XVIII se résigne donc à commettre ce vol colossal au profit du chef de la branche cadette. Par trois ordonnances successives, rendues en violation flagrante de la loi, il remet le duc d'Orléans en possession de tous les biens de Philippe Égalité, sans exception.

Nul n'osa réclamer. Les troupes étrangères occupaient une partie de la France, saignée à blanc aux quatre veines et durement rançonnée. En dépit de la Charte, cette duperie, le Bourbon régnait en réalité de par le droit divin, prétendant, comme ses ancêtres, n'avoir à compter qu'avec Dieu et sa conscience. — Deux juges qui ne le tourmentaient guère.

Mais pour reconstituer en un seul corps de propriété cette immense fortune, démembrée par la banqueroute et par la Révolution ; pour rentrer en possession des terres tombées dans le domaine de l'État depuis vingt et un ans, il y aura des procès à soutenir, des preuves à produire ; avant tout, il faudra déposséder de haute lutte les acquéreurs de biens nationaux.

Il est donc indispensable d'avoir les pièces qui formeront les dossiers.

Le cas est prévu. Un acte royal ordonne la remise

au duc d'Orléans de tous « les titres, comptes, plans, papiers et autres documents relatifs auxdits biens. »

Cette dernière ordonnance porte la date du 17 septembre 1814. Louis-Philippe ne put attendre le lendemain. Le jour même, les Archives du royaume durent remettre à son fondé de pouvoirs cent sept cartons, contenant 1,733 pièces.

Ces documents, rentrés un instant aux Archives, l'année suivante, pendant les Cent-Jours, retournèrent aux mains du duc, à la seconde Restauration, pour ne plus sortir de la famille.

Le fait est donc indéniable : — *La fortune de Louis-Philippe est un vol fait à la Nation.*

Ainsi, depuis l'auteur de la famille, *Monsieur*, frère de Louis XIV, jusqu'au roi de Juillet, les Orléans ne se sont jamais enrichis que du brigandage, quand eux-mêmes n'ont pas mis la main dans le sac.

A la nouvelle du débarquement de Bonaparte, échappé de l'île d'Elbe (20 mars 1815), Louis-Philippe reçoit l'ordre de s'opposer à sa marche, à la tête de l'armée de Lyon.

Ce grand général se hâte... de filer en Angleterre. Si haut maintenant, il estime sans doute que ce serait faire trop d'honneur à *Buonaparte* et à son *Impératorerie* que de le combattre en personne.

Mais tout en poursuivant avec l'avidité du chacal le recouvrement des biens d'Égalité, il a noué de nombreuses intrigues, la chose est aujourd'hui prouvée. Il est prêt à jeter au même panier que son serment civique de 91, son fameux serment d'Hartwell.

Au Congrès de Vienne, où ils siégeaient au nom de Louis XVIII retiré à Gand, Fouché et Talleyrand se sont entendus pour ouvrir au chef de la branche cadette le chemin du trône.

Les vues de ces deux sinistres diplomates, « d'adroites insinuations les firent germer, dit Louis Blanc, dans l'esprit de l'empereur Alexandre ; et un jour, en plein Congrès, le czar pose tout à coup la question de la sorte : « Ne serait-il pas préférable, dans l'intérêt de l'Europe, que la couronne de France fût placée sur la tête du duc d'Orléans ? »

« A cette proposition inattendue, chacun demeura frappé de stupeur. Mais les Cent-Jours n'étaient-ils pas venus prouver la nullité des Bourbons aînés ?... On penchait déjà pour le duc d'Orléans, quand l'opposition de lord Clancarty fit échouer le projet. »

Après Waterloo, Louis XVIII revient de Gand, Louis-Philippe d'Angleterre. Froidement accueilli du roi, renseigné sur ses viles manœuvres, l'héritier d'Égalité ne se trouble pas de si peu. Mais, ce qui est beaucoup plus grave, on le menace à la Chambre des pairs, malgré son intarissable bagout.

Toujours prudent, à la paix comme à la guerre, il s'empresse de regagner l'Angleterre ; un exil commode où il opérera sans le moindre risque.

Là, payant à son habitude d'hypocrisie, d'impudence et d'audace, il psalmodie sur tous les tons son serment d'Hartwell. Afin de mieux donner le change à l'entourage défiant de Louis XVIII, il lance en France la proclamation suivante :

« Français !

« On me force à rompre le silence que je m'étais imposé; et puisqu'on ose mêler mon nom à des vœux coupables et à de perfides insinuations, mon honneur me dicte, à la face de l'Europe entière, une protestation solennelle que me prescrivent mes devoirs.

« Français! on vous trompe, on vous égare ; mais qu'ils se trompent surtout, ceux d'entre vous qui s'arrogent le droit de se choisir un maître, et qui, dans leur pensée, outragent, par de séditieuses espérances, un prince, le plus fidèle sujet du roi.

« Le principe inexorable de la légitimité est aujourd'hui la seule garantie de la paix en France et en Europe ; les révolutions n'en ont fait que mieux sentir la force et l'importance. Consacré par une ligue guerrière et par un Congrès pacifique de tous les souverains, ce principe deviendra la règle invariable des règnes et des successions.

« Oui, Français, je serais fier de gouverner, mais seulement si j'étais assez malheureux pour que *l'extinction* d'une branche illustre eût marqué ma place au trône. Ce serait alors seulement que je ferais connaître aussi des intentions peut-être bien éloignées de celles qu'on me suppose et qu'on voudrait me suggérer.

« Français ! je ne m'adresse qu'à quelques hommes égarés ; revenez à vous-mêmes et proclamez-vous fidèles sujets de Louis XVIII et de ses héritiers naturels, avec l'un de vos princes et de vos concitoyens.

« LOUIS-PHILIPPE, DUC D'ORLÉANS. »

Pendant que Louis-Philippe s'époumonne à crier sa fidélité dans ces protestations retentissantes, mensonges où l'odieux le dispute à la bassesse, la conspiration orléaniste se déroule à Grenoble, de son aveu certainement, sinon plus.

Le chef est Paul Didier, avocat de cinquante-huit ans, tour à tour révolutionnaire, bonapartiste, légitimiste en 1814, mais en réalité couvant depuis de longues années l'idée de remplacer la branche ainée par la branche cadette.

Pendant les Cent-Jours, Didier avait proposé au Comité orléaniste de la rue Cassette un plan habilement conçu. Il s'agissait de corrompre à prix d'or et par promesses de grades élevés, les officiers les plus marquants de l'armée.

Les détails de cette machination ont été publiés en 1838, sous le règne de Louis-Philippe, par un ancien archiviste de la police, nommé Peuchet.

Retiré alors de l'administration, n'ayant par conséquent rien à demander, il se contenta de faire suivre ses affirmations de ces lignes :

« J'ai entre les mains les pièces qui confirment mon dire ; M. Decazes (ministre de la police sous Louis XVIII) sait bien qu'il ne pourrait me donner un démenti. »

En effet, ni Decazes, ni personne, n'osa contredire les terribles révélations, confirmées d'ailleurs par d'autres écrivains de valeur.

Il me suffit donc ici de résumer les Mémoires de Peuchet, relativement à la tragique affaire de Grenoble. Il est impossible de contester leur véracité absolue.

En lisant ces pages si précises, on croirait que le coup d'État du Deux-Décembre n'est qu'un plagiat de celui tenté à Grenoble par Didier et ses complices.

On avait décidé d'abord d'ajourner l'explosion à l'année 1817, époque où il y aurait en France moins de troupes étrangères. Mais, à la nouvelle du prochain mariage du duc de Berry, qui pouvait consolider la branche aînée en lui donnant un héritier, on résolut de précipiter l'événement.

La conjuration éclata à Grenoble le 5 et le 6 mai 1816. Les insurgés, reçus vigoureusement par les troupes, sont battus sur tous les points. Certains chefs sont tués. Didier prend la fuite. Le comte Decazes était ministre de la police générale.

« Je ne peux pas concevoir comment on a laissé ce complot parvenir à sa maturité, ajoute Peuchet, lorsque je vois les Archives de la simple préfecture de police regorger de renseignements précis sur les conspirateurs, de dénonciations venues de cent endroits pour dévoiler ce qui se tramait dans le Dauphiné.

« Je sais que les lumières parvinrent de toute part au comte Decazes, et que le ministre ferma constamment les yeux.

« Avant 1830, cette conduite me paraissait inexplicable; depuis, j'ai eu le mot de l'énigme. M. Decazes eût pu prévenir de longue main ce coup d'État et ménager le sang français qui coula.

« Il savait tout, ou, s'il n'a rien su, il faut que, par une fatalité bien singulière, ce qui était à la connaissance de l'universalité de la police se soit arrêté à la porte du ministre... « Didier qui, un sabre à la main, avait essayé, sous le feu de la mousqueterie, de rallier les insurgés, voyant pleine déroute, tenta de se sauver. »

Le fugitif ayant touché le territoire piémontais, fut reconnu, arrêté et livré à la justice prévôtale de France.

Parmi les autres accusés, vingt et un furent condamnés à la peine de mort.

Quatorze subirent immédiatement la terrible sentence; on recommanda les autres à la clémence royale.

« Cette sanglante exécution, continue Peuchet, épouvanta tout Grenoble, qui, du moins, espérait en être quitte avec cette fatale décimation, lorsque, le 14 mai, le général Donnadieu reçut une dépêche télégraphique contre-signée Decazes, ainsi conçue:

« Je vous annonce, par ordre du roi, qu'il ne faut accorder de grâce qu'à ceux qui vous ont révélé des choses importantes. Les vingt et un condamnés à mort doivent être exécutés, ainsi que David.

« Parmi ces nouvelles victimes, il y avait un enfant de seize ans.

« Didier, ramené devant ses juges, essaya, sans succès, de se défendre. Condamné à mort, il fut exécuté le 10 juin 1816. »

Cependant, avant de mourir, Paul Didier, pressé par le général Donnadieu, laissa échapper un demi-aveu.

« Que le roi, dit-il, se défie d'hommes qui l'entourent, qui ont deux serments à la bouche... Son plus grand ennemi est *dans sa famille.* »

Selon diverses publications, Decazes, dès longtemps agent de l'orléanisme, aurait transmis des ordres impitoyables par télégraphe, pour ne pas se trouver en face des conspirateurs qu'il aurait été plus pénible de faire frapper.

« Dès ce moment, dit encore Peuchet, la famille de Didier, qui se trouvait réduite au dernier degré du malheur, reçut des secours d'une main inconnue. La révolution de 1830 est venue lever le voile qui pesait sur ce mystère. La constante faveur dont M. Didier n'a cessé de jouir,... les fonctions importantes qu'on lui a successivement confiées (il devint conseiller d'État), témoignent d'une manière éclatante quelle cause son père a servie. »

Il est prouvé, d'autre part, que presque tous les

enfants des victimes de Grenoble obtinrent des pensions, soit du budget, soit de la cassette particulière de Louis-Philippe.

Pareils faits se passent de commentaires. Le chef de la branche cadette, le signataire du serment d'Hartwell et de la récente proclamation aux Français avait certainement la main dans l'attentat, s'il ne le dirigeait d'Angleterre, à l'abri du danger.

Il est autorisé à rentrer en France en janvier 1817.

Durant les quatre années qui suivirent l'inexorable répression, la conspiration orléaniste continue souterrainement. Elle a de hauts complices jusque dans les conseils du gouvernement de Louis XVIII. Rien de plus instructif à cet égard que cet autre passage des *Mémoires* de Peuchet :

« — Point de Bonaparte! Point de Bourbons! disait en 1819, M. de Talleyrand à M. Decazes.

« Les Bourbons, voyez comme en 1789 ils sont tombés, dès qu'on a voulu les jeter à terre! En 1815, leur désastre a été si prompt, si pitoyable, qu'il les a déshonorés. Eh bien! pour le renouveler, il suffira d'une échauffaurée, d'un coup de main dans Paris.

« Mon cher ami, travaillons de concert, cherchons un usurpateur, homme de sens, habile, courageux, bien persuadé de sa *propre scélératesse!*... Celui-là, instruit par l'expérience, redoutera toute inimitié, aura peur de tout mécontentement, frémira de la moindre plainte.

« Je sais où il est, je vous mettrai en rapport avec lui. A moi la pompe, les décorations extérieures, et à vous l'effectif grossi de ma succession. Voyons,... vous ai-je parlé en fourbe? N'êtes-vous pas mon fils. »

« Cette profession de foi, si admirable dans sa perversité, fut le soir même rapportée au comte Anglés; elle le frappa tant, qu'aussitôt il écrivit les moindres détails de cette conversation, et, en quittant son poste, il oublia dans nos bureaux ce mémorandum : je l'ai copié mot à mot. »

Peuchet écrivait en 1822 cette conversation de 1819. A dix ans de là, en 1830, Louis-Philippe est roi; Talleyrand, ambassadeur en Angleterre; Decazes, duc et grand référendaire de la Chambre des pairs, et le duc de Gluksberg, son fils, attaché d'ambassade.

Le rapprochement se fait de lui-même : l'homme *bien persuadé de sa propre scélératesse,* » c'est Louis-Philippe d'Orléans.

Le 20 février 1820, quelques mois après le jour où Talleyrand déclarait au duc Decazes savoir où était l'homme bien persuadé de sa propre scélératesse, le duc de Berry tombe mortellement blessé, sous le couteau de Louvel. Marié récemment à une princesse napolitaine, nièce de Marie-Amélie, il était l'héritier présomptif de la branche aînée.

Le comte Decazes est encore ministre. Clauzel de Coussergues l'accuse énergiquement de complicité. Il est obligé de donner sa démission, et son accusateur s'écrie :

« Le pied lui a glissé dans le sang! »

Désormais Louis-Philippe n'est plus séparé du trône que par le frère de Louis XVIII, depuis Charles X, qui vieillit, et par le fils aîné de ce prince, pauvre sire qui n'aura jamais d'enfant. L'intérêt qu'avait le duc d'Orléans à l'assassinat du duc de Berry, le désigne au soupçon.

En tout cas, un fait publié pendant son règne, sans qu'on osât poursuivre, se dresse contre lui dans l'histoire : — Malgré sa ladrerie, il a pensionné immédiatement la maîtresse de Louvel; et, après 1830, cette femme a été nommée lingère aux Tuileries. Les actes de Louis-Philippe prouveront bientôt qu'il était très capable de soudoyer l'assassinat.

Déjà le duc d'Orléans entrevoit l'heure où il montera à ce trône si ardemment convoité.

Mais au même instant se répand la nouvelle de la grossesse de la duchesse de Berry. Dès lors partent, on ne sait d'où, des couplets railleurs, des caricatures indécentes.

Des inconnus sillonnent les faubourgs, semant cette idée que la grossesse de la veuve du prince assassiné est simulée.

Le 29 septembre suivant, la duchesse de Berry accouche d'un enfant mâle, qui reçut le titre de duc de Bordeaux, échangé plus tard dans l'exil contre celui de comte de Chambord.

« Quand on annonça au duc d'Orléans la naissance du duc de Bordeaux, raconte Lourdoueix, il s'écria :

« — Nous ne serons donc jamais rien dans ce pays !

« Rien ! Il appelait rien la position de prince du sang royal et les trois cents millions que Louis XVIII lui avait donnés...

« Aussi, pour faire de ce rien quelque chose, il reprit secrètement toutes ses pratiques avec les anciens complices de son père, et il commença cette nouvelle phase de conspiration par protester, dans les journaux anglais, contre la naissance de l'héritier légitime du trône, fondant cette protestation sur des calomnies infâmes ; et quand le roi lui fit demander de désavouer ce document publié sous son nom, il se contenta d'une dénégation verbale, s'enveloppant dans sa dignité pour refuser un désaveu public... »

Voilà, certes, un coquin bien chatouilleux sur la question de substitution d'enfant. Comme on sent que là le bât le blesse ! Il n'y a guère à douter qu'il ne connaisse au moyen de quel jeu on greffe parfois, sur l'arbre généalogique, un bourgeon exotique.

Marie-Amélie et Mlle Adélaïde courent aux renseignements.

« En entrant chez Mme la duchesse de Berry, continue Lourdoueix, en s'appuyant sur documents historiques et pièces justificatives, Mlle d'Orléans dit à sa belle-sœur Amélie :

« — Enfin il n'y avait personne !

« — Je vous demande pardon, lui répondit quelqu'un qui se trouvait derrière elle : M. le maréchal Suchet y était. »

« M. le duc d'Orléans ne sut pas se contenir devant Mᵐᵉ de Gontaut, à qui on avait remis le nouveau-né, et les propos furent si amers et si offensants que cette dame, tout en pleurs, s'écria :

« — C'est horrible ! Monsieur le maréchal, venez donc répondre à M. le duc d'Orléans.

« Cependant, on réfléchit au Palais-Royal... Le lendemain, Mˡˡᵉ Adélaïde fut envoyée à Mᵐᵉ de Gontaut.

« — Joséphine, lui dit-elle, vous êtes en colère contre mon frère, mais il faut pardonner à un mouvement bien naturel. On ne perd pas sans regret une couronne pour ses enfants. Je vous assure qu'aujourd'hui il est très bien. »

A ce langage d'un cynisme écœurant, on devine déjà l'Égérie de Louis-Philippe, dépravée par la Genlis, qui régnera plus tard avec lui, impitoyable aux patriotes, complice des exils, des emprisonnements, des fusillades et du déshonneur de la France.

J'omettrai de citer un livre que j'ai sous les yeux et qui l'accuse d'inceste. Cette mauvaise fille est jugée : la sœur valait le frère, un gredin de la pire espèce.

Pendant que le *Morning-Chronicle* publiait des articles scandaleux au nom de l'héritier d'Égalité, celui-ci faisait auprès du maréchal Suchet une démarche cruellement offensante pour la famille royale.

« — Monsieur le maréchal, dit-il, votre loyauté m'est connue, vous avez été témoin de l'accouchement de Mme la duchesse de Berry; est-elle réellement mère d'un prince?

« — Aussi réellement que Monseigneur est père de M. le duc de Chartres. »

Le duc s'en tint là. Mais il n'est pas bien sûr qu'il fût convaincu. Il y avait dans sa famille tant d'histoires de fraudes et de substitutions, que son esprit dut rester obsédé de cette idée qu'on l'avait triché.

Les naïfs s'étonnèrent de ce qu'ils appelaient la « magnanimité » de Louis XVIII, soit à l'assassinat du duc de Berry, soit à la naissance du duc de Bordeaux.

Ceux-là ignoraient les complots du vieux roi, jadis, contre la liberté ou la vie de Louis XVI, ses protestations si outrageantes contre la légitimité des enfants de la reine Marie-Antoinette. Qu'aurait-il pu répondre, si le duc d'Orléans, accusé par lui, eût produit le dossier infamant? Louis-Philippe ne faisait que le copier.

Dans la maison royale des Bourbons, il y a sans cesse de ces mystères redoutables qui protègent même les criminels avérés. On l'a vu par l'exemple de Monsieur, frère de Louis XIV, et par celui de son fils le Régent, tous deux grièvement inculpés d'empoisonnement.

En dépit de ces procédés de goujat, Louis-Philippe ne cessait de tourmenter ses parents de la branche aînée pour arracher de nouveaux millions. Les choses allèrent si loin, qu'un courtisan dit un jour à Louis XVIII :

« — Sire, prenez garde ! Monsieur votre cousin paraît en vouloir à votre couronne.

« — Vous vous trompez, répliqua le vieux roi, c'est tout au plus s'il en veut à ma liste civile. »

Réponse dictée par la peur, mais que la flatterie déclara très spirituelle.

Et la duchesse de Berry, à qui on annonçait une bonne aubaine échue à la tribu du Palais-Royal, s'écriait avec sa légèreté ordinaire :

« — Tant mieux ! ces d'Orléans sont de si bonnes gens ! »

Charles X renchérit encore. Ses concessions et faveurs friseraient la bêtise, si, lui aussi, n'avait eu dans son misérable passé les plus graves motifs de brider la langue de son dangereux parent.

Les Chambres royalistes avaient voté un milliard aux émigrés, pour les indemniser de la perte de leurs biens. Quoique Louis-Philippe ait été remis en possession de toute la fortune patrimoniale d'Égalité, Charles X lui fait attribuer plus de dix-sept millions dans la répartition du milliard.

Un vol encore, ajouté à tant d'autres.

En outre, le triste roi confère au duc d'Orléans le titre d'Altesse Royale. Puis, abusant de la servilité du Parlement, il exige qu'on légalise le vol de la restitution des biens, — acte immoral au premier chef, et caduc par là même.

Louis-Philippe jouit donc d'une fortune dépassant trois cents millions, grâce aux concessions malhonnêtes des deux rois Bourbons.

Il est beaucoup plus riche qu'il ne l'eût été par la succession directe et immédiate de Philippe Égalité.

Pendant la courte durée de la première Restauration, il ne s'occupe que d'organiser la gestion de ses domaines, l'intendance de ses finances, son conseil du contentieux et d'intenter des procès.

Après la seconde Restauration, il emploie ses premiers loisirs à intenter de nouveaux procès, qui jettent l'alarme parmi les acquéreurs des biens nationaux.

En 1821, il est en instance devant le conseil d'État, contre le ministre des finances, qui défendait les intérêts du Trésor.

En inventoriant les actes de famille, ses hommes d'affaires retrouvent des parchemins qui semblent lui donner des droits à la possession d'une grande étendue de dunes, marais, prés, landes et bruyères, dont trois cents communes du département de la Manche jouissaient paisiblement depuis un temps immémorial.

Aussitôt une action est ouverte contre trente mille propriétaires intéressés dans ce débat.

Cette cupidité monstrueuse révolte enfin l'opinion. Charles X s'émeut. Il exprime à ce vil Harpagon, qui dévorerait la France, son vif mécontentement. Il lui reproche la déconsidération que ces poursuites répandent sur les deux branches de la famille.

Le roi rappelle à l'effronté coquin le détestable effet qu'ont produit ses innombrables procès, notamment celui qu'il a intenté à la ville de Paris, relativement à la dérivation de la rivière de l'Ourcq.

Dans son procès-verbal du 11 avril 1824, le Conseil général de la Seine avait constaté le mauvais vouloir de ce prince du sang pour la capitale.

Louis-Philippe, ainsi chapitré, se retire de l'instance entamée contre les communes du département de la Manche. Mais il leur joue un tour de filou en cédant ses droits à une compagnie, qui reprit l'instance. L'instruction de cette foule de procès était encore pendante en 1834. (Voir Sarrans : *Louis-Philippe et la contre-révolution.*)

La duchesse d'Orléans, veuve d'Égalité, revenue d'exil en 1814, était rentrée dans la plus grande partie des biens de son père, mais en violation de la loi, comme Louis-Philippe.

« Le duc d'Orléans s'était environné d'avocats processifs et avait formé un conseil d'hommes tarés, astucieux, dont plus tard il a fait des ministres, des conseillers d'État, et qui alors l'assistaient dans ses complots et dans une foule de procès qu'il suscite de tous côtés, même à sa mère dont il convoitait l'héritage.

« De grandes difficultés s'élevèrent bientôt entre eux, et la décision en fut portée au roi qui chargea

M. le comte de Bruges de lui faire un rapport.

« Comme c'était un homme d'honneur et de probité, les conclusions furent toutes en faveur de la duchesse, et une ordonnance royale, qui termina le différend, lui fut portée par le rapporteur lui-même. » (Michaud : *Biographie de Louis-Philippe*.)

La veuve de Philippe Égalité, devançant l'histoire, a prononcé ce jugement sur Louis-Philippe, qui se disait son fils : « *C'est un profond scélérat !* »

Il n'y a pas longtemps, dans une réunion publique, des royalistes sincères rappelaient ces terribles paroles, échappées à l'indignation d'une femme si cruellement traitée.

La duchesse douairière d'Orléans mourut en 1821, à Ivry-sur-Seine. Louis-Philippe put enfin mettre la main sur cette succession, qui regorgeait d'or.

La succession de Philippe Égalité regorgeait seulement de trente-cinq millions de dettes. Toutefois, l'héritier l'avait acceptée, — mais sous bénéfice d'inventaire.

Alors il joua cette comédie malhonnête. Contre les titres périmés, représentant environ dix millions, il invoqua la prescription. Les autres créances, montant à vingt-cinq millions, il les racheta pour rien, ou presque rien, en payant à la plupart des porteurs de titres un dividende dérisoire de douze pour cent.

Une dépense de quatre millions.

C'est ainsi que le duc d'Orléans réhabilita la mémoire de Philippe Égalité, voleur et banqueroutier frauduleux. Et comme héritier de ce scélérat, il avait récolté une fortune de plus de trois cents millions!

Même sous la royauté de Juillet, de savants jurisconsultes, Cormenin, par exemple, ont stigmatisé énergiquement ces colossales coquineries. Ils ont prouvé, pièces en main, que Louis-Philippe était une franche canaille, le roi des fripons.

CHAPITRE XIV

LA CHASSE AUX HÉRITAGES

« L'appétit vient en mangeant », dit le proverbe. Celui du duc d'Orléans s'est aiguisé d'une manière formidable, à ce banquet de millions. Grâce à une série de vols, il a recouvré les biens immenses que ses prédécesseurs eux-mêmes avaient escroqués à la Nation pendant près de deux siècles. Mais il ne lui suffit pas d'être maintenant le prince le plus riche de l'Europe.

Sans perdre de temps, Louis-Philippe se met en quête de nouvelles proies. Des deux branches de la famille de Bourbon, l'une occupe le trône avec une liste civile de dix-huit millions et le pouvoir de pêcher à même dans le Trésor de la France; l'autre, celle des Condé, jouit d'un patrimoine de quatre-vingts millions.

Louis-Philippe est à l'affût; il s'apprête à commencer la chasse, salement, avec une ruse de Peau-Rouge, selon son habitude.

Louis-Joseph-Henri de Bourbon, septuagénaire, est le dernier de sa race, son fils unique, le duc d'Enghien, ayant été fusillé dans les fossés de Vincennes par l'ordre de Bonaparte. A la mort de son père, il a omis de prendre, sinon dans les actes officiels, le titre de prince de Condé qui doit finir avec lui. Le prince de Rohan, son plus proche parent collatéral, doit recueillir sa succession.

En réalité, ce Condé n'était pas plus Bourbon que Louis XIV et les Orléans. Celui de ses ancêtres qui vécut sous Henri IV et Louis XIII, naquit en prison, où sa mère était enfermée pour empoisonnement. Un petit page gascon avait remplacé le mari près de la dame, et lui avait fait cet enfant.

De plus, ce Condé de contrebande était pauvre, lors de l'assassinat du Béarnais. Il commença la richesse de sa maison en pillant avec les auteurs et complices du crime le trésor du roi mort. Plus tard, à la banqueroute de Law, sous le Régent, le chef de la maison de Condé vola des sommes énormes. Un double brigandage, telle fut la source de cette fortune.

Tout en cheminant souterrainement pour voler, à l'heure propice, la couronne des Bourbons aînés, le duc d'Orléans se prépare activement au sac de l'héritage des Condé.

Quoique moins méprisable que la plupart de ses congénères, le vieux duc de Bourbon est au fond un triste personnage. Sans parler de la guerre criminelle qu'il a faite à sa patrie, sous les ordres de son père et de concert avec l'étranger, sa vie privée est abjecte.

A la veille de rentrer en France à la suite des armées ennemies, il était allé une nuit, dans un de ces lupanars de Londres où l'aristocratie anglaise, alors comme aujourd'hui, assouvissait sa luxure.

Blasé sans doute sur les charmes des beautés du lieu, le prince avisa une piquante soubrette de dix-huit à dix-neuf ans. Elle se nommait Sophie Dawes; on la disait fille d'un pêcheur de l'île de Wight. Douée d'attraits puissants, d'une rouerie diabolique, elle séduisit du coup le duc de Bourbon, qui l'emmena au retour de l'émigration, en 1815, et l'installa dans sa maison.

Maîtresse absolue du haut et puissant seigneur, la drôlesse fut prise d'ambition. Elle rêva de briller à la cour. Dans ce but, elle se fait passer pour fille naturelle de son vieux et imbécile amant. Un officier naïf, le baron de Feuchères, mord à cet asticot, épouse la prostituée anglaise et la produit aux réceptions royales.

Bientôt il découvre l'infâme tromperie, abandonne au duc de Bourbon la femme polluée, intente un procès en séparation. Devant ce scandale retentissant, Louis XVIII chasse la baronne de la cour, contraint par le dégoût de ceux qui, dans son entourage, ont encore quelque souci de la décence.

Ni Louis-Philippe, « le père de famille modèle, » ni sa femme Amélie, « le type de l'honneur conjugal, » ni Mlle Adélaïde, la vierge austère de la tribu, ne partagent ces ridicules pudibonderies. Ayant des vertus à ne savoir qu'en faire, ils en verniront l'échappée des lupanars de Londres et lui referont une honnêteté en l'admettant dans leur intimité.

Rien pour rien, cependant : ce serait violer grièvement les bonnes traditions de la maison. Sophie Dawes, maîtresse adultère du dernier des Condé, est une poule aux œufs d'or; elle leur pondra des millions.

Au pacte qui va se conclure entre les Orléans et la baronne de Feuchères, celle-ci n'a pas seulement un intérêt de vanité; son avenir financier en dépend.

A la vérité, elle a reçu déjà de grosses sommes. En outre, un premier testament du duc de Bourbon lui assure la possession de riches domaines.

« Mais, dit Louis Blanc, une inquiétude secrète la poursuivait sans doute... Elle avait à craindre que la mort de son bienfaiteur ne la laissât exposée aux attaques des héritiers du prince, dépouillés pour elle, aux procès que la captation provoque, aux clameurs de l'opinion, peut-être. »

Notons que l'auteur, écrivant son *Histoire de dix ans* sous le règne de Louis-Philippe, était tenu à une grande réserve. En outre, si les indices étaient nombreux pour accuser, les preuves matérielles et tangibles manquaient encore. Néanmoins, Louis Blanc n'hésite point à insinuer quelle est sa conviction réelle.

« Situation délicate, poursuit-il, qui a fait croire aux ennemis de Mme de Feuchères, qu'en faisant adopter le duc d'Aumale par le duc de Bourbon, elle n'avait eu en vue que de se ménager le patronage d'une maison puissante. »

Un écrivain royaliste, Albert de Calvimont, pair de France, dont l'ouvrage : *Le dernier des Condé*, date de 1832, s'avance davantage.

« Les largesses du testament de 1824, dit-il, ne remplissaient pas d'une manière satisfaisante les vues de Mme la baronne ; elle espérait que la certitude d'une donation entre vifs la délivrerait de l'instabilité d'une disposition testamentaire, et après tout, elle conservait l'espoir d'une plus large répartition dans l'héritage, dans le cas d'un nouveau testament...

« Il pouvait arriver d'ailleurs que les énormes libéralités du prince fussent un jour attaquées. Cette supposition devait effrayer la baronne et lui faire ouvrir les yeux sur les suites probables de son avidité.

« Elle sentit donc qu'il était indispensable de s'assurer d'une protection puissante qui, en même temps, devait servir ses projets du moment. L'intérêt de la baronne était bien positif ; celui du duc d'Orléans n'était pas douteux, et l'alliance reçoit des explications suffisantes de la simple exposition de ce qui précède. »

Enfin les journaux du temps qui ont agité la question, les Mémoires des jurisconsultes éminents par leur savoir et leur loyauté, qui ont été appelés à donner leur avis, sont unanimes à affirmer qu'il y eut concert, en cette affaire, entre la baronne de

Feuchères et la famille d'Orléans. Et pourtant, nul ne connaissait encore les pièces authentiques, irrécusables, qui, depuis, ont fait pleinement l'évidence sur la captation.

Les premières relations de la prostituée anglaise et de la famille de Louis-Philippe eurent lieu en 1822. Exclue honteusement de la cour et confinée dans les seules résidences du dernier des Condé, elle souhaita et obtint sur-le-champ d'être admise au Palais-Royal, dans ce chaste nid tant célébré par les orléanistes.

Fils du chef de l'armée des émigrés, le duc de Bourbon avait, sinon de la haine, du moins une invincible répulsion pour l'héritier du régicide Égalité, lui-même ancien Jacobin. Point d'autres rapports avec Louis-Philippe que ceux imposés par les convenances.

A force d'intrigues et de caresses, la baronne réussit à modifier quelque peu les dispositions hostiles du vieillard. Au mois de mai 1822, elle le décide, malgré ses vives répugnances, à être parrain du duc d'Aumale.

La baronne de Feuchères est invitée aux fêtes du baptême. Désormais, la courtisane de Londres, la femme adultère, pourra étaler sa beauté et ses parures au Palais-Royal, devant les jeunes filles de la branche cadette. L'amitié de Louis-Philippe, « ce patriarche », celle de la « pieuse duchesse » et de Mlle Adélaïde la dédommageront de l'affront reçu aux Tuileries; elle espère même, grâce au crédit de ces « bonnes gens », reparaître quelque jour triomphante aux réceptions royales. Et l'événement justifiera ses calculs.

Toutefois, malgré ses efforts, le duc de Bourbon résiste à toute intimité avec les Orléans. Au cours de la même année, la baronne ayant tenté un rapprochement familier, en conviant Louis-Philippe aux chasses de Chantilly, le jour de la Saint-Hubert, le vieux prince témoigne un vif déplaisir de cette politesse faite à son insu.

Près de quatre ans s'écoulent. En dépit des artifices de Sophie Dawes, la situation ne s'améliore guère entre les Orléans et le dernier des Condé.

Nous sommes en 1827. Le plan de l'intrigue qui se dénouera si tragiquement en 1830 est arrêté. Tous les fils sont tendus pour escroquer par captation l'héritage d'un vieillard.

Le prince de Talleyrand s'est associé à la sinistre machination.

L'ancien évêque d'Autun, qui a trahi tour à tour Louis XVI, la République, l'Empire, la Restauration, est resté l'ami du duc d'Orléans, dont il faisait suggérer l'élévation au trône, au Congrès de Vienne. Louis-Philippe est « *l'homme bien persuadé de sa propre scélératesse* », l'homme selon son cœur, dont le diplomate cynique entretenait le duc Decazes en 1819.

Déjà très avancé dans les faveurs de Sophie Dawes, il entre en tiers dans l'infâme alliance et fixe les bases de la combinaison qui la fera réussir.

Pour pénétrer dans la maison du duc de Bourbon, sans éveiller la défiance, Talleyrand marie son neveu, le marquis de Chabannes, à la nièce de la baronne de Feuchères, qui dore, il est vrai, l'épousée d'un beau million de dot.

Ici, pour éclairer l'œuvre scélérate, nous n'avons plus seulement les inductions morales, si accablantes pourtant et déjà si décisives. Depuis 1848, nous possédons des documents qui ne laissent pas même place à l'ombre d'un doute.

La révolution de Février, en chassant à l'improviste Louis-Philippe du palais des Tuileries, nous a livré *trente-deux lettres* écrites soit par le duc d'Orléans et sa femme Amélie, soit par le duc de Bourbon et Mme de Feuchères.

Cette correspondance de trois ans nous montre le vieux prince enveloppé de toutes parts, poussé sans repos ni trêve au testament qui lui coûtera la vie. On l'assassinera, pour qu'il ne révoque pas, au profit d'autres légataires, un acte si péniblement arraché par les Orléans et la prostituée anglaise.

Je me contenterai de citer les principaux passages de ces pièces terribles, préface d'un double crime. Elles prouveront irréfutablement que la fortune des Condé, poursuivie par la captation, a été récoltée dans le sang pour le duc d'Aumale et une gueuse des lupanars de Londres.

Ce qui aggrave encore l'opprobre des Orléans, c'est qu'ils connaissaient autant que personne l'ignominie de leur misérable complice. Les motifs qui avaient fait chasser de la cour Sophie Dawes étaient de notoriété publique; nul n'ignorait quel rôle dégradant elle jouait auprès d'un vieillard; elle se livrait, non par amour, mais pour faire argent de son corps.

De plus, à l'époque où commence l'exécution du plan, les Orléans savent parfaitement que la baronne a fait de la maison du prince un mauvais lieu. Elle a pour amant le général baron de Lambot, aide-de-camp et secrétaire des commandements du duc de Bourbon, familier et affidé du Palais-Royal; en outre, compagnon de libertinage de James Dawes, neveu de la Feuchères.

Ajoutons que presque tous les officiers du prince ont passé dans les bras de sa maîtresse. Lasse de ces débauches domestiques, Sophie Dawes, confidente intime de la famille d'Orléans, ne devait pas tarder à recruter ses amants au dehors.

C'est là qu'elle ira prendre l'homme qui l'aidera à étrangler le dernier des Condé.

Aux pièces, maintenant, et que le lecteur soit juge.

Sur l'enveloppe qui renferme les trente-deux lettres découvertes aux Tuileries, le 24 février 1848, on lit cette étiquette, écrite de la main de Mlle Adélaïde, sœur de Louis-Philippe.

AFFAIRE DE M. LE D. DE BOURBON

Sur quoi l'auteur du livre *Histoire et politique de la famille d'Orléans* s'écrie avec une légitime indignation :

« Une affaire! La fin tragique du dernier des Condé, une affaire!... Ce mot de procureur sous la plume d'une princesse du sang sur un tel dossier, ne résume-t-il pas l'esprit tout entier de la famille d'Orléans? »

La première épître, datée du 6 août 1827, au Palais-Bourbon, qui était la propriété du prince de Condé, affirme nettement la triple complicité de Louis-Philippe, la baronne de Feuchères et Talleyrand. Elle est adressée à Marie-Amélie, complice secondaire avec sa belle-sœur Adélaïde.

C'est la prostituée anglaise qui écrit à la duchesse, une fille de roi :

« MADAME,

« Votre Altesse Royale daignera-t-elle me permettre de lui exprimer ma reconnaissance pour la bienveillance avec laquelle elle a bien voulu accueillir les sentiments de dévouement et de respect que j'aurai toujours pour son auguste famille?

« D'après la conversation que j'ai eue avec M. le prince de Talleyrand, je prends la liberté de réitérer à Votre Altesse Royale le désir extrême que j'ai de voir l'adoption de M. le duc d'Aumale par Mgr le duc de Bourbon : mais Votre Altesse Royale sentira que, malgré le vif désir de voir se réaliser un projet qui perpétuerait le nom de Mgr le duc de Bourbon, je ne puis que, par degrés, toucher le cœur de mon bienfaiteur sur un sujet qui réveille toujours des souvenirs pénibles! Je puis néanmoins assurer Votre Altesse Royale, que je mettrai toute ma sollicitude à obtenir un résultat qui remplirait ses vœux....

« Votre Altesse Royale me permettra-t-elle de saisir cette occasion de lui faire part du prochain mariage de ma nièce avec M. le marquis de Chabannes. . . . . »

Quatre jours après, la duchesse d'Orléans, Marie-Amélie, répond de Neuilly :

« J'ai reçu, Madame, par M. le prince de Talleyrand, votre lettre du 6 de ce mois, et je veux vous témoigner moi-même combien je suis touchée du désir que vous m'exprimez si positivement de voir mon fils le duc d'Aumale adopté par M. le duc de Bourbon. . . . .

« Je crois devoir ne pas vous laisser ignorer combien mon cœur maternel serait satisfait de voir perpétuer dans mon fils le beau nom de Condé. . . . .

« Je suis sensible, Madame, *de ce* que vous me dites de votre sollicitude d'amener ce résultat... Je vous assure que je ne l'oublierai jamais, et *croyés* que si j'ai le bonheur que mon fils devienne le fils adoptif de M. le duc de Bourbon, vous *trouverés* en nous, dans tous les temps et dans toutes les circonstances, pour vous et pour les vôtres, cet appui que vous voulez bien me demander et dont la reconnaissance d'une mère doit vous être un sûr garant.

« Je vous remercie, Madame, de la part que vous voulez bien me faire du mariage de votre nièce avec M. le marquis de Chabannes... »

Quelle joie! comme le cœur de cette pieuse femme déborde, à l'idée que son fils d'Aumale sera héritier! Mais à quel degré de perversion morale est-elle donc descendue pour parler de sa reconnaissance à Sophie Dawes, la coquine cueillie dans un lupanar de Londres, et dont les débauches effrontées infectent actuellement la maison du dernier des Condé?

A quatre jours de là, la baronne de Feuchères accuse réception et répond par l'assurance d'un dévouement absolu.

Il n'y a pas d'autres lettres de 1827. Celles de 1828 manquent complètement. Seulement un journal, évidemment inspiré par le duc d'Orléans, annonça qu'un de ses fils était institué héritier du duc de Bourbon.

Simple rouerie, dont Louis-Philippe se hâta de faire dire qu'il n'était point l'auteur. La lettre, écrite avec un art admirable, et adressée par son secrétaire des commandements à l'intendant du duc de Bourbon, contenait ce passage :

« Leurs Altesses Royales ne se dissimulent pas le grand avantage dont seraient pour un de leurs enfants et sa postérité les dispositions que l'on suppose ainsi. »

Un des officiers du duc de Bourbon, ayant lu l'article, dit au prince :

« — Eh bien! Monseigneur a nommé le donataire de Chantilly?

« — Non, répliqua le duc : c'est une pensée que l'on veut me suggérer; mais vous connaissez bien ma volonté à ce sujet, vous savez à *qui* je le destine. »

L'officier sut que le prince ne songeait nullement à un Orléans quelconque. (*Plaidoyer de l'avocat Hennequin.*)

Ainsi, plus d'une année s'était écoulée depuis l'ouverture de cette honteuse campagne. Vainement Louis-Philippe, sa femme, sa sœur, le prince de Talleyrand, la Feuchères, avaient déployé tous leurs moyens, multiplié les obsessions, accompli des prodiges d'astuce malhonnête; rien n'avançait. Le vieillard résistait, plus éloigné que jamais de livrer son héritage à des gens qu'il n'aimait pas.

Les complices, loin de se rebuter, résolurent de mettre carrément les fers au feu. Sophie Dawes écrit au duc de Bourbon, le 1er mai 1829, une lettre, chef-d'œuvre d'habileté, dont j'extrais les passages suivants :

« Il y a bien longtemps, *my dearest friend* (mon très cher ami), qu'un projet bien important m'occupe; mais jusqu'à présent je n'ai pas eu le courage de vous ouvrir mon cœur entièrement, dans la crainte de vous affliger. Le moment est venu où je me vois forcée de remplir un devoir sacré envers vous.

« Les malveillants ne cessent de publier que je veux profiter de la tendre amitié que vous me portez pour m'emparer de votre fortune. Forte de la pureté de mes intentions à cet égard, j'ai négligé jusqu'à ce jour de faire les démarches nécessaires pour me justifier auprès de la famille royale, qui, je ne puis en douter, me rendra justice quand cette démarche auprès de vous sera connue.

« Lorsque je vous ai vu, *my dearest friend*, si indisposé dernièrement à Chantilly, les réflexions les plus cruelles se sont emparées de moi; et, en effet, si cette maladie était devenue plus grave, quelle aurait été ma position?... J'aurais été la première qu'on eût éloignée de vous, et cela par suite des vues intéressées qu'on me suppose sur votre fortune.

« Cette position m'est trop pénible pour que je puisse la supporter plus longtemps, et je vous supplie, *my dearest friend*, au nom du tendre attachement que vous m'avez témoigné depuis tant d'années, de faire cesser cette cruelle position où je me trouve, en adoptant un héritier.

« Après bien des réflexions, mon opinion est que c'est le jeune duc d'Aumale qui réunit le plus de titres à cette haute faveur; le jeune prince est votre filleul, et vous est doublement attaché par les liens du sang.

« Si, malgré tout ce que je viens de vous dire, votre *cœur trop froissé* ne vous portait pas à faire cette adoption, j'ose dire que l'affection et le désintéressement que je vous ai toujours montrés méritent que vous le fassiez pour moi; vous assurerez par là, *my dearest friend*, la bienveillance de la famille royale et un avenir moins malheureux à votre pauvre Sophie. »

Par les libéralités du prince, la « pauvre Sophie »

avait alors, en titres ou domaines, la valeur de trois millions au moins.

La baronne fait aussitôt passer un double de cette lettre au duc d'Orléans.

Celui-ci, de son côté, envoie à la gourgandine, sa complice, une lettre pour le duc de Bourbon, annonçant que, prêt à partir pour l'Angleterre, il va se rendre chez la Feuchères.

C'était le matin du 2 mai. La baronne fait parvenir au duc de Bourbon l'épître de Louis-Philippe, dans le billet que voici :

« Je viens à l'instant, *dearest* (très cher), de recevoir la lettre ci-jointe de M. le duc d'Orléans, ce n'est qu'en tremblant que je vous l'envoie ! »

Elle sait, évidemment, que le projet proposé dans sa lettre de la veille a reçu mauvais accueil. Quant à Louis-Philippe, il écrivait de Neuilly avec son impudence accoutumée :

« Je ne puis, Monsieur, résister au désir de vous exprimer moi-même combien je suis touché de la démarche si honorable pour elle que Mme de Feuchères vient de faire envers vous, et dont elle a bien voulu m'instruire.

« Il ne m'appartient pas, sans doute, dans une circonstance où il dépend de votre seule volonté de procurer un si grand avantage à l'un de mes enfants, de présumer ce qu'elle peut être, avant que vous me *l'ayés* fait connaître ; mais j'ai cru devoir et devoir aussi à ce même sang qui coule dans nos veines, de vous témoigner combien je serais heureux de voir de nouveaux liens resserrer ceux qui nous unissent déjà... »

Exaspéré de ces insolentes confidences faites au duc d'Orléans, le vieux prince reproche durement cette conduite à la baronne. Elle répond immédiatement par ce second billet :

« Vous m'avez reproché d'une manière si dure la démarche que j'ai faite auprès de Mgr le duc d'Orléans, que je crois à présent de mon devoir de vous dire que Mgr le duc d'Orléans doit venir chez moi ce matin, pour vous voir avant son départ pour l'Angleterre. Je vous en prie, ne me refusez pas de venir déjeuner avec moi comme à l'ordinaire. Cette visite vous sera beaucoup moins embarrassante de cette manière, et cela vous évitera une réponse par écrit, ou de rien dire de positif; et si vous ne venez pas, cela va faire un bien mauvais effet... »

On le voit, le duc de Bourbon ne paraît pas près de céder. Mais averti seulement et à dessein, quelques instants avant la visite de Louis-Philippe, il consent à l'entrevue, où rien de *positif* ne fut dit.

Deux mois plus tard, la baronne écrit au duc d'Orléans qu'elle a remis au prince un projet d'adoption, rédigé au Palais-Royal. Le vieillard ne lui a pas encore soufflé mot de cette pièce, le lendemain. « Comme il ne me paraît pas vouloir rien presser, ajoute-t-elle, je crois qu'il serait bon que Votre Altesse nous fît une visite avec M. le duc d'Aumale. »

De sorte que, du mois de mai au mois de juillet,

l'affection du duc de Bourbon pour la famille d'Orléans n'a pas fait de progrès sensibles.

Sophie Dawes qui, deux ans auparavant, promettait à sa commère Marie-Amélie de toucher *par degrés* le cœur du prince, n'a point encore abouti. Il lui faut inviter son compère Louis-Philippe à jouer de *l'adoptif*, un gamin de sept ans.

Cependant le Palais-Royal ne se décourage pas. A l'insu du duc de Bourbon, Louis-Philippe fait dresser un projet de testament par Dupin.

La pièce officieuse arrive au prince; il la montre à M. de Surval, un ami dévoué, son trésorier. « Voyez, dit-il, ce qu'on me demande ! »

C'est le dernier coup de la partie. Les Orléans serrent le jeu. Chacun, dans la maison, remplit son rôle vil avec un zèle incomparable. C'est à qui comblera de cajoleries la prostituée de Londres.

A son retour d'Angleterre. Louis-Philippe accourt chez elle, un paquet volumineux sous le bras. Arrivé au fauteuil de la baronne, il lui met entre les mains une collection de belles peaux anglaises pour souliers, en disant :

« — Ce sera pour moi un moyen d'être toujours à vos pieds. »

Puis c'est une visite de Marie-Amélie et de Mlle Adélaïde, amenant l'adoptif. La duchesse pose le bambin sur les genoux de la gueuse.

« — Madame, fait-elle d'un ton câlin, embrassez donc votre protégé. »

Un autre jour, Marie-Amélie et Adélaïde prennent

la protectrice du duc d'Aumale bras dessus, bras dessous, comme elles auraient fait de l'amie la plus intime. La vierge des Orléans s'extasie des charmes de cette courtisane et ne se lasse pas de répéter :

« — Mon Dieu, qu'elle est belle! Mais regardez donc, ma sœur, s'il est possible d'être plus jolie! »

Ignobles flatteries, qui confinent à l'obscène. Mais qu'importe, si elles grisent l'immonde créature au point de ne reculer devant aucun attentat pour assurer la captation?

Avec de tels alliés, si « bonnes gens », la fille crapuleuse du pêcheur de l'île de Wight n'est pas femme à hésiter. Les Orléans, faisant la part du feu, lui attribuent, au projet de testament, un lot de dix à douze millions dans le butin. Puisque les caresses et la rouerie ratent leur effet, elle usera de procédés plus énergiques contre le faible vieillard.

Elle l'effraya si bien, qu'elle faillit dépasser le but. « Par exemple, répéta plusieurs fois le prince à M. de Surval, une fois qu'ils auront obtenu ce qu'ils désirent, mes jours peuvent courir des risques. » (*Déposition de M. de Surval au procès.*)

Dès qu'il en a été question, ajoute le même témoin, il a repoussé avec force l'idée de ce testament... Je le vis souvent, à ce sujet, dans un état déplorable, le trouvant particulièrement le matin, à son lever, dans la plus grande affliction, et me disant :

« Je n'ai pas fermé l'œil de la nuit. Tous ces « tourments-là m'enflamment le sang d'une ma-

« nière épouvantable. Y a-t-il rien de plus affreux
« que de se voir pressé avec cette violence pour
« faire un acte qui m'est aussi désagréable? On n'a
« plus à me parler d'autre chose à présent, ma mort
« est le seul objet qu'on ait en vue. »

M. de Surval ayant offert de le soutenir dans sa résistance, il répondit :

« — Non, ce serait encore pire;... ce serait pour moi un enfer continuel, car vous connaissez sa violence... Si je ne consens point, elle me menace de partir. »

M. de Surval l'ayant engagé à la laisser partir :

« — Je ne le puis, ajouta-t-il, les larmes aux yeux; vous savez ce que c'est que la force d'une longue habitude et d'un attachement que je ne puis vaincre. »

Un jour, dans le parc de Chantilly, Bonardel, ancien brigadier des forêts du prince, entendit James Dawes, neveu de la Feuchères, et dont elle fit un baron de Flassans, demander à sa tante si le duc de Bourbon ferait bientôt son testament. La baronne répondit qu'il en avait été question la veille au soir, et que cela ne serait pas long.

Là-dessus, James Dawes reprit :

« — Oh! il vivra encore longtemps.

« — Bah! il ne tient guère, fit la drôlesse; aussitôt que je le pousse avec mon doigt, il ne tient pas, il sera bientôt étouffé. »

Afin de mieux s'emparer de la volonté du prince, la Feuchères le força à renvoyer de sa maison jusqu'au comte de Rully, que ses fonctions et un mariage attachaient doublement à la personne du vieillard.

D'après la déposition du baron de Saint-Jacques, la lutte fut terrible.

Le baron ayant essayé d'intervenir, Sophie Dawes se mit dans une fureur épouvantable, et se retira en pleurant dans le cabinet voisin, après l'avoir injurié de la manière la plus grave.

Alors le prince lui dit :

« — Mon cher baron, faites quelque chose pour moi, ne lui dites plus rien ; si vous saviez comme elle me traite ! Elle me bat ! »

Il alla ensuite chercher la Feuchères, et promit de faire ce qu'elle voudrait.

« Mais ce sacrifice et vingt autres semblables, dit M. Alexandre de Lassalle, arrachés à la faiblesse du duc de Bourbon, ne faisaient qu'augmenter ses répugnances. Les scènes violentes, il est vrai, recommençaient, et dès lors l'esprit irrésolu du vieillard en passait par tout ce que la favorite exigeait.

« Un pareil état de choses devenait intolérable. »

Enfin, le lendemain d'une démarche hypocrite du duc d'Orléans près de la Feuchères, 22 août 1829, le duc de Bourbon dit à M. de Surval, les larmes aux yeux :

« — J'ai eu hier une scène terrible ; il faut en finir, car l'état dans lequel je suis depuis quelque temps, n'est point exister. »

Et il lui dicta les principales conditions de son testament.

Enfin, le 29 août suivant, le duc de Bourbon dîna avec le duc d'Orléans chez la favorite, où se trouvaient également quelques autres personnes. A un moment de la soirée, M. de Surval entendit entre le prince et la Feuchères une conversation très animée dans la salle de billard, voisine du salon. Les premiers mots à peine échangés, la Feuchères appela M. de Surval.

« — Mais voyez donc, dit-elle, dans quel état se met, sans raison, Monseigneur ! Tâchez donc de l'apaiser. »

Effectivement, le prince était fort animé, les yeux enflammés, dans une colère et des crispations où M. de Surval ne l'avait jamais vu.

« — Oui, madame, disait-il à l'infernale coquine, c'est une chose épouvantable, atroce, que de me mettre ainsi le couteau sur la gorge, pour me faire faire un acte pour lequel vous me connaissez tant de répugnance. »

Et il ajouta avec un redoublement de colère, en mettant le doigt de la baronne sous son menton :

« — Eh bien ! madame, enfoncez-le donc tout de suite, ce couteau ! enfoncez-le ! »

Cette scène déplorable dura environ deux heures. Le vieillard finit par s'adoucir, comme il faisait toujours. La signature du testament fut résolue pour le lendemain matin. (*Récit de M. de Surval.*)

Cette fois, l'affaire était bien dans le sac. Le lendemain, 30 août, le dernier des Condé signa le testament qui augmentait de soixante à quatre-vingts millions la fortune prodigieuse des Orléans, en assurant une existence opulente à la prostituée anglaise.

C'était l'arrêt de mort du duc de Bourbon.

Pendant que la tribu du Palais-Royal et la gueuse se félicitaient, ivres de joie, de ce coup de filet superbe, le prince était assailli de noirs pressentiments.

On l'entendait répéter :

« — A présent qu'ils ont obtenu ce qu'ils désirent, mes jours peuvent courir des risques. » (M. de Surval.)

Dès lors, la Feuchères couve infatigablement sa victime d'un regard impatient. Elle interroge jour et nuit le pouls du vieillard. Et comme l'âge, les infirmités, ne font point leur œuvre assez vite à son gré, elle entreprend de hâter la mort qui livrera irrévocablement l'héritage.

« Dans le cours de la maladie qu'essuya Monseigneur, pendant le mois de novembre, dit M. de Préjean, Mme de Feuchères se faisait apporter à dîner dans la chambre de Monseigneur, *le pressait de dîner avec elle, et quoique les médecins recommandassent au malade la diète la plus sévère, elle lui prescrit de boire non seulement du vin de Chambertin, mais même du vin de Champagne*, ce qui entretenait l'inflammation des jambes et faisait dire aux médecins du prince qu'ils ne parviendraient jamais à le guérir. » (*Déposition de M. de Préjean.*)

Soit par lettres, soit par le général baron de Lambot, affidé de Louis-Philippe, Sophie Dawes rendait compte assidûment aux Orléans de la santé du duc de Bourbon. Ses complices, d'ailleurs, s'informaient sans cesse avec une sollicitude égale à leur cupidité.

Correspondance pleine d'effusions, où Marie-Amélie ne se ménage pas. Entre larrons la reconnaissance n'est pas interdite. Les Orléans étaient d'autant plus empressés à témoigner la leur à Sophie Dawes, qu'ils le pouvaient sans bourse délier. L'échappée des lupanars de Londres aspirait avec ardeur à rentrer à la cour; elle souhaitait passionnément cette faveur, qui lui rendrait, croyait-elle, la considération dans le grand monde.

Louis-Philippe se charge avec enthousiasme de rouvrir les portes des Tuileries à la femme que les tribunaux viennent de flétrir, en la déclarant séparée de son mari pour cause d'adultère compliqué d'une infâme duperie.

Il négocie l'affaire activement avec Charles X, qu'il harcèle de toutes les façons. Il lâche sa femme, il lâche sa sœur sur le vieux roi, en faveur d'une drôlesse qui se livre aujourd'hui par luxure, avec la même fureur qu'elle se livrait jadis pour faire argent de son corps.

Le monarque cède à de si chaleureuses instances; l'amie intime des Orléans est admise aux réceptions royales. Louis-Philippe, tout fier de ce succès, ne garde plus de mesure à l'égard de la courtisane ainsi réhabilitée ; on la traite en membre de la famille qui reste sa cliente jusqu'à la mort du testateur.

Désormais Sophie Dawes a le droit d'être familière avec le premier prince du sang. Aussi, en écrivant au duc d'Orléans, elle appelle l'adopté, son « protégé », et à Marie-Amélie, « notre petit duc d'Aumale. »

Quoi de plus touchant ? La gourgandine anglaise n'est-elle pas comme une seconde mère pour le gamin, qui sera bientôt si riche, grâce aux vices et à l'opprobre de sa protectrice ?

Maintenant, les Orléans et la Feuchères n'ont plus qu'une chose à souhaiter : — la prompte jouissance de l'héritage. Leurs vœux ne tarderont pas à être exaucés, car ils sont gens trop expéditifs pour se résigner à tirer longtemps la langue.

CHAPITRE XV

COUP DOUBLE : LE TRÔNE ET L'ESPAGNOLETTE

Après avoir mis le grappin sur la fortune des Condé, Louis-Philippe se prépare à voler le trône de la branche aînée, ainsi que les clefs du trésor de la France. Œuvre de Cartouche et de Mandrin, qui le placera à cent piques au-dessus de ces deux célébrités du crime, étant exécutée sur une bien autre échelle.

L'heure a sonné. Depuis des années, le duc d'Orléans est en relations avec les chefs de l'opposition bourgeoise, riant avec eux de son serment d'Hartwell et de sa proclamation de 1816.

Mais ayant quantité de serments de rechange, il jouera en virtuose de celui qu'il a signé en 1791 sur le registre civique; il arborera son vieux bonnet rouge des Jacobins, soutaché de ses fameux lauriers de Valmy et de Jemmapes, car le valet de chambre Baptiste Renard n'est plus là pour lui disputer le bénéfice de cette blague. Pour escroquer la révolution prochaine, il peut mentir à l'aise : le Peuple ignore les terribles documents qui dénoncent ses vingt ans de trahison. Aujourd'hui encore, bien peu, chez nous, connaissent la lettre suivante, écrite par lui de Palerme, en 1814, alors que l'ennemi se ruait sur la France :

« Que ce qui se passe maintenant est admirable ! Que je suis heureux du succès de la coalition ! Mon vif regret est que le roi ne m'ait pas autorisé, selon mon désir, d'aller demander du service aux souverains... Je voudrais de ma personne contribuer à ouvrir au roi le chemin de Paris. »

Tel est le langage de Louis-Philippe à l'époque où il attend des Bourbons aînés honneurs et fortune.

Une fois gorgé de leurs faveurs, ayant tout obtenu, puisqu'ils n'ont plus rien à voler pour son compte, il les lâche, voyant mûrir l'occasion de trahir le Peuple sans intermédiaire.

En juillet 1830, quand les ordonnances de Charles X violent l'ombre de liberté octroyée par la Charte à la Nation, le duc d'Orléans tient et agite tous les fils de l'insurrection.

Ses amis se mettent à la besogne, tandis que lui restera prudemment dans la coulisse, l'œil et l'oreille au guet, surveillant les chiens qui lui rabattent le gibier. Les rôles ont été distribués avec intelligence aux sous-chefs de la bande orléaniste.

Jacques Lafitte, Lafayette et Thiers, trio néfaste, organisent l'insurrection de la rue ; Dupin et Pasquier inspirent les députés et les pairs de France ; le général Pajol prend le commandement du peuple des faubourgs, dont il enchaînera l'élan révolutionnaire après la victoire.

Comme rien n'est sûr en ce monde, l'héritier d'Égalité ménage habilement la chèvre et le chou. A se rallier ostensiblement au roi, il encourt l'exil et la confiscation si la Révolution triomphe. En se mêlant ouvertement à l'insurrection, il risque pareillement ses biens, sa liberté, sa tête peut-être, si Charles X est vainqueur.

Louis-Philippe n'est pas homme à commettre pareille bévue. Donc, il se réfugie à Neuilly, dans un lieu connu de sa famille seulement, et où il passe les journées des 26 et 27 juillet.

Admirable position, que Neuilly, entre Charles X retiré à Saint-Cloud et la Révolution qui rugit à Paris. Paris battu? droit à Saint-Cloud. Saint-Cloud battu? au galop à Paris.

Ainsi se conservent les bonnes maisons.

Mais, sur les renseignements qu'il reçoit dans la nuit du 27, le duc d'Orléans prend peur. Il gagne furtivement le château solitaire du Raincy, où quarante ans auparavant Philippe Égalité a ordonné le vol des millions et l'assassinat de Pinel. Là, à l'abri du péril, il attendra l'effet des coups de canon de la bataille lointaine.

A la nouvelle de la victoire du Peuple, il revient à sa résidence de Neuilly, dans la journée du 30 juillet. Il se cache jusqu'à la nuit dans un pavillon de son jardin.

Alors seulement, à la faveur des ténèbres, il se

glisse en malfaiteur dans la capitale, accompagné de trois personnes. Il arrive au Palais-Royal, ruisselant de sueur et de poussière.

Toutefois, redoutant que les troupes, hors de Paris, ne se rallient à Charles X, Louis-Philippe se décide à jouer un de ses tours de coquin.

Il fait appeler le général duc de Mortemart, un gentilhomme légèrement frotté de libéralisme, que le vieux roi aux abois vient de faire ministre. Louis Blanc a magistralement rendu la scène de l'entrevue entre le représentant de la monarchie et le chef de la tribu d'Orléans.

« Que voulait, dit-il, à un ministre de Charles X, ce duc d'Orléans, qui, aussitôt après son arrivée, avait envoyé complimenter M. de Lafayette et prévenir M. Laffitte?

« Il était nuit. Le duc de Mortemart suivit les pas de l'envoyé, et fut conduit par les combles du palais dans un petit cabinet donnant à droite sur la cour et ne faisant point partie des appartements de la famille.

« Le duc d'Orléans était étendu par terre sur un matelas, en chemise et le corps à moitié dérobé par une méchante couverture.

« Son front était baigné de sueur, un feu sombre brillait dans ses yeux, et tout chez lui semblait trahir une extrême fatigue et une extrême exaltation.

« En voyant entrer M. de Mortemart, il prit rapidement la parole. Il s'exprimait avec beaucoup de volubilité et d'ardeur, protestant de son attachement pour la branche aînée, et jurant qu'il ne venait à Paris que pour sauver cette ville de l'anarchie.

« En ce moment, un grand bruit se fit entendre ; on criait : « Vive le duc d'Orléans ! »—Vous l'entendez, Monseigneur, dit le duc de Mortemart, c'est vous que ces cris désignent. — Non, non ! reprit alors le duc d'Orléans avec une énergie croissante. Je me ferai tuer plutôt que d'accepter la couronne. »

« Il prit une plume et écrivit à Charles X une lettre qu'il remit non cachetée à M. de Mortemart, et que celui-ci emporta dans un pli de sa cravate. »

L'épître, nouveau chef-d'œuvre de fourberie et de mensonge, n'a été livrée au public que vingt ans plus tard, — après la chute du trône de Juillet. La voici avec son orthographe.

« M. de.... dira à Votre Majesté comment l'on m'a *amené ici par force* : J'ignore jusqu'à quel point ces gens-ci pourront user de *violence* à mon égard, mais si dans cet affreux désordre il arrivait qu'on m'imposât un titre auquel je n'ai jamais aspiré, que Votre Majesté soit bien persuadée que je n'exercerais tout espèce de pouvoir que temporairement, et dans le seul intérêt de notre maison. J'en prends ici l'engagement formel envers Votre Majesté. *Ma famille partage mes sentiments à cet égard.*

« (FIDELLE sujet.) »

On sait que personne n'a amené de force le duc d'Orléans, et qu'il n'a aucune *violence* à redouter. Il ment bassement, à son ordinaire ; et si sa famille partage ses *sentiments*, c'est pour mentir avec lui. Dame Amélie et demoiselle Adélaïde sont associées depuis longtemps aux friponneries de leur époux et frère.

L'épitre perfide produisit l'effet attendu par son auteur. Elle décide Charles X à signer le 2 août, à Rambouillet, son abdication, suivie de celle de son fils aîné, le Dauphin, qui n'a pas d'enfant. De sorte que le petit duc de Bordeaux, depuis comte de Chambord, unique rejeton du duc de Berry second fils du vieux roi et mort assassiné, devint par là l'héritier du trône des Bourbons.

Dans sa confiance bête au signataire de la lettre apportée par le duc de Mortemart, Charles X nomme Louis-Philippe lieutenant général du royaume, titre conféré pareillement au duc d'Orléans au nom de la révolution.

Mais, en même temps, le roi prescrit au *Fidelle sujet* de faire proclamer l'avènement à la couronne de son petit-fils le duc de Bordeaux, sous le nom de d'Henri V. Telle est la condition de la double abdication.

Louis-Philippe s'empresse de faire déposer aux archives de la Chambre des pairs l'abdication de Charles X et celle du Dauphin, mais se garde de souffler mot de la clause qui transmet la royauté héréditaire au duc de Bordeaux.

L'enregistrement accompli, le *Fidelle sujet,* agissant comme lieutenant général du royaume, dirige sur Rambouillet une force commandée par le général Pajol, flanqué de trois commissaires.

Ce chef orléaniste a mission de contraindre Charles X et sa famille à partir pour Cherbourg, où les attend le vaisseau qui doit les transporter en Angleterre.

Le capitaine Thibault, sur un autre navire, est chargé d'escorter durant la traversée, jusqu'à la terre d'exil, la famille royale expulsée. A cet affidé, le *Fidelle sujet* a donné l'ordre formel *de couler bas* le vaisseau qui aura reçu Charles X, le Dauphin et sa femme, fille de Louis XVI, le duc de Bordeaux et sa mère, veuve du duc de Berry, au cas où ce navire tenterait de revenir aux côtes de France.

Louis Blanc constata ce fait atroce, sauvage, en 1842, sans que le parquet de Louis-Philippe, alors tout-puissant, essayât même de le démentir, tant la certitude était absolue.

Ainsi le duc d'Orléans était prêt à livrer froidement à la mort cinq de ses parents les plus proches, parmi lesquels un vieillard, un enfant de dix ans et deux femmes. Le Régent et Égalité n'auraient pas mieux fait. Qui douterait, après un acte semblable, que Louis-Philippe n'ait été capable de mettre aux mains de l'assassin Louvel le couteau qui tua le duc de Berry?

Si ce « profond scélérat », comme l'appelait sa mère, eût pu être traduit devant un jury d'honnêtes gens, sa tête, certainement, serait tombée sous le couperet de la guillotine qui avait tranché celle de son père putatif.

Ainsi que Monsieur, premier chef de la tribu des Orléans, sodomite et empoisonneur; ainsi que le Régent, également empoisonneur, il fut sauvé du châtiment suprême par son rang et ses colossales richesses. Mais l'histoire aujourd'hui venge la morale publique de cette scandaleuse impunité en clouant son nom au pilori.

Je n'ai point à raconter ici comment le duc d'Orléans escamota le trône. C'est de l'histoire contemporaine élémentaire, dont l'enseignement s'impose à toutes les écoles de la République.

Mon but est uniquement de montrer à nu l'homme et la famille, en dégageant ces figures scélérates, infâmes ou méprisables, de la légende créée pour les glorifier par des écrivains mercenaires.

Le 9 août, Louis-Philippe était roi. La haute bourgeoisie dupant le Peuple une fois de plus, couronnait avec ses propres vices, dans la personne de ce malfaiteur, l'opprobre, les infamies séculaires, tous les crimes traditionnels de la tribu des Orléans.

Élu, au mépris de la souveraineté nationale, par deux cent vingt et un députés achetés à prix d'or, qui représentaient à peine les suffrages de soixante mille repus, le duc d'Orléans s'empresse de commettre un nouvel acte de larron, au préjudice de la France.

Selon la tradition immémoriale fidèlement observée

pendant des siècles par les divers titulaires de la monarchie française, les biens du prince qui parvenait au trône étaient, à l'instant même, réunis au domaine de l'État.

De plus, la loi de 1814 déclarait formellement obligatoire cet usage, inviolé jusque-là.

Eh bien, Louis-Philippe fraude la tradition et la loi. Dans la soirée du 6 au 7 août, par devant notaire, il fait donation de son immense fortune à ses enfants mineurs, se réservant l'usufruit.

Ainsi, ces biens des Orléans, tous acquis par le vol durant une période de cent cinquante ans, repris par un autre vol sous la Restauration, sont maintenus à la famille par un troisième vol, la veille du jour où Louis-Philippe prend possession du trône en vertu d'une formidable escroquerie.

Voilà le prologue du règne.

Mais l'avènement du duc d'Orléans à la royauté le met en grave péril de perdre l'héritage des Condé, obtenu par tant de manœuvres criminelles, de complicité avec Sophie Dawes, avec sa femme Amélie et sa sœur Adélaïde.

Sans doute, on ne produira pas les pièces qui dénoncent si haut, aujourd'hui, la captation, et, en même temps, la nullité du testament : elles sont alors aux mains des intéressés.

Et puis, même quand le soupçon transpirerait, la magistrature, renouvelée par Louis-Philippe, n'instruira pas contre le roi dont « toute justice émane », aux termes de de la Charte. Les juges institués de la sorte sont faits pour « rendre des services, non des arrêts. »

Néanmoins, tant que le testateur vivra, il est en droit de révoquer l'acte qui règle sa succession.

Et il est impossible, dans les circonstances actuelles, que le duc de Bourbon ne songe pas très sérieusement à changer la destination de ses biens.

On a vu quelle tristesse et quels regrets s'étaient emparés du vieux prince, après la signature de l'acte. Maintenant, c'est bien autre chose. Toutes ses affections sont pour la branche aînée. Au seul nom de Charles X, il fond en larmes; il a renoncé à ses parties de chasse qui étaient son divertissement de chaque jour.

Le duc de Bourbon, nous le savons, a cédé à la violence, non à l'amitié. Il n'aimait pas les Orléans. Déjà il les méprisait peut-être, et voici pourquoi.

Il y avait dans la maison de Condé, — le fait est avéré, — un secret redoutable, religieusement gardé dès l'époque de la Révolution. C'était, selon de graves auteurs, la preuve de la naissance illégitime de Louis-Philippe, c'est-à-dire de la substitution de l'enfant du geôlier de Modigliana à la fille légitime de Philippe Égalité.

Quoi qu'il en soit, aux yeux du prince, le duc d'Orléans était désormais un criminel, le pire des parjures, pour avoir volé la couronne de Charles X. Comment, dans ces conditions, n'aurait-il pas eu l'idée de lui ôter son héritage?

En outre le vieillard n'ignorait pas que cette

famille royale, si chère à son cœur, si brusquement précipitée dans l'exil, était loin d'être riche comme Louis-Philippe. Louis XVIII, tout en violant la loi au profit des Orléans, s'était abstenu de rendre à son frère et à ses neveux les anciens apanages. Charles X s'était conduit avec la même décence. Si peu qu'elle valût, la branche aînée n'avait pas du moins ces cupidités monstrueuses qui distinguent encore de nos jours la branche cadette.

Aussi en pensant à la situation des proscrits royaux, le duc de Bourbon ne cessait-il de répéter : « Que vont-ils devenir? que va devenir cet enfant-là? »

D'après les dépositions des amis intimes du vieillard, il avait résolu, non seulement de révoquer son testament pour transmettre sa fortune au duc de Bordeaux, mais encore de quitter la France à bref délai.

Sophie Dawes, alarmée d'abord, enveloppa le prince d'un espionnage infatigable. Non contente d'avoir chassé la plupart des familiers du dernier des Condé, elle l'avait entouré de créatures à elle.

Il y avait son neveu, James Dawes, baron de Flassans; le général baron de Lambot, longtemps son amant, actuellement le compagnon de libertinage de Flassans et entièrement dévoué aux Orléans.

De plus, la Feuchères avait près d'elle un personnage, son esclave à tout faire. Les auteurs les plus récents, M. Billault de Gérainville, par exemple, dans son *Histoire de Louis-Philippe*, ne le désignent que par la lettre X...

Ce dernier écrivain, dont la publication date de 1875, disposait de renseignements très précis. En les confrontant aux *Éclaircissements* du baron de Lambot et à d'autres documents, il a défini nettement le rôle sinistre joué par X..., l'instrument de Sophie Dawes.

Lambot a tracé minutieusement son portrait, mais sans le nommer. M. Billault de Gérainville ne le nomme pas non plus, car il vivait encore, et il avait famille. Le silence à cet égard est donc forcé, car la condamnation pour cause de diffamation serait inévitable. D'ailleurs, la démonstration n'y perd rien.

X..., officier d'une arme d'élite, avait lié connaissance avec Flassans. Jeune, beau, de superbe prestance, il plut à Sophie Dawes, dont il devint promptement l'amant préféré. Abîmé de dettes, il paya tout, grâce à sa maîtresse.

Présenté au duc de Bourbon par le général de Lambot, X... fut préposé à la surveillance des propriétés du prince, et spécialement à la garde du château de Saint-Leu-Taverny, où le vieillard résidait lors de la Révolution de 1830, et où il devait mourir trois semaines après l'avènement de Louis-Philippe au trône.

En outre, selon la déposition de M. de Préjean, la baronne avait imposé au duc de Bourbon un valet de chambre nommé Lecomte. Le prince avait une extrême répulsion pour ce laquais, le regardant comme un espion, ainsi que l'abbé Briant, secrétaire-aumônier de Sophie Dawes, qui suivait partout la prostituée, jusqu'à l'alcôve.

A certains égards, il tenait également en suspicion le général de Lambot.

Tout à coup, à la suite des événements de Juillet, les rapports du prince avec la Feuchères se refroidirent notablement. L'abbé Pélier, son aumônier, affirme carrément, dans un écrit, qu'il était décidé à se séparer d'elle.

En tout cas, contrairement à une ancienne habitude, il ne décachetait plus ses lettres en présence de la favorite. Pendant les quinze derniers jours de sa vie, lorsque Sophie Dawes demandait à être admise près de lui, on entendit le vieillard répondre avec impatience : « *Que me veut cette femme?* »

Diverses circonstances redoublèrent les anxiétés de Sophie Dawes.

Le duc, elle le sentait, se cachait d'elle.

Pourquoi? sinon parce qu'il préparait un autre testament. Souvent, il avait des conférences mystérieuses avec M. de Choulot, son capitaine des chasses.

Un jour, les craintes de la Feuchères parurent prendre la consistance d'un fait certain. Etant entrée dans la chambre du prince, elle le trouva au milieu de ses papiers.

« — Eh quoi! Monseigneur, dit-elle, écrire si matin? »

Il fit une réponse évasive et rangea ses papiers sans lui rien communiquer.

« — Qu'est-ce que cela signifie? » se demanda la baronne.

Et elle épia de plus belle. Mais plus la curiosité de Sophie Dawes s'éveillait, plus le vieillard recommandait le mystère sur ses projets de départ. A Manoury, son premier valet de chambre, qui avait toute sa confiance, et dont la déposition nous a fourni ce détail, le duc de Bourbon disait :

« — Elle est fine, elle cherche à vous tirer les vers du nez : prenez bien garde de laisser entrevoir mes desseins. »

Mais il était difficile de tromper une femme aussi rouée et à ce point intéressée à connaître les intentions du prince. Elle finit par savoir qu'il est impatient de s'éloigner de Saint-Leu, pour se retirer à Chantilly, où il échappera plus facilement à son espionnage.

Aussitôt, les scènes de violence commencent. Dans la matinée du 11 août, Manoury, le fidèle serviteur, le trouve dans sa chambre, l'œil en sang. Il donne une vague explication, tout honteux, sans doute, de révéler à son valet de chambre les sévices dont il a été l'objet.

Toutefois, l'idée d'un attentat possible contre sa vie pénètre dans son esprit, c'est évident, car il exprime à Manoury le désir de le voir coucher dans sa chambre. Sur l'observation que cela pourrait froisser Lecomte, alors de service, le prince répond :

« — Oh! non; il n'y a qu'à laisser cela. » (*Déposition de Manoury.*)

A quelques jours de là, Louis-Philippe fait intercepter une lettre de Charles X au duc de Bourbon, où le roi déchu insistait pour que le vieillard le rejoignît dans l'exil.

Très préoccupé, et renseigné activement à coup sûr par la gourgandine, sa complice, le roi de Juillet se hâte de dépêcher à Saint-Leu sa femme Amélie.

A emmieller le duc, la princesse épuise toute l'astuce apprise à l'école de son mari. Feignant de supposer qu'il ne se croyait pas pleinement en sécurité en France, à cause de la Révolution, elle le cajole et s'efforce de le rassurer.

Puis elle lui présente la plaque de la Légion d'honneur, l'invite à figurer à la Chambre des pairs.

Le prince refuse tout, indigné, vraisemblablement, que cette femme, au nom du traître et du parjure, ose tenter de l'enchaîner au régime nouveau, lui le vieux serviteur de la branche aînée.

La nuit même qui suit cette entrevue, un cavalier se dirige vers le château par la route du parc, moins sonore que celle des cours. C'est M. de Choulot.

Il est attendu. On l'introduit avec précaution dans la chambre à coucher du duc de Bourbon, qui lui dit aussitôt :

« — Mon parti est pris. »

La fuite est résolue pour les derniers jours du mois.

Mais la vigilance de Sophie Dawes ne s'endort pas. Elle découvre tous ces secrets et informe Louis-Philippe.

D'après de très graves témoignages, le roi de Juillet lui mande par lettre d'empêcher à *tout prix* le départ du vieux prince pour l'étranger.

Ces mots ont une signification terrible sous la plume de l'homme qui, moins de quinze jours auparavant, ordonnait de *couler bas* Charles X, le Dauphin, deux femmes et un enfant, ses proches parents.

La courtisane anglaise n'a pas besoin de commentaires pour comprendre ce que cela voulait dire.

Elle ne songea plus qu'à précipiter le dénoûment tragique, seul moyen désormais de prévenir la perte de l'héritage.

Le 25 août, Sophie Dawes se fait délivrer par le banquier Rothschild une traite d'un demi-million sur l'Angleterre, — une provision à tout événement.

Le lendemain, une scène des plus violentes éclate entre elle et le duc de Bourbon.

« Le 26 août, veille de la mort du prince, raconte Manoury, sur les huit heures et demie du matin, j'ai entendu beaucoup de bruit dans le salon où était le prince avec Mme de Feuchères. J'ai entendu plusieurs fois prononcer le nom de M. de Choulot; j'ai vu le prince ouvrir la porte de son salon à Mme de Feuchères, en lui disant : « Laissez-moi tranquille! » J'ai entendu Monseigneur refermer la porte avec violence, contre son habitude.

« Le prince étant rentré dans sa chambre, pâle et dans une situation qui me parut extraordinaire, j'y entrai moi-même; je vis le prince assis sur une banquette qui est le long de la croisée Est; il paraissait préoccupé et me demanda de l'eau de Cologne. »

Malgré cet incident, la journée s'écoula paisible. Le duc de Bourbon ayant eu la visite de M. de Cossé-Brissac, le retint à dîner. Le soir, il fit sa partie de whist comme d'habitude, assez gai, puis se rendit à sa chambre à coucher.

A minuit, le prince était au lit. Il congédia Lecomte, son valet de chambre de service, en lui recommandant de l'éveiller le lendemain matin à huit heures.

Le lendemain, à l'heure dite, porte close. Lecomte frappe; point de réponse. A son appel, Sophie Dawes accourt, demi-vêtue, avec le chirurgien Bonnie et Manoury. Même silence.

Alors, la porte est enfoncée. On pénètre dans la chambre, et voici quel spectacle s'offre aux regards des assistants, d'après le récit évidemment très circonspect de l'avocat de la Feuchères. Pour ce motif même, je reproduis celui-là de préférence à tout autre.

« Les volets étaient fermés, la chambre presque obscure. Une bougie qu'on plaçait tous les soirs dans l'âtre du foyer, en face de la croisée du nord, jetait, sur le point de s'éteindre, une faible clarté.

« A sa lueur, Manoury et M. Bonnie entrevoient le prince debout contre la fenêtre du nord, la joue droite appuyée contre le volet, immobile et dans la position d'un homme qui écoute.

« M. Bonnie, en se jetant vers le prince, écarte une chaise placée à quelque distance de lui : Manoury saisit dans ses bras son maître, qu'il veut rapporter dans son lit ; le corps, le visage étaient froids.

« Manoury ouvre précipitamment le volet de la fenêtre du levant ; alors on aperçoit le duc de Bourbon pendu par un mouchoir à l'espagnolette de la croisée, la tête inclinée sur la poitrine, le visage pâle et décoloré, les bras raides contre le tronc, les genoux à demi ployés, l'extrémité des pieds touchant le tapis.

« Tout secours était inutile : le prince avait cessé de vivre. »

Le duc de Bourbon s'était-il suicidé, ou bien a-t-il été assassiné ?

Aux premières minutes d'effarement, l'idée du suicide parut prévaloir. Mais bientôt on releva des indices nombreux et terribles, dénonçant un crime.

Le dernier des Condé était attaché à l'espagnolette de la croisée du nord, par deux mouchoirs passés d'un dans l'autre. Le premier formait un anneau aplati et allongé, le second un ovale dont le bas supportait la mâchoire inférieure et le sommet touchait la tête vers le haut.

Ce mouchoir ne faisait pas nœud coulant, il ne pressait pas la trachée-artère ; il laissait la nuque à découvert, tellement lâche que Manoury, la concierge Obry et l'abbé Pélier de Lacroix, aumônier du prince, purent facilement passer les doigts.

Le visage du vieillard était dans son état ordinaire, ayant les yeux à demi fermés. La langue ne sortait pas de la bouche.

A la partie gauche du cou, près du mouchoir qui soutenait la mâchoire, on apercevait une ecchymose ou écorchure, qui n'avait pu être faite par le prince lui-même, puisqu'elle était en dehors du lien suspenseur.

Les mains étaient fermées, les genoux ployés, l'extrémité des pieds portait sur le tapis; de sorte que si le duc se fût pendu volontairement, il lui eût fallu une résolution inouïe, incompréhensible, pour ne point se redresser dans les cruelles convulsions de l'agonie. Un mouvement machinal eût suffi pour qu'il se redressât et échappât à la mort.

D'ailleurs, eût-il eu la ferme volonté de se détruire ainsi, il n'aurait pu y réussir. Quelqu'un, Méry-Lafontaine, se suspendit à l'aide des mêmes mouchoirs, à la même espagnolette, exactement de la même façon, et sortit sain et sauf de l'épreuve.

Du reste, pas un des symptômes qui accompagnent invariablement la pendaison. Le valet de pied Romanzo, qui avait voyagé en Égypte et en Turquie, l'Irlandais Fife, son camarade, déclarent que l'aspect des pendus était tout autre : la figure noirâtre, non blafarde, les yeux ouverts, la conjonctive injectée de sang et la langue hors de la bouche.

En outre, nul n'ignorait, dans la domesticité du prince, qu'il lui eût été matériellement impossible d'exécuter l'opération nécessaire. Le nœud fait à l'espagnolette, un nœud de tisserand, exigeait une habileté et une vigueur qu'il n'avait pas, n'ayant jamais su nouer même le cordon de ses souliers. Au surplus, par suite d'une vieille blessure, il n'avait le libre usage que de deux doigts de la main droite; quant à la main gauche, il lui était impossible de l'élever jusqu'à l'oreille, depuis une fracture à l'épaule.

Enfin, comment aurait-il fait pour grimper sur la chaise, ce vieillard incapable de monter un escalier sans le double appui de la rampe et de sa canne?

Rien, d'ailleurs, dans son attitude, la veille, qui permît de le supposer hanté par la pensée du suicide. Le soir, il fait mander M. de Choulot pour ce matin-là; sa montre a été remontée par lui, comme d'habitude; au mouchoir placé sous son chevet, il a fait un nœud qui doit lui rappeler, à son réveil, quelque chose qu'il craignait d'oublier.

Toutes ces circonstances réunies, jointes à l'horreur que le prince avait toujours exprimée pour le suicide, ne tardèrent pas à faire naître l'idée d'un assassinat.

Restait l'objection de la porte de la chambre à coucher, fermée intérieurement au verrou. Mais il fut démontré bientôt qu'à l'aide d'un ruban ou d'un lacet, il était facile de ramener du dehors le verrou dans sa gâche.

Au bout de quelques heures, quiconque n'était pas intéressé, prévenu ou acheté, déclarait nettement que la mort du dernier des Condé n'avait point été volontaire.

A la première nouvelle du drame, Louis-Philippe expédie à Saint-Leu son secrétaire, Rumigny; Guillaume, son aide de camp; Pasquier, grand chancelier; Sémonville, grand référendaire, et Cauchy, secrétaire-archiviste de la Chambre des pairs, tous personnages dévoués à sa fortune.

Mais on se garde de prévenir le prince de Rohan, héritier du sang, à qui le testament du 30 août 1829, encore ignoré, escroque la succession du duc de Bourbon.

Les procès-verbaux, rédigés dans un hâte pleine de trouble, sous l'œil de la Feuchères, concluaient au suicide. Après rapide examen, le grand chancelier Pasquier écrit à Louis-Philippe sous une impression sinistre, qui se révèle clairement dans ce passage :

« Les circonstances de la mort sont trop extraordinaires pour qu'elles ne motivent pas une instruction très approfondie... »

Le haut dignitaire de Juillet ajoute ce grave postscriptum :

« On répand déjà qu'on n'a pas trouvé un seul papier; ainsi il y a *déjà été regardé.* »

Lignes redoutables, qui confirment l'opinion du crime et lui donnent sa signification précise.

En effet, de l'examen du cadavre, il résulte que le prince a succombé peu après s'être mis au lit. Si donc *il a déjà été regardé aux papiers*, l'investigation et l'enlèvement n'ont pu s'accomplir qu'à l'heure où la victime avait cessé de vivre.

Alors seulement les assassins ont été à même d'agir et de chercher sans témoins. Nul besoin d'effraction : le duc avait coutume, chaque soir, de déposer ses clefs sur la cheminée de sa chambre à coucher.

Impossibilité absolue, d'ailleurs, de perpétrer cette soustraction à un autre moment. Depuis l'heure où l'on avait trouvé le vieillard accroché à l'espagnolette, de nombreux surveillants n'avaient cessé de circuler dans les appartements.

Or, parmi les pièces volées, il serait difficile de douter qu'il n'y eût un second testament du prince, annulant celui qui faisait héritier de la fortune des Condé le duc d'Aumale et la prostituée anglaise.

Quant au monstrueux forfait, le grand chancelier Pasquier n'était pas seul à le signaler. Un autre personnage considérable, Rumigny, plus avant encore, vraisemblablement, dans les confidences du roi de Juillet, écrivait le même jour à Louis-Philippe :

« SIRE,

« Je pense que ma présence est indispensable pour ce premier moment.

« Le procès-verbal a été fait par les soins de M. de Lavillegonthier, qui *a agi aussi maladroitement que possible. Les soupçons ne portent sur personne encore*, mais Dieu sait ce qu'on apprendra, car je dois dire que *la mort n'a pas l'air d'avoir été un suicide.*

« *Il importe qu'on ne puisse accuser personne en qui le testament ne vienne pour faire accueillir les soupçons...* »

Que dire de ces deux lettres, dont l'authenticité ne saurait être contestée? — Les seules personnes à soupçonner, relativement au testament, étaient Louis-Philippe et Sophie Dawes, coupables alors ignorés, mais aujourd'hui avérés, d'une infâme captation.

Cependant, les indices accusateurs ne cessent de se multiplier.

Rien de plus étrange que l'attitude du valet de chambre Lecomte.

La porte d'un escalier dérobé, aboutissant aux appartements de la Feuchères, donnait sur la chambre du prince. On demande à Lecomte si la clef de cette porte était retirée ou non. Il hésite, il varie, disant tantôt oui, tantôt non, et finit par déclarer qu'il n'en sait rien. Toutefois, il laisse échapper qu'on a trouvé dans l'escalier un de ces lacets au moyen desquels on pouvait retirer les verrous.

Un peu plus tard, dans la chapelle où est exposée la victime, Lecomte s'écrie, vaincu par l'émotion :

« — J'en ai gros sur le cœur! »

De son côté, le chirurgien Bonnie affirme que, dans la matinée du 27 août, le verrou qui menait à l'escalier dérobé de Sophie Dawes n'était point fermé. Pour cacher cette circonstance terrible, la baronne se rendit à la chambre du prince par la route la plus longue, celle du grand escalier.

A la vérité, les trois médecins qui dressent le procès-verbal du décès concluent au suicide. Mais, chose curieuse ! tous ont des relations avec le roi de Juillet.

D'autres médecins, appuyés sur les faits inexorables, dénoncèrent hardiment l'assassinat. L'un d'eux reconstitua même la scène du crime, avec une logique faite pour éclairer les plus incrédules.

« Le prince était couché, dit-il, il sommeillait ; des assassins introduits dans la chambre à coucher (je ne veux pas chercher ici comment et par qui) se jettent sur lui, le saisissent, le contiennent facilement sur son lit, et alors le meurtrier, et le plus expert, l'étrangle sur-le-champ, couché sur le dos et retenu par les autres scélérats ; puis, pour donner l'idée du suicide, pour ne pas donner lieu à des recherches juridiques qui auraient pu les faire découvrir, ils passent une cravate autour du cou de leur victime, et la suspendent à l'espagnolette de la fenêtre. » (*Observations pour le prince Louis de Rohan.*)

Les funérailles de la victime eurent lieu à la basilique de Saint-Denis, contrairement à la volonté formelle du duc de Bourbon, prescrivant qu'on l'inhumât à Vincennes, où reposait son fils le duc d'Enghien.

Sophie Dawes n'assista pas aux obsèques du *dearest friend*. Dès les premiers jours de septembre, elle quitte précipitamment Saint-Leu, et se retire au pavillon du Palais-Bourbon, aujourd'hui hôtel de la présidence de la Chambre des députés, que le prince lui avait légué.

Elle fréquente impudemment le Palais-Royal, où réside encore le nouveau roi, joue à la Bourse et gagne des sommes énormes.

Cependant Louis-Philippe, averti le 27, vers midi, de la mort du dernier des Condé, ne perd pas une minute pour encaisser le butin du crime.

Dès le lendemain, 28, quand le cadavre est à peine refroidi, le testament est aux mains du président Debelleyme.

Ce magistrat ordonne que la minute soit remise au notaire Robin, lequel, à son tour, sans une seconde de retard, remplit les formalités voulues par loi.

Et tout cela, avant même qu'on eût vérifié s'il existait oui ou non un autre testament !

A ce propos, M. Alexandre de Lassalle s'écrie : « Ah ! que cette célérité à prendre possession de la fortune considérable du prince de Condé donne le droit de s'arrêter à de tristes pensées sur Louis-Philippe ! »

Mais l'abominable affaire ne devait pas être étouffée si promptement. Voici ce que Louis Blanc écrivait à ce sujet, sous la royauté orléaniste :

« Cette sorte de triomphe ne pouvait cependant se soutenir plus longtemps. Des murmures sinistres commençaient à s'élever de toutes parts : les princes de Rohan préparaient tout, et pour un procès civil et pour un procès criminel.

« A Saint-Leu, à Chantilly, l'opinion d'un suicide ne rencontrait guère que des incrédules; à Paris, on se livrait aux conjectures les plus hardies, dans les salons, dans la presse, dans les ateliers, partout!

« Un nom *auguste*, mêlé à celui de Mᵐᵉ de Feuchères, fournit aux passions des partis une arme qu'elles saisirent avidement.

« On mit une sagacité cruelle à remarquer que, dès le 27 au soir, la cour avait pris possession par ses affidés du théâtre de l'événement; que l'aumônier du duc de Bourbon, quoique sur les lieux, n'avait pas été invité à coopérer à la rédaction des procès-verbaux; que le médecin du prince, M. Guérin, n'avait pas été appelé à l'autopsie confiée à trois docteurs, dont deux, MM. Marc et Pasquier, entretenaient avec la cour les plus étroites relations.

« On demandait avec un étonnement railleur dans quel but M. de Broglie avait empêché qu'on insérât au *Moniteur* le discours prononcé par l'abbé Périer à Saint-Denis. » (*Histoire de Dix ans.*)

L'abbé Pélier de Lacroix avait protesté solennellement, à la fin de son allocution, « Que le prince ÉTAIT INNOCENT DE SA MORT DEVANT DIEU! »

Malgré sa situation, qui le faisait maître de la magistrature, le roi de Juillet ne put éviter que son nom retentît devant les tribunaux, associé à celui d'une créature extraite des lupanars de Londres.

La famille de Rohan réclame une instruction au

criminel et attaque la validité du testament qui nomme co-légataires du dernier des Condé le duc d'Aumale et la prostituée anglaise.

Dès le début, l'instruction s'annonce menaçante pour les Orléans. On met à la retraite le juge impartial qui en était chargé.

Néanmoins, M⁰ Hennequin, l'avocat des Rohan, ne se laisse point abattre. Dans une plaidoirie pleine de faits accusateurs, il déroule le tableau des violences et des artifices qui ont empoisonné les derniers jours du duc de Bourbon et vaincu sa faiblesse.

De la teneur du testament, il fit jaillir les preuves de la captation. Et pourtant il n'avait pas les lettres qui font aujourd'hui l'évidence si éblouissante!

En établissant qu'il n'y avait pas eu suicide, il démontra irréfutablement qu'il y avait eu assassinat.

Dupin, l'avocat des Orléans, se préoccupa uniquement d'éluder cette question brûlante. Aux faits précis et nettement articulés, lui et le défenseur de la Feuchères répondirent, tantôt par des explications tortueuses, tantôt par de vagues récriminations mêlées parfois d'injures.

Un arrêt intervint, déclarant naturellement qu'il n'y avait pas eu assassinat. Les Rohan perdirent leur procès devant les juges de Louis-Philippe; mais, dit un annaliste du temps, ils le gagnèrent devant l'opinion publique.

En dépit de cette honteuse procédure, le testament reste nul de plein droit, pour cause de violation flagrante de la volonté du testateur.

Cet acte contenait trois clauses auxquelles le duc de Bourbon attachait une haute importance, et dont pas une ne fut respectée.

Par la première, le prince demandait formellement qu'on l'enterrât à Vincennes, près de son fils. Le roi de Juillet lui donne pour sépulture un caveau de Saint-Denis.

Par la seconde, le prince instituait un établissement de bienfaisance au château d'Écouen, à la charge pour le duc d'Aumale de payer cent mille francs par an à cette fondation; Louis-Philippe décide que le duc d'Aumale ne déboursera pas un centime. Et l'héritier s'est conformé religieusement jusqu'ici, non au vouloir du testateur, mais à celui de son coquin de père : il économise chaque année les cent mille francs!

Par la troisième clause, le prince recommande à son héritier les officiers et serviteurs de sa maison; et l'aumônier du duc de Bourbon atteste qu'il n'a été tenu aucun compte de ce paragraphe en ce qui le concerne, et en ce qui touche les défenseurs de la mémoire du défunt.

Or, personne n'ignore que l'inexécution d'une seule clause suffit, aux termes de la loi, pour infirmer radicalement un testament. Tout tribunal indépendant aurait jugé en ce sens. Mais Louis-Philippe étant roi, la loi fut effrontément foulée aux pieds. Les millions du dernier des Condé furent acquis aux Orléans comme l'avaient été, sous Louis XVIII et Charles X, les trois cents millions appartenant soit à la Nation, soit aux créanciers d'Égalité, le banqueroutier frauduleux et assassin.

Dans son *Histoire de Louis-Philippe*, publiée en 1849, après la découverte des trente-deux lettres, Alfred Nettement s'exprime en ces termes sur la tragédie de Saint-Leu :

« Nous croyons que l'histoire a le droit de conclure que le duc de Bourbon est mort assassiné; que la responsabilité du crime est sur la mémoire de Sophie Dawes, baronne de Feuchères, et sur la conscience de Louis-Philippe d'Orléans, qui a cru avoir intérêt à ce que la femme à qui il devait l'héritage du duc de Bourbon ne montât pas sur l'échafaud...

« Des hommes bien placés pour connaître cette affaire ont assuré que d'abord la baronne de Feuchères ayant su que le duc de Bourbon avait fait un testament depuis les journées de 1830, en faveur de Henri de France (comte de Chambord) et de Mademoiselle (sa sœur), et qu'il devait le remettre à M. de Choulot, s'était décidée au crime pour s'emparer du testament.

« Maîtresse du testament après la sinistre nuit de Saint-Leu, elle n'avait pas laissé ignorer au duc d'Orléans que le jour où elle serait en cour d'assises, le testament serait produit en public.

« On assure en outre que Louis-Philippe avait un motif impérieux pour protéger son ancienne alliée; c'est que la baronne de Feuchères possédait une lettre dans laquelle il lui demandait d'empêcher à *tout prix* le départ du duc de Bourbon pour l'étranger.

« Sophie Dawes ayant commenté d'une manière sinistre ce mot imprudent *à tout prix*, le duc d'Orléans devait appréhender, dit-on, que la lettre, objet du commentaire meurtrier, ne fût produite au grand jour de l'audience. »

Après avoir cité ce passage, l'auteur de l'ouvrage *Histoire et politique de la famille d'Orléans* ajoute ces lignes plus graves encore :

« *Pour nous, loin de révoquer en doute l'existence de ces nouveaux documents*, nous ne ferons que citer les paroles de M. Alfred Nettement, nous bornant, quant à présent, à produire les charges déjà si accablantes que renferme cette première partie de notre livre; nous promettant toutefois d'être *plus explicite encore* dans la seconde, afin que la vérité tout entière soit enfin connue de la France. »

La seconde partie de ce livre n'a jamais paru ! Néanmoins, le texte précédent permet d'affirmer sans témérité que l'auteur entendait faire la lumière complète, sur la participation de Louis-Philippe à l'assassinat du dernier des Condé.

Maintenant, quels instruments Sophie Dawes employa-t-elle pour perpétrer le crime qui devait livrer aux Orléans et à elle-même les quatre-vingts millions des Condé ?

Les *Éclaircissements* posthumes du général de Lambot et les révélations du valet Lecomte, à son lit de mort, nous renseignent d'une manière certaine au moins sur le principal exécuteur du forfait.

La Feuchères avait choisi son amant, l'officier X..., qui lui appartenait corps et âme. Elle avait *piqué sa crânerie*, dit cyniquement Lambot, qui, sans le nommer, le dépeint de façon à le désigner clairement à quiconque connaissait l'*Annuaire militaire* du temps.

Si Flassans n'a point été appelé pour faire le coup, il n'y a guère à douter qu'il ne connût l'atroce projet de sa tante. Brouillé avec elle pour affaires d'intérêt, il eut un peu plus tard une mort étrange ; — d'aucuns parlèrent d'empoisonnement.

Il ne paraît pas que la gourgandine ait rien confié ou laissé soupçonner à sa domesticité, bien que, dans les dernières années, elle eût entouré l'appartement du prince de gens à son propre service. Ainsi les époux Dupré, particulièrement attachés à la Feuchères, occupaient une chambre placée immédiatement au-dessous de celle du duc de Bourbon ; là ils pouvaient entendre aisément jusqu'au son des paroles prononcées sur leur tête.

En réalité, ces serviteurs n'avaient d'autre office que d'espionner. Sophie Dawes était trop habile pour les associer à l'attentat prémédité par elle. D'ailleurs, les aveux de Lecomte le prouvent nettement.

Voici le point essentiel des révélations du valet de chambre. Il explique son attitude louche, ses hésitations, ses réticences.

On se souvient qu'il avait quitté le prince à minuit du 26 au 27 août, après avoir mis son maître au lit.

Vers deux heures, Dupré, le valet de chambre de la Feuchères, vint l'éveiller. Lui et sa femme avaient entendu chez le duc de Bourbon les allées et venues insolites de plusieurs personnes. Qu'est-ce que cela voulait dire?

Lecomte, protégé de Sophie Dawes, épiait aussi pour son compte.

Il se leva, afin de savoir quels visiteurs mystérieux s'étaient introduits dans la chambre du prince à pareille heure.

A peine a-t-il ouvert la porte de l'appartement, qu'il aperçoit, à la clarté de son bougeoir, deux personnes se dirigeant avec précipitation vers l'escalier de service.

Lecomte s'élance, les atteint. Il reconnaît avec stupeur X... et la Feuchères. X... se dérobe par la porte vitrée qu'il referme sur lui. Sophie Dawes reste seule en face de Lecomte.

Elle lui ordonne impérieusement de regagner sa chambre.

Il s'éloigne, n'osant désobéir.

A huit heures seulement, — l'heure indiquée par son maître, — il va frapper à sa porte.

Tel est le récit de Lecomte. Il n'a point participé au crime, mais il a vu, lui, la Feuchères et son principal complice. Dès le premier moment, il a tout compris, c'est évident : soit peur, soit qu'on l'ait payé, il s'est tu à l'enquête.

Ces témoignages sont décisifs. Ils confirment avec éclat l'opinion, générale en France depuis longtemps, que l'assassinat du dernier des Condé fut l'œuvre de Sophie Dawes.

Tel est le jugement porté par M. Billault de Gérainville, au tome troisième de son *Histoire de Louis-Philippe,* publié en 1875, où les documents cités plus haut sont l'objet d'une étude approfondie.

M. Billault de Gérainville annonçait un quatrième volume, destiné, si je ne me trompe, à faire pleine lumière sur le rôle de Louis-Philippe dans l'assassinat du duc de Bourbon.

Ce volume n'a pas paru !

De même, on l'a vu, l'auteur de l'ouvrage *Histoire et politique de la famille d'Orléans* promettait, en 1853, un travail complémentaire relativement à la responsabilité de Louis-Philippe dans le drame de Saint-Leu.

Rien n'est venu, non plus, de ce côté, je l'ai constaté.

Pour quel motif ces écrivains se sont-ils arrêtés précisément au même point, à vingt-cinq ans de distance ?

Tous deux, après avoir conclu, pièces en main, à la culpabilité désormais indéniable de Sophie Dawes, dans l'assassinat du dernier des Condé, suspendent brusquement leur enquête.

A quel genre d'obstacles se sont-ils heurtés l'un et l'autre ? Les charges terribles qui se dressent contre le roi de Juillet les ont-ils effrayés ?... Est-ce autre chose ?...

Il ne m'appartient point d'entrer dans le champ des conjectures.

Toutefois, il m'est permis de constater que MM. Alexandre de Lassalle et Billault de Gérainville n'ont pas dit tout ce qu'ils savaient de Louis-Philippe; eux-mêmes l'ont avoué explicitement par l'annonce d'un complément à leurs ouvrages.

D'ailleurs, ce n'est plus un secret aujourd'hui, diverses personnes détiennent encore de terribles documents relatifs aux Orléans, refusant de les livrer à la publicité.

Mais ces éléments nouveaux sont-ils bien nécessaires pour éclairer le sombre drame de Saint-Leu?

Il me semble que toutes les obscurités se sont évanouies à la lumière éclatante de tant de témoignages, et on jugera avec moi que la question de la complicité de Louis-Philippe est suffisamment élucidée, que les pièces redoutables et authentiques produites aux débats sont de nature à former la conviction définitive dans les esprits.

En effet, il s'agit d'un homme parjure à tous ses serments, rompu à l'infamie, traître à son pays pendant vingt ans, riche d'un immense butin volé à la Nation.

Il y a quelques semaines, pour escroquer le trône avec d'autres millions, il ordonnait, froidement scélérat, de *couler bas* un vieillard et son fils, un enfant et deux femmes, ses proches parents; — *cinq assassinats* du même coup!

Or, je le demande : si la justice eût pu saisir cet

homme au collet, au lendemain de la tragédie de Saint-Leu, traduire Louis-Philippe d'Orléans en cour d'assises, comme un malfaiteur vulgaire, quel verdict aurait prononcé un jury honnête, indépendant?

Vu les abominables antécédents d'un tel accusé, sans honneur, sans foi, incapable de discerner entre le bien et le mal;

Vu ses relations intimes avec Sophie Dawes, l'immonde coquine aux baisers de laquelle sa femme, sa sœur, livrent ses enfants, ce jury eût-il hésité à déclarer Louis-Philippe coupable de complicité dans l'assassinat du vieux duc de Bourbon? Si, par hasard, le chef des Orléans eût esquivé l'échafaud, aurait-il échappé au bagne?

Au lecteur la réponse!

CHAPITRE XVI

TEL PÈRE, TELS FILS

On connait l'histoire honteuse de la royauté de Juillet. D'éminents historiens ont raconté les infamies de ce règne qui fit de la France le jouet de l'étranger, sema partout chez nous la corruption, acheva de gangrener la haute bourgeoisie.

Dans cet ouvrage, je n'ai d'autre but que d'extraire de leur fange originaire les divers représentants de cette maisonnée d'Orléans; je veux simplement les trainer en plein soleil, les montrer dans leur opprobre et leur scélératesse traditionnelle, en un mot détruire une fois pour toutes le mensonge colossal au moyen duquel ses tristes héritiers tentent à leur tour d'infecter notre pays.

Je me contenterai donc de noter rapidement les principaux traits de l'œuvre politique de Louis-Philippe, durant son règne funeste de dix-huit ans.

Dès le début, l'écolier corrompu de la Genlis, parjure, traitre, voleur, ordonnateur d'assassinats, se fait le lâche valet de l'Angleterre, à l'exemple du Régent et de Philippe Égalité. Il reste Anglais sur le trône, par *principe*, par *goût*, par *toutes ses habitudes*, ainsi qu'il s'en vantait si bien dans son ignoble lettre de 1808.

Ce renégat, qui a vendu son titre de Français, s'humilie devant les tyrans de l'Europe. Il écrit au tzar Nicolas pour s'excuser bassement d'être roi; il encaisse, sans souffler mot, la réponse méprisante de l'autocrate moscovite, qui refuse injurieusement de le traiter de frère, selon l'usage entre têtes couronnées.

Fidèle à son métier de Judas, appris à l'école d'Égalité, le complice de Dumouriez offre à l'Angleterre de lui abandonner Alger, récemment conquise malgré ses bons amis insulaires.

Tout cela est écrit de sa main, dans son style et son orthographe de maquignon. Ni ses fils, les Nemours, les Joinville, les Aumale, les Montpensier, ni son petit-fils, *Monsieur* de Paris, ne sauraient renier la signature de leur père ou grand-père. On n'efface pas avec des sacs d'écus ces ignominies-là, comme on supprime les pièces ou livres déplaisants.

Afin, toujours, de ne point mécontenter ses patrons anglais, le roi de Juillet refuse l'annexion de la Belgique à la France.

Il livre la Pologne insurgée aux vengeances du tzar. Au lendemain de la victoire du Romanof, Sebastiani, le ministre de Louis-Philippe, déclare à la tribune française que « l'ordre règne à Varsovie! »

Puis le roi de Juillet écrit à Talleyrand :

« La Pologne n'est plus, et c'est nous, bien plus

que le vainqueur de Varsovie, que le cabinet de Saint-Pétersbourg doit remercier d'avoir écrasé ce foyer d'incessantes rébellions. »

L'élu de la haute bourgeoisie retire honteusement les troupes françaises d'Ancône, pour laisser l'Autriche exercer librement son exécrable domination en Italie, de l'Adriatique aux Alpes, — jusqu'à nos portes.

Après tant de bassesses criminelles devant la Russie, l'Angleterre et l'Autriche, il se fait le valet de la Prusse.

Enfin il embastille Paris pour mitrailler le peuple à l'aise, au cas où la colère et le dégoût provoqueraient une insurrection. Au mépris de son serment à la Charte, il médite de supprimer le régime constitutionnel, d'anéantir la presse. Il ne connaît qu'un intérêt au monde : — le maintien à tout prix de sa dynastie. Et, à son avis, cette tactique lui assurait la bienveillance de ses maîtres russes, autrichiens et prussiens.

Il n'y a pas à nier : le misérable a écrit tout cela ; les lettres ont été publiées, et leur authenticité solennellement constatée.

Louis-Philippe accorde aux États-Unis d'Amérique vingt-cinq millions pour saisies de navires pendant l'Empire, réclamation repoussée par les Bourbons aînés eux-mêmes.

Non seulement il livre à l'Angleterre l'empire des mers, mais lui en concède la police avec le droit outrageant de visiter nos vaisseaux. Avec notre argent, il paie une grosse indemnité, assaisonnée de viles excuses, à l'apothicaire anglais Pritchard, qui a gravement insulté notre pavillon.

En 1840, il prouve avec éclat que sa face, incapable de rougir sous l'affront, est prête à tous les soufflets.

Une quadruple alliance est conclue à Londres à son insu, pour régler sans nous le sort de l'Égypte et de la Syrie, comme si la France eût été rayée de la liste des nations.

A ce propos, Lamennais écrivit :

« Louis-Philippe veut vivre, il le veut à tout prix et il sait parfaitement que la guerre le tuerait. Voyant cela, il s'est dit : « Un peu de honte est bientôt bue. » Et le voilà qui boit, qui boit; et, depuis deux ans que cela dure, la coupe est toujours pleine; elle déborde au lieu de diminuer; et, en continuant de boire, il n'en faudra pas moins mourir, et mourir ivre d'ignominie. » (*Lettre au marquis de Coriolis.*)

Rien n'émouvait le plat coquin, qui semblait s'ingénier à « étouffer la France dans la boue », selon l'expression d'un autre écrivain de l'époque. N'était-il pas « Anglais par principe », etc.?... Bafoué tour à tour par tous les gouvernements, il n'eut d'autre souci, dix-huit années durant, que de se tenir tantôt sur un genou, tantôt sur l'autre, devant l'étranger. Trop heureux quand on n'exigeait point, par surcroît, qu'il demandât pardon des soufflets reçus. Il avalait comme l'eau claire, sans même une grimace, les plus répugnantes avanies, tant il s'y était accoutumé.

Aussi, quand on murmurait timidement, autour de lui, que la France pourtant était une puissance de premier ordre, il avait l'air de répondre :

— Allons donc! Elle est la première des puissances de second ordre, ce qui est déjà bien honnête.

Jadis, le Bonaparte de Brumaire avait répudié avec indignation le rôle de « cochon à l'engrais, » que l'abbé Sieyès prétendait faire jouer au chef de l'État.

Non content de réaliser à sa mode l'idéal de Sieyès, Louis-Philippe le poétisa en se couronnant sur les monnaies du rameau de chêne orné du gland, mets favori du compagnon de saint Antoine.

Aucun emblème, on l'avouera, ne convenait mieux au larron occupé jour et nuit à fouiller les poches de la Nation.

Voilà, en raccourci, la politique extérieure du roi de Juillet.

A l'intérieur, ce fut une autre musique.

Pendant les premières semaines, Louis-Philippe flagorne le Peuple, se promène le parapluie sous le bras, prodigue les poignées de main, entonne à tue-tête la *Marseillaise* sur le balcon du Palais-Royal, boit à la gourde des paveurs.

Mais, à peine la rue déblayée et les victimes enterrées, vite il revient à ses pratiques infâmes, à son métier d'assassin.

La duchesse de Berry, mère du comte de Chambord, essaie de soulever la Vendée contre le parent malhonnête qui a volé la couronne de son fils et donné l'ordre sauvage d'assassiner toute sa famille.

La tentative échoue. La princesse se réfugie chez des amis fidèles.

Nul danger, désormais, à laisser cette femme regagner la terre d'exil.

Mais de même que Louis-Philippe demandera pardon à l'étranger des injures faites à la France, il veut punir la branche aînée des bienfaits dont elle l'a comblé.

Ce fut un acte où la lâcheté et la cruauté du malfaiteur se marièrent à l'obscène. Pour s'emparer de la princesse, il fallait un traître assez vil pour descendre à l'espionnage. Thiers, l'homme à tout faire du régime, ainsi que Guizot, se chargea de cette sale besogne. Il acheta un misérable renégat, dans la domesticité de la fugitive, Simon Deutz. La duchesse est livrée, emprisonnée à la citadelle de Blaye.

Ce n'était rien. La veuve du duc de Berry est enceinte, bien que nul n'ait entendu parler d'un second mariage. Louis-Philippe a résolu d'étaler publiquement le déshonneur de la nièce de sa femme. La prisonnière, désespérée, implore sa tante, Marie-Amélie, reine maintenant. Marie-Amélie, si tendre à Sophie Dawes, la prostituée anglaise, ne répond pas. A quoi bon? Intercéder en faveur de la fille de son frère, cela ne rapporterait pas un sou à la famille.

Donc, le bon parent, l'ancien « Fidelle sujet », ordonne que la princesse accouchera devant témoins de l'enfant que lui a fait le comte italien Lucchesi-Palli. Ainsi, la dynastie déchue n'aura plus le droit de reprocher son avilissement à la dynastie régnante.

L'odieuse décision s'exécuta avec un raffinement diabolique, dont ne se fût pas avisé, sans doute, le geôlier Lorenzo Chiappini. Ici encore, le fils éclipse le père.

Combien le vieux Charles X dut regretter de ne point avoir laissé faire Maria-Stella !

Après ce coup, on relâcha la princesse, flétrie, il est vrai, mais les Orléans l'étaient bien davantage aux yeux du monde civilisé. On comprit mieux encore quelles affinités avaient relié dans une même complicité Louis-Philippe, sa femme, sa sœur et l'affreuse gourgandine échappée des lupanars de Londres.

Le roi de Juillet ne devait pas être moins impitoyable au Peuple qu'à ses proches parents.

Aux premières protestations des patriotes contre l'impudence avec laquelle il viole ses engagements les plus solennels, le détestable tartufe devient féroce.

A Paris, il fait massacrer en masse, hommes, femmes, enfants au cloître Saint-Merry et rue Transnonain; à Lyon, il noie dans le sang le faubourg de Vaise. Il envoie pourrir aux cachots du Mont-

Saint-Michel les citoyens courageux qui osent se souvenir que la France n'est point faite pour être la proie d'un brigand.

Mais, avec son effronterie accoutumée, il brave le mépris qui monte, les colères qui s'allument. Les deux cent mille électeurs, qui constituent ce qu'on appelle le pays légal, lui donnent des majorités serviles à la Chambre des députés.

C'est la fine fleur de la haute bourgeoisie gorgée déjà, et qui bientôt crèvera d'indigestion. Tous ces aigrefins reçoivent leur part de butin, moyennant quoi leur dévouement est acquis à la monarchie nouvelle, jusqu'au crime inclusivement. Ils s'empressent de faire litière des libertés publiques.

Ces vendus ne reculeront que devant l'impossible, un chagrin que leur causera souvent l'insatiable cupidité de Louis-Philippe.

Ainsi, pour commencer, il réclame une liste civile de dix-huit millions, outre la jouissance des domaines de la couronne. Malgré ses ruses, ses insistances, ils n'osent voter que douze millions.

Mais le prince qui, avant d'escamoter le trône, a su voler quatre cents millions, y compris l'héritage des Condé, n'est pas homme à se rebuter; il gueusera sans relâche; il tendra obstinément sa sébile tous les jours, jusqu'à la fin de son règne; il arrachera en détail ce qu'il n'a pu obtenir en bloc.

Les prétextes ne lui manqueront pas. Il a une nombreuse famille à pourvoir, cinq fils et deux filles dont on aiguise l'appétit, et dont plusieurs ont déjà les dents longues. Pour accroitre le magot, papa fera travailler tous ces gaillards-là, comme il a fait travailler avec tant de succès sa femme Amélie et sa sœur Adélaïde.

D'ailleurs, ils n'ont que de bons exemples à domicile et des leçons profitables. Ils apprennent le grand art de liarder et de tondre sur un œuf. Leurs *augustes* parents règlent sou par sou la dépense du ménage, depuis les gages du précepteur Trognon jusqu'aux notes de blanchissage.

Et quelle industrie à épargner, même aux fêtes que la position oblige de donner aux Tuileries !

Mais écoutons le récit d'un invité aux bals de la maison :

« On servait le souper sur de petites tables de cinq à six personnes. J'étais un soir assis à l'une de ces tables, avec des collègues (de la Chambre des députés)...

« On sert le champagne, et le domestique chargé du service en versa à tout le monde, excepté à moi. J'allais réclamer, quand je vis arriver une autre bouteille. Le domestique me dit alors à mots couverts qu'il avait voulu me donner du champagne meilleur que celui qu'il venait de verser.

« A cette observation singulière, je lève la tête pour voir l'homme qui me parlait ainsi, et je suis tout étonné de voir un visage de ma connaissance.

« — Je vous ai vu quelque part? dis-je à ce serviteur bien intentionné.

« — Certainement, me dit-il, Monsieur me voit

tous les jours au café Anglais, où j'ai l'honneur de lui servir depuis quelque temps son dîner.

« Le lendemain, à table, j'appris de ce garçon de café que la liste civile, les jours de bals aux Tuileries, pour payer moins cher sa domesticité, avait l'habitude d'engager pour une soirée les garçons des premiers restaurants de Paris. Ils trouvaient au vestiaire une livrée qu'ils endossaient, et ils recevaient vingt francs pour chaque soirée.

« C'était la monarchie au rabais! » (Charles Beslay : *Mes Souvenirs.)*

Pourtant, malgré ses pratiques de fesse-mathieu et ses goûts vils qui dénonçaient si haut le sang de l'argousin d'Italie, Louis-Philippe affichait certaines prétentions royales. Par exemple, il se vantait de ressembler à Louis XIV, attribuant ce phénomène à la bâtarde de ce prince, qui avait épousé le Régent.

Ayant lu, sans doute, que son ancêtre prétendu par les femmes donnait audience aux intimes sur la chaise-percée, — une faveur alors très appréciée des courtisans, — le roi de Juillet tâchait de le singer autant que le souffraient nos mœurs modernes.

Ainsi, de temps à autre, il menait les visiteurs provinciaux à la chambre nuptiale, pour leur faire admirer cette curiosité : le lit où il couchait avec Amélie. Rien de plus touchant, n'est-il pas vrai?

Malheureusement, il était moins ferré sur la politesse que le fils d'Anne d'Autriche. Parfois, la langue lui fourchait. Il devenait bêtement naïf ou grossier comme Égalité, le Régent et Élisabeth-Charlotte.

Un jour, il adressa ce sot compliment au maire de Lorient, qui avait conduit aux Tuileries une députation de cette ville :

« — Je connais Lorient; c'est une ville empestée de bien mauvaises odeurs. »

Un soir, à Saint-Cloud, au salon de la reine Amélie, il dit à un noble solliciteur, devant une nombreuse assistance :

« — Ah! bonsoir, monsieur le duc. Vous voulez être pair?

L'autre fit un signe affirmatif.

« — C'est que, voyez-vous, ajouta le royal Gaudissart, en ce moment, j'en ai plusieurs comme vous à l'engrais. »

Ce n'était plus du Louis XIV, mais de l'Orléans tout pur. Louis-Philippe maintenait la tradition de la tribu, où l'on n'avait cessé de parler cochon depuis Madame.

Grâce à son éducation économique et industrielle désormais complète, Amélie remplaçait dignement son mari à la boutique, quand il était absent. Administration, affaires de Bourse, elle avait l'œil à tout.

Durant les voyages entrepris par Louis-Philippe dans les départements, elle correspond activement avec lui, usant d'un idiome spécial, dont voici un échantillon :

« *Chérissime* ami, ce que j'ai de plus cher au

monde, pour cette fois, nous avons *sçu* le départ de l'estafette et nous en profitons, mais je ne sais trop ce que je t'écris, car vraiment la tête n'y tient pas aux nouvelles qui se succèdent avec rapidité, et je suis au milieu du train des enfants et de la conversation de la société qui jouent et causent autour de moi...

« Ma sœur (Adélaïde) t'envoie la bonne lettre de Cobourg...

« Les fonds ont remonté de trente sous... Demain matin, à tête reposée, je te parlerai d'affaires administratives...

« Adieu, *Chère,* à demain pour parler raison... »

Marie-Amélie, on le voit, avait grandement profité à l'école de Louis-Philippe, son mari, et de Mlle Adélaïde, sa belle-sœur. Dès le lendemain de ses noces, je l'ai noté, elle annonçait les plus heureuses dispositions. Déjà elle voyait le fils d'Égalité supplantant au trône de France la branche aînée. Sans ombre de scrupule, elle se fit complice tout de suite du traître, s'associant à ses coquineries et à ses crimes.

Élevée au palais des Bourbons de Naples, — un vrai lupanar, — elle n'avait pu y puiser cette vigoureuse répugnance au mal et au vice qui distingue la femme honnête. De là l'entrain avec lequel, en toute circonstance, elle seconda Louis-Philippe dans ses infâmes attentats; de là, pareillement, son goût très vif pour Mlle Adélaïde et pour la prostituée Sophie Dawes.

A l'heure où l'écolier de la Genlis fit d'Amélie une

reine, à force d'astuce et de scélératesse, il y eut entre elle et lui émulation d'hypocrisie. Ni l'un ni l'autre n'avaient garde de négliger la religion, le meilleur instrument de tyrannie. Il fallait se concilier les prêtres, qui l'avaient solidarisée avec les Bourbons aînés.

Amélie se chargea de cette œuvre délicate. Vite on créa une légende à *l'auguste* princesse, on prôna sa dévotion, ses hautes vertus, les déchirements de son cœur en occupant la place volée à l'autre branche. On l'avait traînée comme une victime à la demeure royale usurpée. A côté du roi intrus et voltairien, la divine providence avait placé cet ange qui protégerait l'Église, rachèterait l'âme de l'ancien Jacobin et opposerait son éminente sainteté aux efforts de l'impiété pour détruire l'autel.

D'ailleurs, elle jouait son rôle à ravir, allait à la messe, à confesse, correspondait pieusement avec les évêques et autres notabilités cléricales. Bien plus, elle faisait jusqu'à des aumônes, restituant ainsi quelques miettes des quatre cents millions volés par son mari à la Nation, non compris les énormes dotations qu'il prenait chaque année dans nos poches.

Beaucoup furent dupes de cette ignoble comédie. Aujourd'hui encore la légende d'Amélie subsiste pour un bon nombre.

Les coquins vendus à la tribu des Orléans ont réussi en partie à dissimuler le véritable caractère de la princesse.

On a fait le silence sur les lettres qui la démasquent, et que le coup de la révolution de Février nous a livrées.

Ces redoutables et irrécusables documents, jetons-les au Peuple à pleines mains, afin que nul désormais n'ignore comment, de 1815 à 1848, Louis-Philippe, sa femme et sa fille constituèrent un *triumgueusal* pour détrousser la France.

Afin d'élever le fléau à son maximum d'intensité, l'héritier d'Égalité était prolifique autant qu'intempérant de parole et d'écritures. Malgré son immense fortune acquise malhonnêtement à nos dépens, le roi de Juillet eut encore l'effronterie de mettre à notre charge sa nombreuse progéniture.

Voici la nomenclature des membres de la famille, qu'il nous a fallu gaver de toutes façons sous son règne :

Louis-Ferdinand-Philippe-Rosolin, duc d'Orléans, né en 1810, mort en 1842 (père de *Monsieur* de Paris);

Raphaël, duc de Nemours, né en 1814;

François, prince de Joinville, né en 1818;

Henri, duc d'Aumale, né en 1822;

Antoine, duc de Montpensier, né en 1824;

Plus deux filles, dont l'une épouse Léopold de Saxe-Cobourg, roi des Belges, et l'autre aussi un prince allemand.

On n'a pas oublié qu'à peine rentré en France, à la Restauration, Louis-Philippe s'était hâté de conspirer contre les Bourbons aînés, malgré son serment d'Hartwell et sa proclamation légitimiste de 1816.

Par une nouvelle fourberie, qui fit pleurer d'attendrissement M. Prudhomme, il décida que ses fils seraient instruits au collège, avec ceux de la bourgeoisie.

Paul-Louis Courier et autres libéraux de l'époque applaudirent avec une inconcevable légèreté, quand il leur eût suffi de regarder plus attentivement pour connaître que ce n'était là qu'un leurre grossier, un de ces tours familiers à l'héritier de Philippe-Joseph.

En effet, l'égalité n'était qu'apparente. D'abord, il n'est pas bien sûr que Louis-Philippe déboursât le prix de l'externat. Ensuite, ces étranges élèves restèrent princes, à ce point que l'aîné, Louis-Ferdinand-Philippe, fut promu colonel à *quinze ans,* sur la demande de son père, et M. Raphaël, duc de Nemours, colonel de chasseurs à *douze ans.* — Enfants prodiges, comme il n'en pousse que sur les souches royales, auxquels science et capacité viennent dès le maillot.

A *douze ans,* pareillement, M. François, prince de Joinville, avait un grade.

M. Henri, duc d'Aumale, parut moins avancé, sans doute, bien que jugé très précoce par la Feuchères; il n'était que lieutenant au sortir du collège, où le futur académicien avait gagné, dit-on, les prix d'histoire et de discours français. Mais il ne tarda pas à se rattraper, lui qui devait être un si grand capitaine; il fut général à vingt ans.

M. Antoine, duc de Montpensier, monta avec la même rapidité que ses frères en graine d'épinards.

Ainsi ces gamins, à peine sortis de lisière, se trouvèrent d'emblée aussi forts que papa, lorsqu'il disputait au valet Baptiste les lauriers de Valmy et de Jemmapes.

Où s'étaient-ils formés à l'art militaire? Eh! ils étaient princes, cela répond à tout. A quoi bon étudier, quand ceux qui savent et ont conquis l'expérience sur les champs de bataille se résignent à livrer leur part de gloire moyennant faveur? Libre au lion de vendre sa peau, fût-ce pour décorer des freluquets.

Il y a des lois, sans doute, des règlements militaires déterminant les conditions nécessaires à l'obtention des grades. Mais Louis-Philippe se souciait autant de la loi que de ses serments. En la violant hardiment, il avait volé quatre cents millions soit à l'État, soit au dernier des Condé. Pourquoi, après cela, priver ses fils de grades militaires en la respectant? Evidemment, ils seraient morts à la peine si on les eût obligés à les conquérir à la pointe de l'épée.

Je sais bien qu'outre les leçons du collège, gratuites probablement, papa payait aux jeunes princes à domicile un précepteur appelé Trognon, — un nom fait exprès pour cette famille de grippe-sous. — Mais, en dépit de toutes mes recherches, je n'ai point découvert que le susdit Trognon eût le don des miracles. On conviendra qu'il n'eût pas fallu moins pour transformer en foudres de guerre des bambins de douze ans.

Ce système d'éducation ne valut pas seulement à Louis-Philippe l'admiration du bourgeois imbécile ; il en retira d'autres profits et avantages.

Cette jeunesse, sachant qu'il y avait de quoi à la maison, risquait de s'accoutumer à dépenser sans compter. Papa jugea donc utile de la rompre à une sévère économie. Lui qui ne dédaignait pas de régler le ménage, et de rogner au besoin les gages des domestiques, fixait rigoureusement le budget de chaque membre de la famille. Quand, par hasard, ses fils mangeaient dehors, entre leurs classes, ou faisaient politesse à des camarades, il leur garnissait le gousset d'une somme strictement calculée : — vingt-cinq à trente sous par tête et par repas. (*Historique.*)

On n'a jamais connu exactement si ces colonels et lieutenants collégiens avaient licence d'augmenter la pitance avec les appointements de leur grade, ou si cette source de revenus n'entrait point dans l'épargne de la maison.

Ces brillants officiers s'en allèrent successivement guerroyer en Afrique, sûrs à l'avance d'y renouveler les exploits de Valmy et de Jemmapes, sans avoir dans les jambes le valet Baptiste.

Sitôt qu'ils parurent à la tête de notre armée, les vétérans de la République et de l'Empire ne furent que de minces écoliers.

Le renom des vieux chefs pâlit devant ces généraux

imberbes et battant neufs. A eux la responsabilité des défaites, aux princes l'honneur de la victoire.

Naturellement, le duc d'Orléans, fils aîné de Louis-Philippe, s'illustra le premier dans ces expéditions africaines. Bon vivant, joyeux viveur, semant abondamment sa graine sans trop de frais, jouant au libéral et au Mécène à ses moments perdus, il parada quelque temps là-bas, puis revint épouser une princesse allemande, — Hélène de Mecklembourg-Schwerin.

La jeune femme était protestante, ce qui gênait un peu vis-à-vis du clergé catholique. Mais impossible de trouver mieux : toutes les maisons régnantes appartenant à la religion romaine répugnaient invinciblement à une alliance avec l'héritier d'Égalité.

Deux fils naquirent de ce mariage : *Monsieur* de Paris et le duc de Chartres.

Le 13 juillet 1842, le duc d'Orléans mourait, victime d'un accident de voiture, sur la route de Neuilly.

M. Raphaël, duc de Nemours, avait succédé à son frère aîné en Algérie, — avec le grade de général, bien entendu.

Un pauvre personnage, très raide, bigot par surcroît, qui réussit du même coup à se faire détester à l'armée et en France. A la mort du duc d'Orléans, la Chambre des députés ne vota qu'à regret la loi qui lui attribuait la régence, au cas où *Monsieur* de Paris, maintenant héritier présomptif, serait encore mineur à la mort de Louis-Philippe.

En 1840, M. de Nemours avait épousé une Allemande, lui aussi, une princesse de Saxe-Cobourg, riche d'une grosse dot.

Papa, il est vrai, avait maquignonné ce mariage avec l'astuce du procureur le plus retors, comptant par sous et deniers ce qu'il lui coûterait. Il existe, à ce sujet, une lettre de lui à sa fille, la reine des Belges. A sa bru future, qui apporte quantité de millions, il ne veut assurer qu'un douaire de cinquante mille francs. Il crie misère à tue-tête, et en quels termes ! Harpagon n'eût pas chicané si désespérément.

A son habitude, il eut l'impudence de réclamer à la Chambre une dotation pour l'épouseur. Irrité de quelques résistances, il s'écria : « — Décidément, on a juré de mettre mes enfants sur la paille ! »

Dupin lui-même, l'ignoble Dupin : « L'âme la plus basse au faîte le plus haut », eut un mouvement d'indignation.

« — Allons, c'est trop aimer l'argent, fit-il : c'est comprendre le pouvoir à la façon de Crésus. »

Le misérable vota tout de même, — et avec enthousiasme.

Ayant fait de l'armée un fief de famille, Louis-Philippe estima que nos forces navales ne pouvaient être dignement commandées que par un de ses fils. En conséquence, il fit un amiral de M. François, prince de Joinville, et le lâcha sur mer.

Ce grand marin vengea avec éclat les mécomptes d'Égalité au combat d'Ouessant. Chargé de ramener en France le cadavre du premier Bonaparte, dont papa méprisait si fort « l'Impératorerie, » M. de Joinville rêva, durant le retour de Sainte-Hélène, que le roi de Juillet partait en guerre avec l'Angleterre, à cause des soufflets reçus lors de la conclusion à Londres de la quadruple alliance. Alors il y eut une scène grotesque. Le commandant du navire qui portait les restes du criminel de Brumaire fit serment avec son équipage de s'ensevelir sous les flots avec ces tristes reliques, plutôt que de les laisser prendre par l'ennemi.

D'ailleurs, M. de Joinville parlait à ravir la langue du matelot. Il se plaisait même à l'enseigner à son petit neveu *Monsieur* de Paris, quand ses expéditions maritimes lui faisaient du loisir; si bien qu'un jour le royal moutard, réprimandé pour désobéissance, répondit M.... à sa gouvernante, crûment et sans malice.

L'oncle, doué de si beaux talents, épousa une fille de l'empereur du Brésil.

Je me contente, on le comprend, d'esquisser à grands traits les œuvres de ces princes-phénomènes, sous le règne de leur père, tous si haut perchés du premier essor que les détails échappent à l'historien.

M. Henri, duc d'Aumale, entre à son tour dans la carrière. L'aigle de la famille, celui-là. Premier prix d'histoire et de discours français; général consommé à vingt ans, de naissance, comme papa, et sachant sans avoir appris; artiste ainsi que le Régent, et profond politique aussi, il incarne tout le génie, toutes les aptitudes de la tribu.

Avec cela, jouissant avec aisance des millions du dernier des Condé, acquis on sait de quelle façon, par l'industrie de Louis-Philippe unie à la scélératesse de Sophie Dawes, la prostituée anglaise.

Le « protégé » de la Feuchères, son « petit duc d'Aumale », éclipse du coup tous les hommes de guerre qui l'ont précédé chez les Arabes. En ces derniers temps, les valets de plume aux gages de la tribu épuisaient les épithètes du vocabulaire pour célébrer ses gloires militaires. Ils le proclamaient à l'envi : *grand stratégiste, héroïque soldat, vainqueur d'Abd-el-Kader, illustre général que la voix publique désignait comme le chef de l'armée française à l'heure du danger.*

Quelques esprits mal faits ayant exprimé des doutes sur le bien fondé de ces titres ronflants, divers journaux royalistes ont publié les états de service du « général Henri d'Orléans, duc d'Aumale ».

Je reproduis ces pièces intéressantes, avec les commentaires très justes et spirituels de M. Abel Ducange.

1840. — AFRIQUE : Cité à l'ordre de l'armée pour avoir :

1° Chargé volontairement, le 27 avril, à la tête du 1er régiment des chasseurs d'Afrique.

« *Chargé* », c'est fort bien!

« *Volontairement* », c'est mieux encore.

« Mais enfin chargé qui et quoi?... On connaît généralement la charge des cuirassiers d'Eylau, celle des cuirassiers de Waterloo, celle des cuirassiers de Reischoffen... Mais la charge du 27 avril 1840 n'a pas même de nom dans l'histoire, et chacun vous dira qu'il n'en a jamais entendu parler. »

2° Le 12 mai, donné son cheval au colonel Guerwiller, démonté, et marché avec les grenadiers du 23ᵉ à l'assaut du col de Mouzaïa.

« Prêter son cheval à un colonel démonté, ce n'a jamais été une action d'éclat ou d'héroïsme, étant donné surtout qu'on court infiniment moins de danger d'attraper une balle en restant à pied qu'en montant à cheval. Le prêt du cheval est donc ici simplement pour parade.

« Reste le fait d'avoir *marché* à l'assaut. Mais, à supposer que cela soit — ce qu'on ne prouve pas — où est la grande affaire?... Les grenadiers aussi *marchèrent*, et même *montèrent* à l'assaut, et on ne les qualifie pour cela ni d'*illustres*, ni de *grands stratégistes*.

« D'ailleurs, comme observation générale à cette année 1840, il ne faut pas oublier par qui le duc d'Aumale fut cité à l'ordre de l'armée : ce fut par le duc d'Orléans, son frère, qui commandait l'expédition. »

1841. — AFRIQUE : Cité par le maréchal Bugeaud pour la manière dont il a conduit sa troupe (24ᵉ de ligne), aux combats des 3 et 4 avril, 3 et 5 mai.

« Chacun sait combien le général Bugeaud était bon courtisan vis-à-vis des princes de la monarchie de Juillet, et il l'a prouvé longtemps auparavant, en 1832, en « faisant accoucher publiquement » la malheureuse duchesse de Berry, qu'il s'agissait de déshonorer au profit du trône de Louis-Philippe.

« Toutefois, j'admets la citation pour les combats des 3 et 4 avril, 3 et 5 mai, qui ne furent, du reste, que des épisodes du vrai combat de cette campagne, celui du 1ᵉʳ mai, pour lequel M. d'Aumale n'est pas cité. Mais avoir conduit, fût-ce bravement, un régiment au combat, cela ne vous constitue d'emblée ni *stratégiste,* ni *illustre...* »

1842. — AFRIQUE : Commande l'infanterie du maréchal Bugeaud dans une longue expédition de montagne (octobre, novembre et décembre).

« Cette « longue expédition » ne fut qu'une simple promenade militaire à travers des tribus qui se soumettaient sans combat. »

1843. — AFRIQUE : Commande aux avant-postes pendant un rude hiver.

« J'accorde, si l'on veut, qu'il ne dut qu'aux fourrures de ses bottes et à l'ardeur des feux de cheminées de son quartier général de n'avoir pas les pieds gelés... »

Janvier. — Dissipe un rassemblement considérable sur le haut Chéliff.

« Sans combat... Remarquons la chose en passant. »

Mars. — Expédition sur les pentes du Djurjura et combat chez les Kabyles.

« La première expédition dans le Djurjura et les premiers combats chez les Kabyles n'eurent lieu qu'en 1844, sans aucune espèce de participation de la part du duc d'Aumale. »

16 mai. — Avec cinq cents chevaux, il attaque et prend la smalah d'Abd-el-Kader, enlève cinq drapeaux, des milliers de prisonniers, etc...

« Des versions les plus favorables, notamment de celle de l'orléaniste d'Ideville, que les journaux royalistes reproduisaient ces jours derniers encore, il résulte clairement que, le 16 mai 1843, M. d'Aumale ne prit et n'enleva personnellement rien du tout et que, pendant que Youssouf, « qui était l'âme de l'expédition », Morris, Fleury et du Barail combattaient contre une troupe d'Arabes de tout âge et de tout sexe, surprise au milieu du plus complet désordre, ledit M. d'Aumale était resté en arrière avec l'infanterie.

« Pour ce qui concerne 1840, 1841, 1842 et 1843, elle a été maigre, comme on vient de voir, la part de l'*illustre*, de l'*héroïque*, du *grand stratégiste*, de l'*espoir de la France*,... etc... »

1844. — AFRIQUE : Conquête de Biskra et de Bélizma. — Conduit en personne et à pied l'infanterie à l'attaque de Méchounech, a un cheval tué sous lui en chargeant à la tête du 3ᵉ chasseurs, le 24 avril ; état major décimé, etc... — Pacification de la province de Constantine.

« Je viens de feuilleter plusieurs histoires très complètes de la conquête algérienne. Toutes sont unanimes à dire que la ville de Biskra fut, non conquise, mais seulement occupée sans combat. Quant à Bélizma et à sa conquête, quant à Méchounech et à son attaque, quant à la terrible charge du 23 avril et à l'infortuné cheval tué sous M. d'Aumale, quant à la décimation de l'état-major, il n'en est pas la moindre trace. Bélizma et Méchounech sont même inconnus des géographes, qui n'en signalent nulle part ni la longitude, ni la latitude, ni l'existence. »

1846. — AFRIQUE : Expédition dans l'Ouar-Senis. — Soumission des grandes tribus du Sud.

« Ici le *Nouvelliste,* après le *Soleil,* a purement et simplement attribué à M. d'Aumale les expéditions et les exploits des colonels Saint-Arnaud et Pélissier. C'est commode, mais c'est mensonger. »

1847. — Reçoit la soumission d'Abd-el-Kader. — Pacification de l'Algérie.

« M. d'Aumale ne fut absolument pour rien dans la soumission d'Abd-el-Kader, qui, du reste, fut une soumission volontaire, faite au général Lamoricière. M. d'Aumale, il est vrai, s'empressa d'accourir d'Alger quand il apprit que l'émir était prisonnier, mais il n'eut à intervenir dans l'affaire que pour prendre vis-à-vis de ce dernier de solennels engagements de liberté sur parole qu'il laissa, quelques jours après, lâchement violer par son père le roi Louis-Philippe. »

Cependant je ne trouverais point excessif d'excuser ici la conduite de M. d'Aumale. Il a cru bien faire de s'en rapporter à papa, si expert à tricher, quand il s'agissait de promesses ou de serments.

Après avoir réduit, pièces en mains, à d'exactes proportions les exploits tant vantés du jeune guerrier, l'écrivain cité se demande ce qu'il faudrait conclure, même en admettant tout ce que lui prêtent les flagorneurs.

« — Ceci, tout simplement, répond-il :

« Que le jeune d'Aumale comprit qu'après s'être fait nommer lieutenant-colonel à dix-huit ans, colonel à dix-neuf ans et général à vingt ans, il ne pouvait, de bonne foi, se conduire comme un infirmier ; que, dans ces conditions, il se tint convenablement à côté des généraux illustres qui faisaient son éducation...

« Voilà tout.

« Il y a quelque peu loin de là au *guerrier*, au *héros*, au *stratégiste*, au tacticien, à l'Alexandre, à l'Annibal, au César, au Napoléon, etc., que les journaux royalistes voudraient nous faire.

« Il y a loin surtout de la vérité vraie à cette amplification phénoménale : *Il reste général,* ET L'UN DES PLUS ILLUSTRES PARMI LES ILLUSTRES. »

En vérité, ce lyrisme, comparé à des états de services si minces et si vulgaires, atteint l'extrême limite du grotesque. Il existe dans l'armée nombre de sous-lieutenants qui ont fait plus, et appris davantage, sans prétendre pour cela en remontrer à César ou à Annibal.

Et dire que M. d'Aumale vit là-dessus depuis tantôt quarante ans ! S'il n'était prince et cousu de millions, comme ses adulateurs se moqueraient de lui ! Sous le vert plumage de l'académicien, ils ne verraient plus que le vieux perroquet radoteur.

Ajoutons pourtant à sa décharge que Louis-Philippe l'avait fait gouverneur de l'Algérie, avec les pouvoirs d'un vice-roi.

Le moyen, après cela, que ce général de parade ne se crût le premier capitaine du monde! Papa, dans le temps, avait eu la même opinion de lui-même, se déclarant de taille, si on lui lâchait la bride, à culbuter en un tour de main « Buonaparte et son *imperatorerie* ». Bon chien chasse de race, même quand la race est détestable.

Du reste, le jeune M. d'Aumale, parfait gentilhomme, en dépit de Lorenzo Chiappini, faisait campagne en Afrique, comme il eût fait une partie de plaisir. Il gardait à l'armée le culte de l'art et du bien vivre. Un fait, à ce sujet, donnera la mesure du haut personnage.

C'était en 1846, pendant la plus pénible des campagnes d'Afrique. Le 2e régiment de chasseurs à cheval se trouvait au ravitaillement sur la Tafna.

« — Nous étions là, raconte un ancien sous-officier, dépourvus de tout; vivres, munitions de guerre, vêtements, tout nous manquait, excepté nos chevaux et nos sabres.

« On nous annonça, au deuxième jour de campement aux sources chaudes, l'arrivée du duc d'Aumale, gouverneur général de l'Algérie, qui venait nous passer en revue.

« A onze heures, huit escadrons des 2e et 4e régiments montaient à cheval pour se former en bataille; une batterie de montagne prenait position en avant, pour signaler par son feu l'arrivée du gouverneur, duc d'Aumale.

« Nous avions tous la joie au cœur, il nous semblait que c'était la France qui venait nous visiter; nos officiers partageaient notre enthousiasme.

« Qu'on songe donc qu'il y avait plus d'un an que nous étions en expédition, campagne forcée d'hiver et d'été, pour répondre de jour et de nuit aux attaques incessantes de l'ennemi, et qu'il fallait couvrir de la protection de la France vingt-cinq ou trente tribus, trois villes, sept redoutes, escorter des convois de colons, des détachements de malades évacués, et on se rendra peut-être compte de nos fatigues, quand on saura qu'en outre, il nous fallait répondre aux attaques d'un ennemi farouche et sanguinaire, exalté par le fanatisme et toujours à la piste de nos mouvements pour châtier les tribus rebelles.

« Le duc d'Aumale arriva au camp de la Tafna, dont le pont avait été brûlé, un mois auparavant, par l'ennemi; nous l'attendions à cheval, le sabre à l'épaule depuis deux heures, sous une chaleur torride.

« Enfin, le canon gronda, annonçant sa présence.

« Il passa devant nous au pas de son cheval, la poitrine chamarrée d'un large ruban rouge, portant croix et crachats sur un brillant uniforme, le chapeau galonné d'or et de plumes blanches; il jeta un regard dédaigneux sur ces cavaliers déguenillés, la figure ridée par les fatigues, noircie par la poudre, hâlée par le soleil, la barbe et les cheveux incultes, les uns ayant raccommodé leur uniforme avec des peaux de mouton, les autres portant des burnous pris dans les razzias, pour remplacer leurs vestes trouées aux coudes, usées sur les épaules.

« Malgré notre misère, nos cœurs battaient aux champs.

« Arrivé devant le dernier escadron, le fils de Louis-Philippe Ier se détourna avec dégoût, en disant au colonel Morris :

« — *Votre régiment ressemble à une bande de brigands!*

« — Je suis leur chef! monseigneur!.. lui répondit notre colonel en le saluant du sabre.

« — Ma colonne est en campagne depuis quatorze mois... reprit le général Cavaignac! Vous n'en voyez que la moitié, monsieur le gouverneur!... le reste n'existe plus!... »

« Le duc d'Aumale, tournant le dos à ces deux héros, mit pied à terre pour se réfugier loin des ardeurs du soleil, sous une tente qu'abritait un beau massif de palmiers, près des sources chaudes, où un repas princier l'attendait.

« Mais quelques chasseurs d'Afrique, qui avaient entendu, se mirent à crier :

« — *Enlevez-le!...* »

« Le colonel Morris, s'élançant au galop devant le front de ses escadrons, s'écria, rouge de colère et de honte :

« — *Silence!... Tonnerre!... Le premier qui ouvre la bouche,... je le fais fusiller!...* »

« Nous avions le cœur serré dans la poitrine; nous reprîmes nos rangs, quelque peu ébranlés sous le coup de l'émotion malsaine dont nous étions animés!

« Nous mettions pied à terre dix minutes après.

« Quinze jours plus tard, la France, représentée par la Chambre des députés, votait que *l'armée d'Algérie avait bien mérité de la patrie!* » (*Lettre de M. Victor Lavasseur*, publiée récemment dans plusieurs journaux.)

Voilà par quels moyens originaux « le général Henri d'Orléans » conquérait la popularité dans l'armée. Dès lors grand seigneur jusqu'au bout des ongles, comme papa avait été Jacobin.

Louis-Philippe n'avait plus qu'à lancer M. Antoine, duc de Montpensier. Il le marie avec la sœur d'Isabelle, reine d'Espagne. Treize millions de dot, une riche aubaine, sans compter les espérances. Seulement, l'Angleterre se fâche qu'il ait violé sa promesse de ne point établir un Orléans en ce pays.

Mais le trône de Juillet commence à craquer, pourri sur son fumier de honte et de colossales coquineries. Vainement le ministre Guizot, l'âme damnée de Louis-Philippe, ne cesse de crier cyniquement : « Enrichissez-vous! » Tout est là. La majorité lâchement servile de la Chambre a de la défiance, à la fin. Quand le vieux roi fripon tente de voler à la France de nouveaux millions, elle le gêne.

Et le malfaiteur, navré qu'on retienne sa main crochue, se lamente à Guizot, digne valet et confident d'un tel patron :

« — Je vous dis, mon cher ministre, que mes enfants n'auront pas de pain ! »

Le flot de la corruption débordait. Les candidats à la députation achetaient les électeurs, qui n'étaient que deux cent mille pour la France entière ; les ministres achetaient les députés. Tout à l'encan, du haut en bas de la hiérarchie administrative. L'armée devenue la proie des favoris. La fortune publique livrée en pâture à la haute bourgeoisie.

Aussi quels scandales ! Le ministre Teste condamné à la réclusion ; le général Despans-Cubières condamné à la dégradation civique et à l'amende ; le duc et pair Choiseul-Praslin, coupant la gorge à sa femme et s'empoisonnant pour éviter la cour d'assises.

Il faudrait dix volumes pour raconter toutes les infamies et les ignominies de ce règne. Louis-Philippe a fait des Tuileries un cloaque, de la France une forêt de Bondy, la risée de l'étranger.

Ses fils eux-mêmes prennent l'alarme. Ils échangent des correspondances affolées.

M. de Joinville, ce *grand* amiral, écrit à M. de Nemours, qui fait le philosophe devant la haine et le mépris de la Nation :

« Notre situation n'est pas bonne. A l'intérieur, l'état de nos finances n'est pas brillant ; à l'extérieur, nous ne brillons pas non plus...

« Nous arrivons devant les Chambres avec une déplorable situation extérieure, et, à l'intérieur, avec une situation qui n'est pas meilleure

« Tout cela est l'œuvre du roi.

« Le pis est que je ne vois pas de remède. Car que faire et que dire quand on nous montrera notre mauvaise situation pécuniaire?

« En France, nos finances délabrées; au dehors, placés entre une amende honorable à lord Palmerston au sujet de l'Espagne, ou cause commune avec l'Autriche pour faire le gendarme en Suisse, et lutter, en Italie, contre nos principes et nos alliés naturels.

« Tout cela rapport au roi. »

Si Louis-Philippe est condamné avec cette sévérité par ses propres fils, gorgés par lui de notre or, qu'on juge de la haine terrible qui fermente au cœur de la Nation contre ce régime qui l'avilit, la ruine et la déprave.

Enfin la révolution éclate, vengeresse, la révolution du mépris! Le 24 février 1848, le Peuple balaie, avec sa horde, le scélérat qui s'est accroupi dix-huit ans sur la France pour la dévaliser et la déshonorer.

Il s'évade honteusement, plein d'épouvante, avec sa complice Amélie. L'année précédente, la mort a dissous le hideux *triumgueusal* en prenant demoiselle Adélaïde.

L'immonde coquin dérobera sa tête à l'échafaud, qu'il a cent fois mérité. Réfugié chez ses bons amis les Anglais, dans une fastueuse demeure près de

Londres, il y meurt tranquille, et même assez gaillardement. S'il a laissé à sec le trésor de la France, il compte bien que sa triste race jouira en paix de nos dépouilles. Avant d'expirer, il a encore le petit quart d'heure pour les affaires. Le prêtre avec lequel il a joué la comédie de la confession ne l'a point tracassé sur le chapitre de la restitution. A qui vole à centaines de millions, l'Église ne touche jamais cette corde-là. Bon pour le pauvre diable crevant de faim qui subtilise dix sous!

CHAPITRE XVII

LES OISEAUX DE PROIE

A l'heure où s'écroulait le trône de Juillet, M. d'Aumale était en Algérie. M. de Joinville, qui boudait papa, l'avait rejoint en Afrique.

A la nouvelle que le Peuple avait chassé papa à coups de pied au derrière, ils s'éloignèrent piteusement. Par lettre collective, le *grand* capitaine et l'*illustre* amiral annoncèrent leur départ au gouvernement provisoire, qui venait de déclarer qu'en République il n'existe plus ni ducs, ni princes.

Ainsi que des acteurs qui déposent leurs oripeaux après avoir joué une bouffonnerie, les deux frères signèrent humblement, en omettant les titres dont on les avait affublés, y compris ceux qui désignaient leurs grades ridicules.

MM. de Nemours et de Montpensier, présents à Paris lors de la Révolution, firent pauvre figure.

La princesse Hélène de Mecklembourg s'était entêtée à se présenter à la Chambre des députés avec son fils, *Monsieur* de Paris, âgé de dix ans. Sous prétexte que Lous-Philippe avait abdiqué, en faveur du gamin, sa royauté volée en 1830, elle prétendait réclamer la régence durant la minorité de ce roitelet de comédie.

Mais la voix menaçante du Peuple coupa la parole à la dame allemande. M. de Nemours, qui avait accompagné sa belle-sœur en tremblant, pâlit à cette redoutable manifestation, chancela et s'évanouit.

Des amis parvinrent à le faire échapper par une fenêtre.

M. de Montpensier, lui, se sauva des Tuileries, suant la peur et oubliant sa femme espagnole, que d'autres durent recueillir.

Après certaines aventures en Espagne, au sujet desquelles j'espère réunir bientôt de curieux documents, M. d'Aumale épousa une nièce de ce roi Bomba, de Naples, dont le gouvernement infâme était, au dire de M. Gladstone, « la négation de Dieu. »

A l'étranger, les fils de Louis-Philippe vécurent, dans une insolente opulence, du butin amassé criminellement par leur père à nos dépens.

Bientôt, de leur retraite, ils se mirent à conspirer bassement, de complicité avec les nombreux orléanistes qui siégeaient à l'Assemblée législative. Déjà, au mépris de la Constitution, la Chambre avait mutilé le suffrage universel. Considérant Louis Bonaparte, président de la République, comme une quantité négligeable, elle s'apprêtait, à l'expiration de ses pouvoirs, soit à rétablir la monarchie d'Orléans, soit, en cas de difficulté, à décerner la première magistrature à M. d'Aumale.

Le guet-apens de Décembre ruina le complot en refaisant l'Empire.

Louis Bonaparte, armé de la dictature, décrète la restitution à l'État des biens que la loi obligeait Louis-Philippe d'abandonner au domaine public, lors de son avènement au trône.

En outre, il intime aux Orléans de vendre les meubles et immeubles qu'ils possédaient en France.

Aussitôt, la faction hurla à la violation des droits de la famille et de la propriété. A l'entendre, jamais acte d'une telle iniquité n'avait été commis.

Or, cette histoire démontre que le premier décret était conforme à la plus stricte justice. Il est de principe immuable en jurisprudence que le vol perpétré au préjudice de l'État n'admet en aucune circonstance la prescription.

Donc, en rendant le décret ordonnant restitution, non seulement le gouvernement d'alors ne violait nul droit, mais, — quel qu'il fût, — il accomplissait un rigoureux devoir.

J'ajoute que, s'il péchait en quelque point, c'était uniquement en restreignant la mesure. Tous les biens de Louis-Philippe, directement ou indirectement, étant le produit du vol, ils devaient rentrer au domaine de l'État dans leur intégralité.

Quant au décret prescrivant la vente des biens laissés indûment aux Orléans, Bonaparte suivait ici l'exemple même de Louis-Philippe, qui avait forcé les Bourbons aînés à vendre ce qu'ils possédaient en France, après leur expulsion.

Les faits mis en lumière à chaque page de ce travail me dispensent d'insister. Ils ont jugé à l'avance cette mauvaise chicane.

Les valeurs mal acquises, dit la loi, sont à reprendre par le propriétaire légitime aux mains de n'importe quel détenteur, celui-ci les possédât-il de bonne foi.

Or, les vols de Louis-Philippe sont prouvés, la certitude est absolue, indiscutable. Les Orléans actuels sont détenteurs, et la restitution s'impose de plein droit.

Eh bien, loin de savoir gré à Bonaparte d'avoir limité étroitement les revendications qui lui incombaient comme chef d'État, les Orléans se sont posés en victimes. Mais ils n'ont point réussi à apitoyer le Peuple, qui les savait riches encore à plusieurs centaines de millions, malgré cette prétendue spoliation.

Pendant l'Empire, ils font peu de bruit. M. d'Aumale publie une histoire des princes de Condé, corrigée des fautes de langue et d'orthographe en usage dans la famille. Malgré l'audace de l'héritier à convier le public à visiter la maison du pendu, le public reste froid.

Le même personnage, déçu de ce côté, agite d'autres ficelles. Il entreprend Napoléon-Jérôme sur les mérites respectifs de leurs familles. Les orléanistes raffinés feignent de se pâmer sur ces papotages de salon.

Le Peuple renvoie dos à dos les deux Altesses.

Le dévot M. de Nemours visite de temps à autre le Bourbon bigot de Frohsdorf. On caquette mollement de fusion, sans conclure. Le comte d'Eu, fils aîné de M. de Nemours, épouse la fille de l'empereur du Brésil, héritière présomptive du trône, et renonce à sa qualité de Français.

M. de Joinville remue peut-être, mais nul ne s'en doute en France.

Le duc de Montpensier, beau-frère de la reine Isabelle, se fait Espagnol et guette le trône de sa belle-sœur.

Il finira par devenir vrai Castillan, au point de tuer en duel un Bourbon de là-bas, son proche parent. — Je ne parle pas de l'assassinat du maréchal Prim.

Le jeune *Monsieur* de Paris et son frère grandissent sous les yeux de leur mère allemande et protestante fervente. Toutefois, malgré son attachement à sa religion, Hélène de Mecklembourg les fait élever dans la foi catholique, qui déclare leur mère vouée à la damnation éternelle, à titre d'hérétique.

Paris vaut bien une messe, a dit Henri IV. — Et le trône aussi, pense sans doute la princesse. Chez les gens à sang royal, c'est la politique, non la conviction, qui détermine le culte religieux. Hypocrisie toujours!

Après la mort d'Hélène de Mecklembourg, en 1858, *Monsieur* de Paris voyage pour s'instruire.

Quand la guerre de sécession s'engage aux États-

Unis, l'oncle Joinville l'entraîne en Amérique, aux armées fédérales, qui combattent pour l'abolition de l'esclavage.

L'ex-amiral se flatte que son neveu conquerra de la popularité en soutenant cette grande cause. Malheureusement, le novice pèche par excès de prudence. Ce n'est plus cette guerre arabe où l'oncle d'Aumale s'est tant signalé, mais une lutte formidable où il faut entrer à plein corps, avec un courage héroïque, si l'on veut y cueillir quelque renom.

Monsieur de Paris ne tarde pas à détaler. Il a « le compte de ses membres », point d'égratignures, et n'est pas en peine de trouver d'autres divertissements.

De retour en Angleterre, pays tranquille, le jeune homme a une idée : — singer Bonaparte en écrivant un livre sur la solution de la question sociale. Il se met à l'œuvre et nous adresse le résultat de ses élucubrations,

A la chute de l'empire, devant la guerre prussienne, les Orléans accourent en France. Le patriotisme les étouffe à ce point, qu'ils offrent de servir dans nos armées en simples soldats, si on refuse d'utiliser leurs talents militaires hors ligne.

On les éconduit prudemment. On se défie des ambitions de ces richards, qui se présentent en princes, en Altesses, en Monseigneurs, quand la France est République. On croit médiocrement à tant de dévouement pour la patrie dans une famille où deux membres notables, Montpensier et le fils aîné de Nemours, ont renié le titre de citoyen français.

Et puis, ces gaillards-là ont des relations trop intimes avec les généraux allemands qui dévastent nos provinces. Le duc de Mecklembourg-Schwerin, oncle maternel de *Monsieur* de Paris, commande un corps d'armée prussien, et tous les Orléans sont proches parents des Cobourg, qui, eux aussi, marchent avec les envahisseurs.

Enfin, peut-être se souvient-on quelque part comment Louis-Philippe, leur père, fut traître avec Dumouriez, ensuite acoquiné pendant vingt ans à tous nos ennemis.

Dans le coupe-gorge où le crime de Bonaparte et de ses acolytes avait jeté la Nation, il était permis de se méfier, même de son ombre.

D'ailleurs, messieurs les Orléans avaient un moyen de prouver la sincérité de leur amour pour la France. M. d'Aumale, l'oracle de la maison, connait à fond l'histoire, — du moins, je le présume, puisqu'un jour il entreprit de l'enseigner à Napoléon-Jérôme.

Eh bien, sachant à quoi s'en tenir sur l'origine des biens de sa famille, que ne proposait-il à ses frères et neveux de restituer l'héritage mal acquis de Louis-Philippe?

S'ils l'eussent fait, lui, donnant l'exemple, comme de juste, ils n'eussent accompli, sans doute, qu'un strict devoir.

Mais je suis sûr qu'un tel acte les eût honorés bien autrement que l'offre de leur épée. Devant ce gage irrécusable de leur honnêteté, toute suspicion se serait évanouie.

Mais non! Ces messieurs Orléans ont été appris à autre chose. Depuis lors leur conduite a démontré hautement qu'ils n'avaient en tête que la chasse aux millions, et l'usurpation du pouvoir, au cas où la chose serait faisable, sans gros risque, cela va sans dire.

Dans la dernière quinzaine de janvier 1871, quand rien n'est sûr encore, *Monsieur* de Paris feint d'incliner à la République.

Il écrit de Londres à un ami :

« ... Nous déclarer républicains? Mais à quoi servirait cette expression d'opinion qui n'engagerait aucun de nos amis? Quant à moi, je sais que je suis infiniment plus républicain que ces derniers, c'est-à-dire que je n'ai aucune de leurs répugnances pour cette forme de gouvernement. »

Pure hypocrisie, afin de se ménager à tout événement le retour en France, dont la loi d'exil votée en 1848 ferme jusqu'ici les portes aux Orléans.

L'Assemblée de malheur, — cléico-monarchique, — se réunit.

MM. d'Aumale et Joinville sont députés. Thiers, chef du pouvoir exécutif, n'ignore pas que, néanmoins, tout attentat contre la République entraînerait la guerre civile. Les Orléans l'inquiètent. Il obtient que les deux élus ne siégeront pas.

Mais la faction royaliste devient menaçante. L'orléanisme pousse aux mauvais coups. La Commune surgit. A peine a-t-elle succombé, les Orléans réclament non quarante millions, — chiffre officiel, — mais cent millions, ainsi qu'il est démontré aujourd'hui, car la valeur des domaines et actions par eux revendiqués et obtenus, représente en réalité cette somme énorme.

C'est la carte à payer pour qu'ils se tiennent tranquilles.

L'Assemblée vote ce que demandent les Orléans, comme elle a voté aux Prussiens les cinq milliards d'indemnité de guerre.

Ainsi détroussent-ils la France, à laquelle, naguère, ils vantaient si haut leur dévouement. Eux qui jouissent d'une fortune immense, accumulée par deux siècles de vols à la Nation, ils font œuvre d'Allemands, c'est-à-dire d'ennemis.

Ils ont donc leur part du butin, comme le grand duc de Mecklembourg-Schwerin, oncle maternel de *Monsieur* de Paris, dont le corps d'armée a dévasté la Normandie. Ils encaissent notre or comme le prince de Saxe-Cobourg-Gotha, leur parent encore, qui, le soir de Reischoffen, annonçait à sa femme par lettre si joyeuse notre effroyable désastre.

CHAPITRE XVIII

LES CONSPIRATEURS

Maintenant qu'ils ont touché, ils vont jeter le masque, étant sûrs de l'Assemblée.

Vainement Thiers a fait cette déclaration :

« Ils m'ont dit qu'ils ne seraient point un obstacle, qu'ils ne paraîtraient point à l'Assemblée, qu'ils ne justifieraient jamais aucune des craintes qui m'avaient tant préoccupé. »

M. Jean Brunet, l'apôtre du Sacré-Cœur, monte à la tribune pour demander qu'on oblige tous les élus à siéger.

Le jeu malhonnête des messieurs Orléans commençait. Sous prétexte de répondre aux interpellations de ses électeurs, M. d'Aumale leur adresse cette lettre, qui semble dictée par Tartufe :

« ... Cet engagement verbal n'a été l'objet d'aucune rédaction ; je l'accepte dans le sens le plus strict. J'ai consenti à ne pas occuper mon siège, et l'Assemblée nationale en a été informée par M. le chef du pouvoir exécutif. Mais si j'ai accepté cet engagement qui m'était demandé au nom de la paix publique et dans des circonstances exceptionnelles, c'est qu'il était de sa nature *essentiellement* révocable. »

MM. d'Aumale et Joinville siégèrent donc, le dernier très sourd, n'entendant rien, mais votant tout de même.

La conjuration contre la République s'ourdit activement, M. d'Aumale se multiplie. Maigre orateur, il se dédommage en lâchant des mots, gonflés, croit-il, de profondeur, et visant au trait, mais qui crèvent comme bulles de savon.

Un jour, quelqu'un affirmant que la République n'était que provisoire, l'aigle des Orléans daigna appuyer en s'écriant :

« — *Essentiellement* provisoire ! »

Mais où il est d'une force supérieure, c'est dans les questions militaires. Quand il enfourche ce dada, il en remontrerait à M. de Moltke. Et les bêtas de la faction s'enrouent à répéter que si son Altesse Royale eût commandé nos armées, les Prussiens auraient vu beau jeu.

Le 24 mai 1873, les malfaiteurs orléanistes se décident à l'attentat longuement prémédité. Ils évincent Thiers du pouvoir et le remplacent par Mac-Mahon, un homme de paille.

Alors les événements se précipitent. Rien n'arrête les coquins qui rêvent de rétablir en France la domination néfaste du trône et de l'autel, au risque de rallumer la guerre civile.

Mais pour faire front à l'imposante minorité républicaine, qui représente certainement la majorité du pays, orléanistes et légitimistes entrent en accord. La fusion se prépare entre la branche aînée et la branche cadette.

MM. de Nemours et Joinville étaient d'avis qu'on reconnût le comte Chambord pour chef de ce qu'on appelait « la maison de France », et futur roi, par conséquent.

Le duc de Montpensier, prince espagnol, ayant manqué le trône d'où l'on avait chassé sa belle-sœur Isabelle, acceptait volontiers le projet. Une de ses filles avait épousé *Monsieur* de Paris, et l'idée lui souriait de la voir un jour reine de France.

Monsieur de Paris ne disait rien, attendant, selon son habitude, d'être seriné par l'oncle d'Aumale, l'oracle de la famille. Profonde sagesse de sa part, non manque de jugeote ou de discernement, prétendent les flagorneurs.

Mais M. d'Aumale s'obstinait au silence. D'aucuns lui supposaient des aspirations à la présidence de la République, sous couleur de mieux ouvrir les voies à son neveu en exerçant le pouvoir à titre transitoire. Hissé à ce pinacle, il donnerait la pleine mesure de son génie militaire et de son génie d'homme d'État.

Tout à coup, soit que l'entreprise lui parût trop chanceuse, soit que, pesé et considéré, il préférât le rôle de maire du Palais près d'Henri V, étant le seul homme d'un peu de tête dans la « maison de France », l'aigle des Orléans accomplit un acte significatif.

Le 21 janvier 1873, anniversaire du jour où son

grand-père Egalité écrivait à Louis-Philippe : « Ce matin, on a saigné le gros cochon, » M. d'Aumale se rendit à la Chapelle expiatoire, rue d'Anjou, assista dévotement à la messe célébrée en l'honneur de Louis XVI, et signa ensuite sa présence au registre.

Aussitôt après la chute de Thiers, il dit à plusieurs familiers : « Si j'étais à la place du comte de Paris, je partirais pour Frohsdorf. »

Ces mots ayant été rapportés à *Monsieur* de Paris, il répliqua :

« — Que mon oncle me donne directement le conseil, et je ferai la démarche. »

A la première occasion, M. d'Aumale s'expliqua clairement dans ce sens avec son neveu. Dès lors, l'affaire était dans le sac.

M. de Joinville ayant réglé à Frohsdorf les détails de l'auguste cérémonie de la Fusion, M. de Paris se présenta le 5 août au comte de Chambord et ânonna la déclaration suivante :

« Sire,

« Je viens vous faire une visite qui était dans mes vœux depuis longtemps.

« Je salue en vous, au nom de tous les membres de ma famille et en mon nom, non seulement le chef de notre maison, mais le seul représentant du principe monarchique en France.

« J'ai l'espoir qu'un jour viendra où la nation française comprendra que son salut est dans ce principe, et n'est que là. »

Le comte de Chambord donna l'accolade. Il ne restait plus qu'à dresser le trône à Paris, les coquins de l'Assemblée étant prêts à étrangler la République et proclamer la royauté.

A la grande nouvelle, un vent de folie souffla sur les cléricaux et monarchistes. A eux la France, cette fois, corps et biens. Le vieux pacte entre le trône et l'autel ressuscitait. Demain, guerre à l'Italie pour relever la puissance temporelle du pape. En avant la danse des millions, les hécatombes de soldats au profit de l'Église et de l'aristocratie financière.

Mais une misérable question de drapeau brouilla tout. Henri V s'opiniâtra à substituer le blanc au tricolore.

A l'heure d'entrer dans la mascarade royale, les vieux orléanistes s'effarouchèrent, empoignés par la peur.

Il fallut remiser la voiture du sacre déjà prête.

L'Assemblée a entendu le redoutable grondement du Peuple. Elle tremble. Non qu'elle répugne à renouveler les boucheries de Mai 71, au contraire : — pousser les vaincus désarmés à l'abattoir, égorger en masse, c'est une fête pour ces royalistes et leurs femelles, un œuvre sainte aux yeux de l'Église.

Mais il faudrait combattre, auparavant, et l'armée allemande n'est plus là, autour de Paris, pour prêter main-forte contre les républicains. Qui sait comment tournerait cette fois la guerre civile, même avec le concours assuré des messieurs Orléans?

Donc l'Assemblée bâcle une Constitution, qui porte au frontispice l'étiquette : République. Tout y est perfidement calculé pour qu'elle puisse servir à la royauté, le jour où les circonstances paraîtront favorables à l'appel du monarque.

Seulement, la première Chambre des députés, en 1876, donne une forte majorité républicaine. Les Orléans, au bout de quelques mois, — le 16 mai 1877, inspirent à Mac-Mahon le coup malhonnête, qui, par la dissolution de la Chambre, vaut à leur faction une dictature de cinq mois.

La France, de nouveau, est en proie aux malfaiteurs clérico-monarchistes. Malgré les lâches persécutions qui frappent les républicains sur tous les points du territoire, ceux-ci triomphent avec éclat aux élections. Bientôt Mac-Mahon est contraint à se démettre et M. Grévy monte à la Présidence.

Les messieurs Orléans, déconcertés de l'avortement de leur infâme complot, font un instant les morts. Mais on a commis la faute de ne point leur ôter les grades militaires dont leur père les avait ridiculement affublés, à peine sevrés. Comme généraux, ils travaillent l'armée où ils ont gardé indûment rang et commandement.

Enfin le comte de Chambord meurt à Frohsdorf, en 1883.

Aussitôt, *Monsieur* de Paris, se déclare chef de la « maison de France », fait acte de prétendant aux funérailles du dernier rejeton de la branche aînée.

Bien plus, il notifie aux souverains de l'Europe sa prise de possession. Et pour achever d'établir qu'il entend revendiquer le trône de France en vertu du vieux droit monarchique, au lieu de signer comme d'habitude : *Louis-Philippe d'Orléans*, il signe : *Philippe,* tout court.

Ce qui veut dire, en jargon royaliste, qu'il est désormais, par la grâce de Dieu, PHILIPPE VII, roi de France et de Navarre.

Les pouvoirs publics avaient le devoir de répondre à une telle insolence par un châtiment exemplaire. Ils se bornent à des mesures anodines.

Enhardis par ces coupables tolérances, les messieurs Orléans conspirent de plus belle, dans l'ombre, toutefois, et avec prudence, car ils sont lâches autant qu'avides et ambitieux. C'est le caractère originel de leur génie militaire.

Par leurs nombreux agents, ils soufflent partout la haine de la République.

Avec la perfidie traditionnelle de la tribu, ils s'ingénient à duper les populations en leur faisant répéter sans cesse que la République est un régime funeste, incapable de stabilité et de gouverner honnêtement nos finances.

Partant de là, ils vantent les bienfaits de la monarchie, la tranquillité qu'elle assure, la rigoureuse probité dans l'administration de la fortune publique.

Mensonges de gredins, engraissés des centaines de millions que leur père nous a volés, à l'exemple des autres Orléans! Drôles sachant parfaitement qu'ils calomnient, M. d'Aumale, — prix d'histoire, — n'ayant point omis, j'imagine, d'étudier à fond celle de la royauté de Juillet. Ses frères Joinville et Nemours, du moins, en avaient quelque idée, et ils ont pu instruire la famille.

Ces gens-là n'ignorent donc pas quelle stabilité la monarchie philippiste nous a procurée, quelle paix intérieure aussi.

Pendant ce règne de dix-huit ans, seize changements de ministère; celui de milord Guizot ayant duré de 1840 à 1848, cela fait juste une moyenne de sept mois pour les autres.

Quant à la tranquillité publique, neuf émeutes et insurrections; seize attentats contre la vie de Louis-Philippe.

Voilà pour la paix et la stabilité.

Enfin, relativement aux finances, il suffit de rappeler que le budget de la monarchie orléaniste fut presque constamment en déficit considérable. Lorsque le roi de Juillet s'enfuit, il laissa le Trésor à sec et dans l'impossibilité de satisfaire aux obligations les plus sacrées de l'État.

Une fois, — une seule, — quelques-uns des messieurs Orléans ont oublié de mentir. A la veille de la culbute de papa, la vérité leur faisant violence, ils ont jeté le cri d'alarme. On a vu comment, alors, ils constataient par lettres le délabrement de nos finances, et faisaient le procès du honteux régime sous lequel la France agonisait.

Malheureusement la Nation n'a point été délivrée en vomissant le traître, le voleur, l'assassin des patriotes et du dernier Condé, le lâche valet soufsleté par les tyrans de l'Europe et qui disait merci à genoux à chaque avanie. Sa race maudite veillait à nos frontières, guettant le butin. Dès 1849, elle conspiraillait, — bêtement il est vrai, — mais frayait le chemin à l'empire. Nous avons donc le droit de lui imputer les folies de ce régime et les désastres du dénouement.

Aux Orléans encore la responsabilité d'avoir entravé le développement de l'ordre républicain. Ce sont eux, par conséquent, que la Nation doit accuser de ses souffrances actuelles.

Au 24 Février 1848, si le Peuple victorieux eût jeté Louis-Philippe à l'échafaud d'Égalité, cet acte de haute justice eût coupé court pour jamais aux conspirations et nous eût épargné un demi-siècle de misères et de hontes.

Lors donc que les faits parlent avec cette autorité, je dis que les Orléans font œuvre de malfaiteurs, d'ennemis publics, en décriant la République par comparaison à leur monarchie.

Bien plus : en glorifiant leur père scélérat, leurs ancêtres paillards, incestueux, voleurs, traîtres et assassins, en conspirant effrontément pour les recommencer, je dis qu'ils se font solidaires de leur opprobre, de tous leurs crimes.

La France leur patrie! Qu'est-ce que cela veut dire? Qu'on se souvienne de leur vraie généalogie.

Le *premier* Orléans doit le jour au commerce adultère d'une coquine espagnole avec un fripon d'Italie, affublé de la pourpre romaine.

Le *second* Orléans, dont il est difficile d'indiquer le père, a pour mère une Allemande.

Le *troisième*, une bâtarde du bâtard Louis XIV.

Le *quatrième*, une Allemande.

Le *cinquième*, la fille d'une bâtarde de Louis XIV.

Le *sixième*, Louis-Philippe, est Italien de père et de mère, étant issu du geôlier Lorenzo Chiappini et de sa femme Vincenza Diligenti.

Le *septième*, — père de *Monsieur* de Paris, — a pour mère une princesse italienne.

Des sept enfants de Louis-Philippe, *quatre* épousent chez les Allemands, savoir :

L'aîné, duc d'Orléans, Hélène de Mecklembourg-Schwerin ;

Le cadet, duc de Nemours, une princesse de Saxe-Cobourg-Gotha ;

La princesse Marie, un prince de Wurtemberg ;

La princesse Clémentine, un Saxe-Cobourg-Gotha.

Quant aux trois autres :

Le prince de Joinville épouse une Brésilienne ;

Le duc d'Aumale, une Napolitaine ;

Le duc de Montpensier, une Espagnole.

Et les fils de ces Orléans restent fidèles à cette répudiation du sang français, dans leurs alliances matrimoniales.

Monsieur de Paris, fils d'une Allemande, neveu du Mecklembourg et proche parent du Cobourg-

Gotha qui saccagèrent la France en 1871, a épousé une Espagnole. Récemment, il mariait sa fille à un prince d'origine allemande, — et non Bragance, — l'aïeul paternel du prince étant Ferdinand de Saxe-Cobourg-Gotha.

Quelques mois auparavant, le duc de Chartres, fils d'Allemande et frère de *Monsieur* de Paris, mariait également sa fille à un prince d'origine allemande, — un Augustembourg.

Tel est le mépris insolent du sang français qu'affichent ces princes de contrebande. Est-ce pour cela que les avortons de l'ancienne noblesse, les descendants dégénérés des grands bourgeois de 92 les courtisent si chaleureusement ?

D'autre part, les Orléans actuels ont prouvé surabondamment combien peu de cas ils font de la patrie.

Le plus jeune des fils de Louis-Philippe, le duc de Montpensier, beau-père de *Monsieur* de Paris, s'est fait *Espagnol*.

Le comte d'Eu, fils de M. de Nemours, s'est fait *Brésilien*.

Inutile d'insister, je pense. Le coffre-fort, voilà la patrie, le dieu de la tribu.

Dès lors, il est aisé de déterminer quel but ils poursuivaient, en rentrant bruyamment chez nous. Ils n'avaient en vue qu'une opération financière : après avoir exigé leur part de butin, comme l'Allemand, ils aspiraient à régner. Maîtres du pouvoir, ils auraient puisé à pleines mains dans nos poches, sans crainte qu'on leur demandât des comptes embarrassants.

Apres au gain autant que leur père, ils auraient fait pis encore, en se ruant à la curée, car ils forment aujourd'hui tout un clan. Déjà, bien que tenus en bride par l'opinion publique, ils multipliaient les procès aux malheureux. Pour deux sous de dégâts sur leurs terres, c'étaient des amendes incessantes, des appels répétés aux juges de paix. Chaque jour, les journaux nous apprenaient combien ces pillards étaient impitoyables aux pauvres de leur voisinage.

Que seraient-ils pour la Nation, si, par aventure, une conspiration heureuse les déchaînait sur la France?

Pendant quinze ans, nous avons toléré leurs misérables intrigues. Abusant de cet excès d'indulgence, ils ont tenté de se redresser sur les ergots de leur coq, aujourd'hui timbré de fleurs de lis. Seriné par ses oncles, les Nemours, les Joinville, les Aumale, les Montpensier, ces princes de la pièce de cent sous, *Monsieur* de Paris fit marché avec l'Église. Comme toujours, l'Église pactisa avec le trône pour exploiter le Peuple à bénéfices communs, en commerçant de Jésus-Christ.

Plus hardi qu'au temps où il se traînait à la queue des armées américaines, le sire poussa la sottise jusqu'à tenir sa cour au cœur de Paris, rue de Varennes, à l'hôtel d'une vieille bigote italienne, — la duchesse Galliera. Là, il embauchait hauts dignitaires, chambellans, tous les futurs porte-coton.

En outre, on semait l'inquiétude dans les départements. On essayait de pratiquer l'armée, on ouvrait le marchandage des consciences, en ajournant prudemment la carte à payer au jour du sacre du roi de France et de Navarre.

Le scrutin du quatre octobre montra dans un éclair, sinon le péril, du moins la nécessité de regarder au fond de ces machinations. Les messieurs Orléans furent doucement avertis que les Tartufes échouent chez nous, dès qu'ils se démasquent.

Rien n'y fit. Ils chantèrent plus haut, croyant effrayer. Grisés d'avoir conjoint leurs filles à des principicules de race allemande, ils osèrent menacer, répandant impudemment que l'étranger saurait nous mettre à la raison. A les entendre, le gouvernement de la République ne comptait plus dans le monde. Les cabinets européens étaient prêts à lancer la foudre, au premier signe du prétendant.

Il fallait en finir avec ce jeu malhonnête, le jeu de la trahison dont les Orléans vivaient depuis deux siècles. La loi d'expulsion fut votée.

Alors, ces matamores devinrent grotesques.

Monsieur de Paris, esquivant le gendarme, se sauva piteusement. Une fois en sûreté, il nous lâcha un écrit de sa main royale, panaché de phrases telles que celle-ci : « La République a peur ! »

Succès de fou rire. Car enfin, chasser un malappris de sa maison, d'un coup de pied au derrière, cela n'a jamais passé pour de la peur.

Mortifié de cette traînée de coq-à-l'âne, M. d'Aumale tenta de sauver l'honneur de la maisonnée. Il adressa une épître au Président de la République. Croyant hausser le ton jusqu'au défi, il descendit à l'impertinence, sa plume d'académicien ayant craché sans doute. Jadis, ce fils et petit-fils de traîtres avait donné la pleine mesure de son insolence en présidant le conseil de guerre qui jugea le traître Bazaine.

Quand on le pria de pondre ailleurs sa littérature princière, il était à cheval déjà sur la frontière.

Dernièrement, l'ancien « grand capitaine » s'est avisé d'une autre fumisterie. A son de trompes et de journaux, il a publié que l'Institut hériterait du domaine de Chantilly, — une part du vol fait à son profit au dernier Condé. Une fois de plus, on a haussé les épaules. C'est par autorité de justice que les détenteurs des millions volés rendront gorge quelque jour.

Ainsi les Orléans ne joueront plus à notre barbe leur répugnante comédie, coupée de mensonges, de parjures et de conspirations.

En réalité, nous ne les avons point exilés. Leur nombreuse parenté est tout entière à l'étranger. Là, ils sont bien autrement chez eux qu'en France, où ils ne laissent pas même le plus petit cousin.

Ils sont partis les poches pleines, emportant les cent millions qu'ils nous ont soutirés, grâce à leurs bons amis d'Allemagne. De plus, ils jouissent des trois cents millions que leur père nous avait escroqués, grâce également à l'invasion ennemie.

Avec cela, ils peuvent faire figure dans les cours des monarques de l'Europe. On les y traite en confrères, paraît-il. *Monsieur* de Paris déploie une activité fiévreuse. Il se promène bras dessus, bras dessous, avec le prince héritier d'Allemagne; il fraye avec le roi d'Italie, publiquement, à table, dans une charmante intimité. Et il ne manque pas de nous le faire savoir par les gazettes à cocottes, à poisseux et à sacristains.

Ce personnage de peu de cœur, d'intelligence épaisse, prétendrait-il encore faire peur à la République, en poussant contre elle ses amis de l'étranger?

Mais l'étranger, — nous en avons aujourd'hui la certitude, — ne rouvrira plus nos portes ni à lui, qui agit en ennemi, ni à sa détestable famille. Le jour où il reparaîtrait à nos frontières, il y rencontrerait, à la tête de la Nation armée, quelques chefs de la race des grands Soldats de l'An-Deux, aux mains de qui ne faillirait pas l'épée de la République.

APPENDICE

Aux délicats qui reprocheraient à cette histoire certaines crudités, je me bornerai à répondre en reproduisant deux lettres... embaumées. La première a été écrite de la main auguste d'Élisabeth-Charlotte, femme du premier Orléans et mère du Régent; la seconde par l'Électrice de Hanovre, sa tante, non moins auguste, mère du premier roi allemand d'Angleterre, Georges I.

J'extrais textuellement ces deux pièces de l'ouvrage intitulé : *Correspondance de Madame, duchesse d'Orléans, mère du Régent*, publié par G. Charpentier, édition de 1886, tome second, pages 385 et suivantes.

On verra avec quel brio étourdissant les deux princesses parlaient la langue naturaliste, plus de deux siècles avant Émile Zola, et avant qu'un membre de la famille, M. d'Aumale, joignît à ses lauriers arabes les palmes académiques.

Certes, je ne nie pas qu'il y ait des ordures dans ce livre. Mais les Orléans seuls les y ont déposées, non l'auteur; — et les épîtres suivantes prouvent éloquemment que les femmes eussent emporté le prix, si la matière eût été mise au concours.

LA DUCHESSE D'ORLÉANS

A L'ÉLECTRICE DU HANOVRE

« Fontainebleau, le 9 octobre 1694.

« Vous êtes bien heureuse d'aller chier quand vous voulez ; chiez donc tout votre chien de soûl. Nous n'en sommes pas de même ici, où je suis obligée de garder mon étron pour le soir ; il n'y a point de frotoir aux maisons du côté de la forêt. J'ai le malheur d'en habiter une, et par conséquent le chagrin d'aller chier dehors, ce qui me fâche, parce que j'aime à chier à mon aise, et je ne chie pas à mon aise quand mon cul ne porte sur rien. *Item,* tout le monde nous voit chier ; il y passe des hommes, des femmes, des filles, des garçons, des abbés et des suisses ; vous voyez par là que nul plaisir sans peine, et que si on ne chiait point, je serais à Fontainebleau comme le poisson dans l'eau. Il est très chagrinant que mes plaisirs soient traversés par des étrons; je voudrais que celui qui a le premier inventé de chier, ne pût chier, lui et toute sa race, qu'à coups de bâton. Comment, mordi! qu'il faille qu'on ne puisse vivre sans chier? Soyez à table avez la meilleure compagnie du monde, qu'il vous prenne envie de chier, il vous faut aller chier. Soyez avec une jolie fille, une femme qui vous plaise; qu'il vous prenne envie de chier, il faut aller chier ou crever. Ah! maudit chier, je ne sache point de plus vilaine chose que de chier. Voyez passer une jolie personne, bien mignonne, bien propre, vous vous récriez: ah! que cela serait joli si cela ne chiait pas! Je le pardonne à des crocheteurs, à des soldats aux gardes, à des porteurs de chaises et à des gens de ce calibre-là. Mais les empereurs chient, les impératrices chient, le pape chie, les cardinaux chient, les princes chient, les archevêques et les évêques chient, les généraux d'ordres chient, les curés et les vicaires chient. Avouez donc que le monde est rempli de vilaines gens, car enfin, on chie en l'air, on chie sur la terre, on chie dans la mer, tout l'univers est rempli de chieurs et les rues de Fontainebleau de merde, car ils font des étrons gros comme vous, madame. Si vous croyez baiser une belle petite bouche avec des dents bien blanches, vous baisez un moulin à merde; tous les mets les plus délicats, les biscuits, les pâtés, les tourtes, les perdrix, les jambons, les faisans, tout n'est que pour faire de la merde mâchée, etc. »

RÉPONSE DE L'ÉLECTRICE

MÈRE DE GEORGES Ier, PREMIER ROI ALLEMAND D'ANGLETERRE

« Hanovre, 31 octobre 1024.

« C'est un plaisant raisonnement de merde que celui que vous faites sur le sujet de chier, et il paraît bien que vous ne connaissez guère les plaisirs, puisque vous ignorez celui qu'il y a à chier; c'est le plus grand de vos malheurs. Il faut n'avoir chié de sa vie, pour n'avoir senti le plaisir qu'il y a de chier; car l'on peut dire que de toutes les nécessités à quoi la nature nous a assujettis, celle de chier est la plus agréable. On voit peu de personnes qui chient qui ne trouvent que leur étron sent bon; la plupart des maladies ne nous viennent que par faute de chier, et les médecins ne nous guérissent qu'à force de nous faire chier, et qui mieux chie, plutôt guérit. On peut dire même qu'on ne mange que pour chier, et tout de même qu'on ne chie que pour manger, et si la viande fait la merde, il est vrai de dire que la merde fait la viande, puisque les cochons les plus délicats sont ceux qui mangent le plus de merde. Est-ce que dans les tables les plus délicates, la merde n'est pas servie en ragoût? Ne fait-on pas des rôties de la merde des bécasses, des bécassines, d'alouettes et d'autres oiseaux, laquelle merde on sert à l'entremets pour réveiller l'appétit? Les boudins, les andouilles et les saucisses, ne sont-ce pas des ragoûts dans des sacs à merde? La terre ne deviendrait-elle pas stérile si on ne chiait pas, ne produisant les mets les plus nécessaires et les plus délicats qu'à force d'étrons et de merde? étant encore vrai que quiconque peut chier sur son champ ne va point chier sur celui d'autrui. Les plus belles femmes sont celles qui chient le mieux; celles qui ne chient pas deviennent sèches et maigres, et par conséquent laides. Les beaux teints ne s'entretiennent que par de fréquents lavements qui font chier; c'est donc à la merde que nous avons l'obligation de la beauté. Les médecins ne font point de plus savantes dissertations que sur la merde des malades; n'ont-ils pas fait venir des Indes une infinité de drogues qui ne servent qu'à faire de la merde? Il entre de la merde dans les pommades ou les fards les plus exquis. Sans la merde des fouines, des civettes et des autres animaux, ne serions-nous pas privés des plus fortes et meilleures odeurs? Les enfants qui chient le plus dans leurs maillots sont les plus blancs et les plus potelés. La merde entre dans quantité de remèdes et particulièrement pour la brûlure. Demeurez donc d'accord que chier est la plus belle, la plus utile et la plus agréable chose du monde. Quand vous ne chiez pas, vous vous sentez pesante, dégoûtée et de mauvaise humeur. Si vous chiez, vous devenez légère, gaie et de bon appétit. Manger et chier, chier et manger, ce sont des actions qui se suivent et se succèdent les unes aux autres, et l'on peut dire qu'on ne mange que pour chier, comme on ne chie que pour manger. Vous étiez de bien mauvaise humeur quand vous avez tant déclamé contre le chier; je n'en saurais donner la raison, sinon qu'assurément votre aiguillette s'étant nouée à deux nœuds, vous aviez chié dans vos chausses. Enfin, vous avez la liberté de chier partout quand l'envie vous en prend, vous n'avez d'égard pour personne; le plaisir qu'on se procure en chiant vous chatouille si fort que, sans égard au lieu où vous vous trouvez, vous chiez dans les rues, vous chiez dans les allées, vous chiez dans les places publiques, vous chiez devant la porte d'autrui sans vous mettre en peine s'il le trouve bon ou non, et, marque que ce plaisir est pour le chieur moins honteux que pour ceux qui le voient chier, c'est qu'en effet la commodité et le plaisir ne sont que pour le chieur. J'espère qu'à présent vous vous dédirez d'avoir voulu mettre le chier en si mauvaise odeur, et que vous demeurerez d'accord qu'on aimerait autant ne point vivre que ne point chier. »

Je ne suppose pas que les fervents du trône et de l'autel soient pour répugner à cette littérature auguste. Pour eux, tout sent bon, des personnages sacrés et consacrés. Jadis, les hauts gentilshommes de la cour du *grand* roi se pâmaient d'aise à respirer autour de sa chaise-percée.

Quoi qu'il en soit, ces deux lettres, sans nul doute, eussent été couronnées par l'Académie française si la duchesse d'Orléans et l'Électrice eussent vécu de nos jours.

« Les Académiciens, a dit Paul-Louis Courier, sont en possession de remporter de tout temps le prix de toute sorte de bassesse. » N'ont-ils pas admis M. d'Aumale, non pour son bagage littéraire qui pesait si peu, mais parce qu'il était prince?

L'Institut, il est vrai, accepte la roture. Mais, à de rares exceptions, « l'égalité académique n'en souffrant point, ajoute Courier, pourvu que l'un ne soit pas plus savant que l'autre, et la noblesse n'est pas *de rigueur* pour entrer : — l'ignorance bien prouvée suffit. »

Pourtant l'Institut vient de faire montre de quelque esprit.

La troupe orléaniste s'était échauffée à voter des remerciements à M. d'Aumale, pour son fameux legs du domaine de Chantilly.

Quelqu'un, « quelque peu clerc », s'avisa que, du vivant du testateur, le legs est toujours révocable. Et les Académiciens, crainte d'être sifflés plus tard, en cas de duperie, supplient très humblement leur prince de convertir le legs en donation entre vifs. Un tantinet de méfiance; mais quoi de plus naturel?

Seulement, le bruit court que Chantilly serait grevé d'une hypothèque de dix-neuf millions. De sorte que, la chose se vérifiant, l'Institut pourrait être dindonné tout de même.

Il y a donc gros à parier que la générosité miraculeuse de l'aigle des Orléans se résoudra, quoi qu'il arrive, en queue de poisson, comme sa lettre au Président de la République.

Le dernier mot de cette farce, le voici : — M. d'Aumale veut jouir tranquille, sa vie durant, des revenus de cette partie du bien volé au dernier Condé. A cet effet, il tente de se garer derrière l'Institut contre les revendications de la Justice nationale.

Une finesse princière, cousue de gros fil, pas autre chose.

Néanmoins, cela ne corrigera pas les courtisans de l'Institut de leur goût pour les princes. S'ils relisent les lettres d'Élisabeth-Charlotte et de l'Électrice de Hanovre, ils admireront sûrement leur patron d'avoir su conserver, inaltérables, les traditions domestiques et les parfums distillés dans la maison durant plus de deux siècles.

8 octobre 1886.

FIN.

TABLE DES MATIÈRES

	Pages
Lettre de M. Laisant, Député de Paris.	v
Préface.	vii
Chapitre Ier L'alcôve de la reine	1
— II. Deux bâtards.	16
— III. Homme-femme, empoisonneur.	39
— IV. Fécondité allemande.	54
— V. Le fils éclipse le père.	66
— VI. Miracles de la chimie.	89
— VII. La Régence	113
— VIII. L'Église au lupanar d'Orléans.	133
— IX. Le fils du cocher Lefranc.	159
— X. Voleur et assassin.	186
— XI. Banqueroute frauduleuse et haute trahison.	211
— XII. Le coq de la tribu.	240
— XIII. La curée	261
— XIV. La chasse aux héritages.	281
— XV. Coup double : le trône et l'espagnolette.	305
— XVI. Tel père, tels fils.	340
— XVII. Les oiseaux de proie.	374
— XVIII. Les conspirateurs	383
Appendice	399

Paris. — Charles Unsinger, Imprimeur, 83, rue du Bac.

Paris. — Typ. Ch. UNSINGER, 83, rue du Bac.

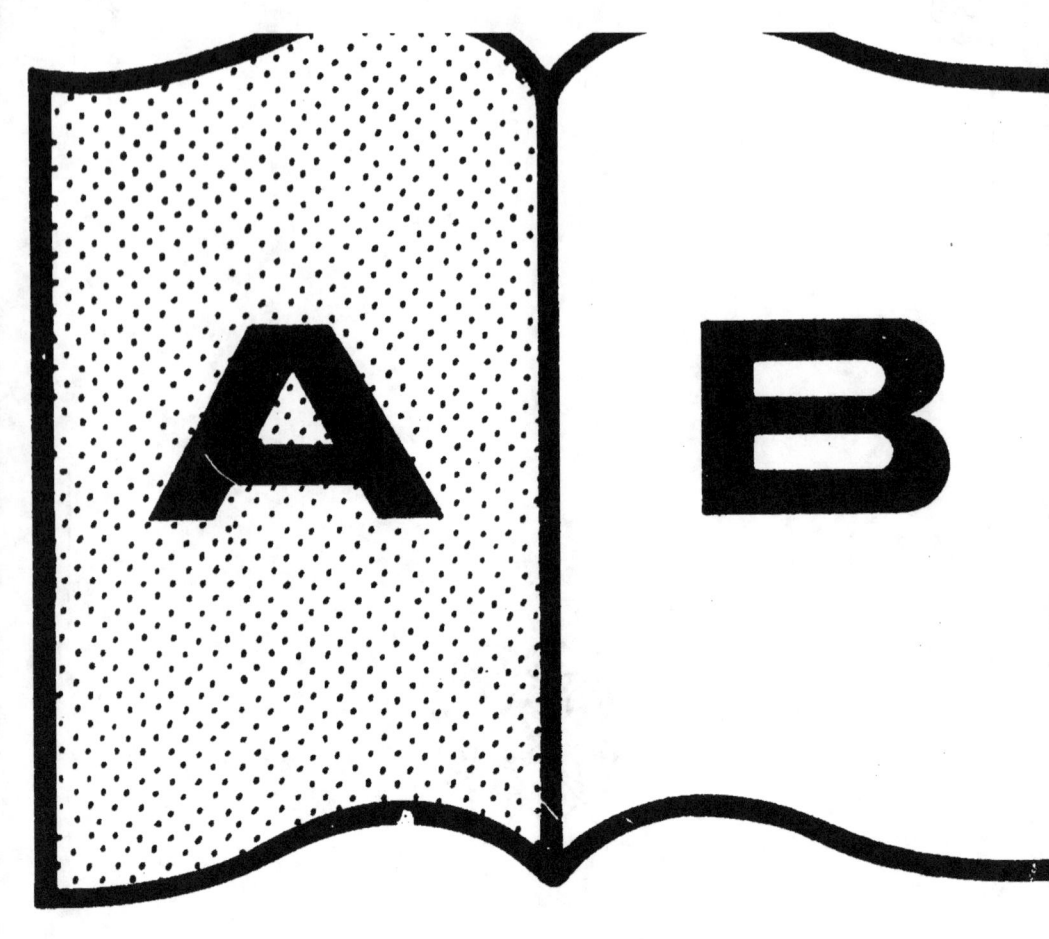

Contraste insuffisant

NF Z 43-120-14

www.ingramcontent.com/pod-product-compliance
Lightning Source LLC
Chambersburg PA
CBHW050909230426
43666CB00010B/2083